{网络营销实战派}

零基础学 SEO/SEM

搜索引擎营销与优化

中公教育优就业研究院 ◎ 编著

世界图书出版公司

北京·广州·上海·西安

图书在版编目（CIP）数据

网络营销实战派．零基础学 SEO/SEM ／ 中公教育优就业研究院编著．— 北京：世界图书出版有限公司北京分公司，2017.5

ISBN 978-7-5192-3042-5

Ⅰ．①网… Ⅱ．①中… Ⅲ．①网络营销 Ⅳ．① F713.365.2

中国版本图书馆 CIP 数据核字 (2017) 第 096641 号

书　　名	网络营销实战派·零基础学 SEO/SEM
	WANGLUO YINGXIAO SHIZHANPAI·LINGJICHU XUE SEO/SEM
编　　著	中公教育优就业研究院
责任编辑	徐　苹
特约编辑	叶晶晶
装帧设计	中公教育图书设计中心
出版发行	世界图书出版有限公司北京分公司
地　　址	北京市东城区朝内大街 137 号
邮　　编	100010
电　　话	010-64038355（发行）64037380（客服）64033507（总编室）
网　　址	http://www.wpcbj.com.cn
邮　　箱	wpcbjst@vip.163.com
销　　售	各地新华书店
印　　刷	河北鹏润印刷有限公司
开　　本	787 mm × 1092 mm　1/16
印　　张	17
字　　数	408 千字
版　　次	2017 年 8 月第 1 版　2017 年 8 月第 1 次印刷
国际书号	ISBN 978-7-5192-3042-5
定　　价	50.00 元

如有质量或印装问题，请拨打售后服务电话 010-82838515

随着网络技术的发展和普及，互联网已成为人们生活中不可缺少的部分，给人们的生产生活方式带来了变革。与互联网结合紧密的商务模式——网络营销应运而生。搜索引擎作为互联网的重要入口，在企业与网络用户间架起了沟通的桥梁，它不仅仅是解决用户需求和问题的平台，还能为企业营销提供方案。搜索引擎优化（SEO）与搜索引擎营销（SEM），逐渐成为辅助企业拓展业务的有效渠道。

什么是 SEO 和 SEM

搜索引擎优化（SEO）关注的是如何使网站在搜索引擎中获得良好的排名和访问流量，由此带来更多销售转化的机会。SEO 人员通过优化网站结构、URL 设计、关键词布局等内容，可获取更多的免费流量。这就意味着 SEO 的优化方式能为企业增加搜索量，节省宣传成本，提供更多的互联网营销机会。

搜索引擎营销（SEM）是基于搜索引擎平台的一种付费营销方式。企业可选择自己的广告位次、关键词、广告文案描述以及推广着陆页等。按点击付费的搜索引擎营销可使商家能够合理地控制投入产出比。

本书内容特点

搜索引擎优化与营销是一门新兴学科，目前市面上关于 SEO 的图书相对较多，而关于 SEM 的图书却寥寥无几。在实际的推广应用中，SEM 和 SEO 互为补充，因此，本书将这两部分内容进行了整合。SEO 篇侧重于基础知识的讲解，条理清晰、内容系统，语言通俗易懂，优化思路和方法的讲解深入浅出，便于初级从业人员掌握；SEM 篇则侧重于广告规则、营销工具、投放案例的介绍，广泛涉猎当前主流媒体的常用广告样式，能够扩大初学者的营销视野。每篇最后部分介绍了行业未来的发展前景、职业规划、岗位所需技能及行业薪酬分布等内容，便于初学者结合自身情况，选择适合的发展方向。

本书采用双色印刷形式,营销案例中图文结合,风格活泼,能提高阅读兴趣。视频讲解等增值服务是本书的一大特点,重要章节提供专业教师的视频讲解,读者扫描二维码即可在线学习,操作便捷。根据图书内容难易的差别,章节视频也有所侧重,有的是对图书内容的深层次延展,有的是结合内容进行的案例操作。中公力求通过本书及配套的增值服务使读者在掌握理论知识的基础上,具备基础的操作能力。

本书结构框架

全书分为SEO和SEM两篇,共14章。每章对知识点进行了通俗、详细的讲解,便于初学者的理解和学习。

SEO篇共7章,主要介绍了SEO的基本概念与初步认识、搜索引擎工作的基本原理、SEO站内优化与站外优化的方法和技巧、常用的百度站长工具、SEO网站分析常见的思路、移动端页面设计和优化、SEO职业前景与职业规划。

SEM篇共7章,主要介绍了搜索引擎营销的基本概念和流程、搜索推广营销的方法及方案制作、网盟推广的规则及优化技巧、主流媒体广告的广告样式、常用的营销工具、多个行业SEM投放案例分析、SEM行业前景与职业规划。

本书不但适合想要学习搜索引擎优化、搜索引擎营销的零基础读者阅读,而且对进入搜索引擎优化与营销行业不久的初学者也具有较高的学习价值。

目录

SEO 篇

SEM 篇

第1章
SEO基础入门

视频讲解

1.1 SEO 初步认识

SEO是英文Search Engine Optimization的缩写,译为搜索引擎优化,指从搜索引擎自然搜索结果中获得免费流量的技术。

认识SEO,首先要先认识SE（Search Engine）,就是搜索引擎。SE是伴随着互联网的产生而产生的,是互联网的必然产物。目前,我们常用的SE有百度、神马、360搜索、新搜狗四个,其中百度占据了一半以上的搜索引擎市场,因此本书关于SEO的介绍大多以百度为例。

早在1990年,搜索引擎雏形就已出现,它就是著名的Archie——现代搜索引擎的鼻祖,Archie是在加拿大产生的一种对于文档名称或者title进行检索的一种搜索引擎。1994年,Infoseek、Yahoo！出现,它们都是以目录的形式存在的搜索引擎,用人工团队进行网站的目录编辑,不能算是真正意义上的搜索引擎。直到1998年,Google提出了"链接分析"和"PR"的概念,标志着真正意义上的搜索引擎出现。

1.1.1 SEO 是什么

SEO是指按照搜索引擎自然排名机制,优化调整站内和站外,提高或者保持网站在搜索引擎中的关键词自然排名,以获得更多流量,达成网站销售及品牌建设的目标。

SEO的前提条件是了解搜索引擎自然排名机制。SEO需要理解搜索引擎的基本原理,而不需要深究搜索引擎的技术细节。理解搜索引擎的基本原理,相当于抓住了问题的"根",所有五花八门的"新问题",都要往"根"上刨,从基本原理上找解决方案。

网站的优化分为站内和站外两种。站内是指网站管理人员对能控制的所有网站本身内容进行优化整合,如网站结构、页面HTML代码。站外是指建设外部链接及参与行业社群等进行优化整合。

提高或者保持关键词自然排名是SEO的目的之一,SEO的最终目的是获得更多的点击流量,即带来更多的访问者,而这些访问者则是实现网站销售以及完成品牌建设的主要来源。

1.1.2 为什么要做 SEO

做SEO是为了带来更多的访问者，让更多人点击网站，在"互联网+"的年代，更多的点击量意味着更多的财富。

初学者可以通过以下内容来理解SEO：

（1）随着互联网普及率的提高，我国网民规模逐年增长。据CNNIC统计，截至2016年12月，我国网络用户规模达到了7.31亿，如图1-1所示。

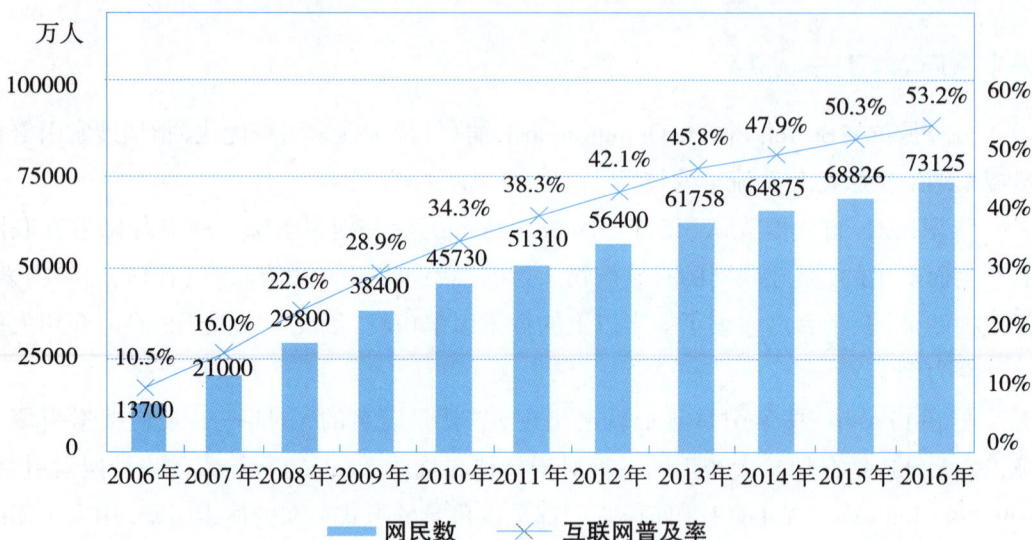

图 1-1 2006—2016 年中国网民规模和互联网普及率

（2）2015中国网络购物交易规模为3.8万亿元，同比增长35.7%；2016年达到了4.7万亿元，与2015年相比增长23.7%，网络购物占社会消费品零售总额的比例也在不断地提高。

由图1-2可以发现，我国的网购交易规模还在不断增长，网络购物的市场还在不断扩大。如今，经济形式的市场导向明显，抢占网络市场对企业今后的持续发现尤为重要。企业为了在未来能够存活并且发展下去，必须时刻关注网络市场，抢占网络市场，必须做好SEO。

（3）搜索引擎是网民网购的重要工具，也是电子商务重要的元驱力之一，据统计，61%的人使用搜索引擎来购物。目前，我国常用的搜索引擎有百度、360搜索（以下简称360）、搜狗搜索等，在移动端，神马搜索也占有一席之地。

（4）搜索引擎自然排名靠前的企业，往往能获得更多的点击量，进而获得更多的经济利益。但是搜索引擎排名并不能被控制，SEO就是想办法提高网站自身的自然排名。

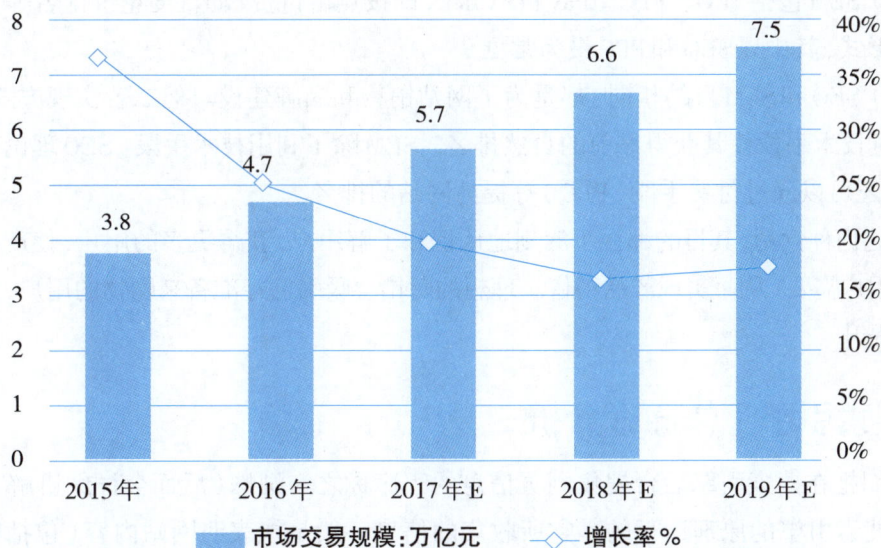

图 1-2　2015—2019 年中国网络购物市场交易规模及预测

1.1.3 SEO 与其他营销推广的区别与联系

营销推广的方式有很多,比如电视广告、广播广告、海报传单等传统媒体推广和 SEO、SEM、新媒体等网络营销。表 1-1 从成本、见效速度和效果持续时间三个维度,对不同营销类型进行了比较。

表 1-1　营销类型的比较

	成本	见效速度	效果持续时间
SEO	较低	慢	较长
SEM	高	最快	较短
新媒体	较低	较快	短
传统媒体	最高	—	短

如表 1-1 所示,传统媒体的成本是最高的,以电视广告为例,电视广告时间按秒计算,每秒的价格都很高,这是针对大企业的营销类型,小企业无法承受电视广告的费用。每个企业需要根据自身条件综合考虑适合的营销类型。

下面着重介绍 SEO 与 SEM 的区别与联系:

(1) SEO 是指按照搜索引擎自然排名机制,调整优化网站内部结构和外部结构,提高或者保持网站在搜索引擎中的关键词自然排名,以获得更多流量,达成网站销售及品牌建设的目标。

(2) SEM 是 Search Engine Marketing 的缩写,译为搜索引擎营销,是指在搜索引擎上付费推广网站,提高网站可见度,从而带来流量的网络营销活动。

（3）SEM包括SEO、PPC（Pay Per Click，即按点击付费，如百度竞价排名等）、付费登录等形式，其中以SEO和PPC最为常见。

（4）SEO和SEM目的相同，都是为了网站销售和品牌建设。但二者实现方式不同，SEO通过技术手段使其获得靠前的自然排名，SEM除了利用技术手段（SEO理论基础知识）外，还可以通过付费手段（PPC）等提高网站的排名。

无论何种营销，其目的都在于深刻地认识和了解用户，获得更多的用户，使产品或服务满足用户需要，从而实现产品销售。理想的营销会吸引已经准备来购物的用户，实现销售额的提升。

1.2 搜索引擎工作原理分析

我们把在搜索引擎后台搜集网页信息的程序称之为蜘蛛（后面会详细讲解），蜘蛛是根据搜索引擎的原理运行的。它所收集的信息一般是能表明网站内容（包括网页本身、网页的URL地址、构成网页的代码以及进出网页的链接）的关键词或者短语，蜘蛛会将这些信息的索引存放到数据库中。

1.2.1 常用搜索引擎

搜索引擎作为网民检索网络内容的重要入口，是诸多网站流量的重要来源。

（1）由于有着坚实的用户基础，百度依然是绝大多数网站的流量入口。其中，百度电脑端（以下简称PC端）流量占比62.58%，移动端流量占比44.6%。

（2）目前，360借助其桌面端与浏览器端的覆盖优势，在各大网站的流量来源中占据了相当大的比重。其中，360的PC端流量占比23.79%，移动端流量占比10.3%。

（3）搜狗与搜搜合并之后，整合其自身资源，在国内搜索市场上占据了一定的比重。其中，搜狗PC端流量占比4.27%，移动端流量占比15.8%。

（4）谷歌搜索自2010年退出中国市场后，在中国搜索引擎市场上的份额不断下降。谷歌搜索PC端的流量占比为4.82%。

（5）神马搜索是UC和阿里于2013年联合推出的移动搜索引擎。目前，神马搜索移动端流量占比为18.5%，在移动搜索领域居于第二位。

统计数据可能存在一定差异，但对于我们了解我国搜索引擎市场份额的大体排名还是有参考价值的。

用户在搜索引擎中输入要查询的词，按回车键，搜索引擎会迅速刷新为搜索结果页面，图1-3为目前典型的搜索结果页面（以百度为例）。

搜索结果页面大体由两部分组成：一部分是广告，另一部分是自然搜索结果。如图1-3所示，标有"广告"字样的都是广告信息，在左侧最上面，一般有四个搜索结果为广告信息。

　　搜索结果页左侧广告的下面,自然搜索结果占据了大部分页面。一般每个页面会列出十个自然搜索结果(搜索引擎默认是十个,可以通过设置更改显示的自然搜索结果数量)。

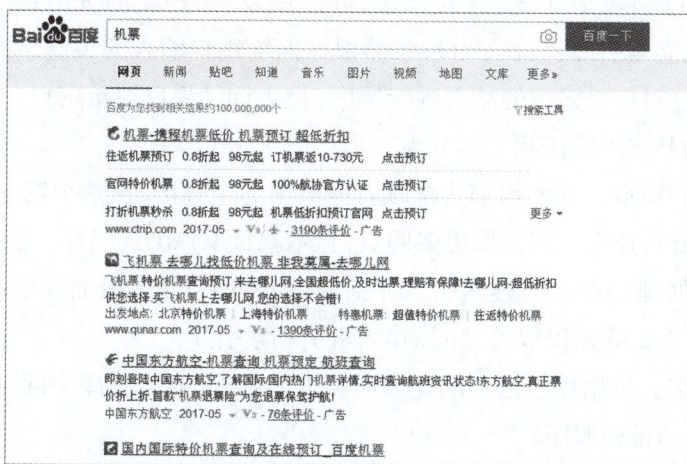

图 1-3　百度搜索页面

1.2.2 关于蜘蛛的误区

　　蜘蛛也就是大家所说的爬虫或者机器人,是处于整个搜索引擎最上游的一个模块,用来爬行和访问网站页面程序。只有蜘蛛抓回来的页面或者URL才能被索引和参与排名。

　　而人们对于蜘蛛的误区集中在"降权蜘蛛"。由于蜘蛛抓取的网页太多,如果只有一只蜘蛛进行抓取作业,需要的计算量太大,同时也会耗费太多的时间。所以搜索引擎引进了分布式计算的概念,把庞大的抓取作业分割成多个部分,使用合理计算的服务器承载这一任务,完成对网页的快速抓取。现在大型搜索引擎都使用分布式计算技术,同样,蜘蛛也会进行分布式计算,这种蜘蛛就是分布式蜘蛛,它遵循分布式计算的主要规则,根据这些规则也就可以理解"降权蜘蛛"的工作方式。

　　整个分布式蜘蛛系统要保证所有的蜘蛛不能重复抓取,就要使每个蜘蛛都有自己抓取的范围,抓取指定类型的网页,而常规网页一般按照质量等级分为优秀站点、普通站点、垃圾站点、降权站点和屏蔽站点等。

　　按照这种分类方式,会出现某一IP段的蜘蛛只会抓取权重高的网站,某一IP段的蜘蛛只会抓取已经被降权的网站,这就是"降权蜘蛛",不过并不是因为这只蜘蛛使得网站降权,而是因为网站已经被百度降权,这只所谓的"降权蜘蛛"才会出现。如果百度真的使用这种分布方式,那么对于百度蜘蛛IP段特性的总结就是很有价值的,不过还是不能非常肯定,因为百度分配任务的方式不可能只有这一种。由于搜索引擎对网站及网页的分类有多个纬度,每次抓取都可能会使用不同的纬度,多个纬度的出现,导致了问题的不确定性。

1.2.3 搜索引擎工作原理与流程

搜索引擎的基本工作原理：首先，在互联网中发现、搜集网页信息，同时对信息进行提取并组织建立索引库；其次，由检索器根据网络用户输入的关键字，在索引库中快速检出相应文档，对将要输出的结果进行排序，把查询结果反馈给用户。

搜索引擎的基本工作流程大体分为三步：

第一步：爬行抓取。搜索引擎蜘蛛顺着网页中的超链接，从这个网站爬到另一个网站，通过超链接分析连续访问抓取更多网页，读取页面 HTML 代码存入数据库。

第二步：预处理（索引）。搜索引擎抓到网页后，还要做大量的预处理工作，才能提供检索服务。最重要的是提取关键词，建立索引和索引库。

第三步：排名。根据用户输入的查询词和查询需求，对索引库中网页相关性进行分析得出搜索结果的排列顺序。

1.2.4 爬行抓取策略

爬行抓取是搜索引擎工作的第一阶段，搜索引擎通过爬行抓取收集数据。最简单的爬行策略是深度优先（图1-4）和广度优先（图1-5）。

深度优先是一种图算法，简单地说就是对每一个可能的分支路径深入到不能再深入为止，而且每个节点不重复访问。

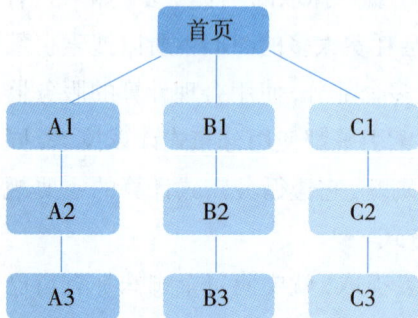

图 1-4　深度优先　　　　　　　　　图 1-5　广度优先

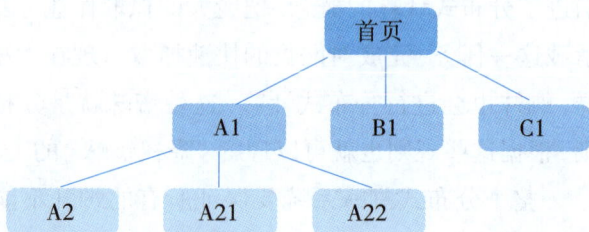

广度优先是一种盲目搜寻的办法，目的是检索所有节点，以找寻结果。不考虑结果的可能位置，而是彻底搜索整个网络，直到找到结果为止。

吸引蜘蛛是每一位 SEO 从业人员要着重考虑的问题。从理论上说，蜘蛛能爬行抓取所有页面，但实际上并非如此。要想让自己网站的更多页面被收录，就需要想办法吸引蜘蛛爬行抓取。蜘蛛会抓取比较重要的页面，蜘蛛认为网站比较重要一般是以网站和页面权重、页面更新速度、外链、与首页点击距离这四种因素作为考量，在以后的章节会作详细的介绍。

1.2.5 预处理（索引）策略

蜘蛛爬行抓取网站后，接下来就是预处理（索引）。蜘蛛抓取的原始页面不直接用于查询排名处理，而是先经过预处理，为查询关键词时的排名做准备。预处理主要包括内容处理、中文分词、去重、索引和用户体验判断等方面。

（1）内容处理

内容处理包括提取网页文本信息、特殊文件处理、消除噪声和去停止词四个方面。

● 搜索引擎以文字内容为基础，预处理首先要做的就是从蜘蛛抓取的HTML文件中去除标签、程序代码，提取出可以用于排名处理的页面文字内容。

● 特殊文件处理：搜索引擎可以抓取以文字为基础的多种文件类型，如Word、WPS、XLS、TXT文件等，但是对这些文件的排名还是依据与之相关的文字内容。

● 噪声是指页面中对页面主题没有贡献的内容，如导航条、广告等，这些内容对页面主题起分散作用。消除噪声的基本方法是根据HTML标签对页面进行分块。

● 去停止词：无论是英文还是中文，都会有一些出现频率很高，对内容没有影响的助词、感叹词、副词或介词等，需要去掉这些停止词。

（2）中文分词

中文分词是中文搜索引擎特有的步骤。中文词与词之间没有分隔符，一个句子中的所有字和词都是连在一起的，搜索引擎需要分辨哪几个字组成一个词，哪些字本身就是一个词。

（3）去重

搜索引擎在进行索引前还需要识别和删除重复内容。

（4）索引

这里所说的索引是指倒排索引，是搜索引擎所使用的索引方式。如图1–6所示，如果用户搜索"关键词2"，只存在正向索引，排名程序需要扫描所有索引库中的文件，找出包含"关键词2"的文件，再进行相关性计算。这样的计算量无法满足短时返回排名结果的要求，因此需要搜索引擎将正向索引数据库重新构造成倒排索引，把文件对应到关键词的映射转换为关键词到文件的映射。

关键词	文件
关键词1	文件1，文件4，文件7，文件34……文件p
关键词2	文件5，文件7，文件11，文件13……文件q
关键词3	文件9，文件89，文件233，文件431……文件r
关键词4	文件4，文件10，文件7，文件94……文件s
……	……
关键词n	文件56，文件67，文件875，文件889……文件t

图 1–6　倒排索引

（5）用户体验判断

搜索引擎以用户体验为中心，网络用户的体验对搜索引擎的排名影响越来越大。搜索引擎根据正常用户体验反馈的信息来进行用户体验判断，增加浏览的舒适度。

1.2.6 排名工作流程与机制

经过搜索引擎爬行抓取和预处理以后，搜索引擎就准备好让用户查询搜索了。用户在搜索框输入搜索内容以后，排名程序调用预处理数据库，计算出排名并显示给用户，排名过程是与用户互动的。搜索结果页面显示给用户之前，还要经过排名计算，以优化显示结果。

（1）搜索词处理

搜索词处理包括中文分词（参考预处理，此处的分词是针对搜索查询词进行处理）、去停止词、指令处理（查询词完成分词以后，搜索引擎的默认处理方式是在关键词之间使用"与"逻辑）、拼写错误矫正（图1-7）、整合搜索触发（图1-8）、搜索框提醒（图1-9）。

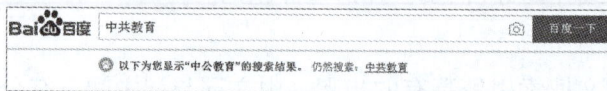

图 1-7　拼写错误矫正

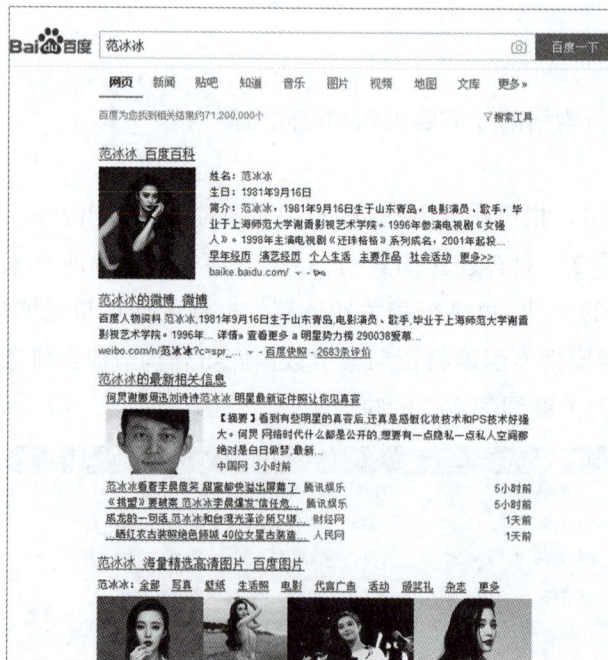

图 1-8　整合搜索触发

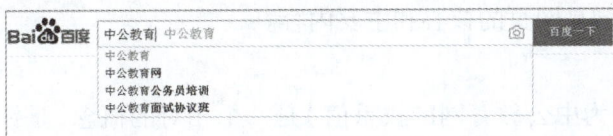

图 1-9　搜索框提醒

（2）文件匹配

文件匹配是指在搜索词处理以后，找出关键词的所有文件，一般使用倒排索引。

（3）初始子集的选择

因为搜索引擎找到的文件太多，对文件进行相关性计算所耗费的时间太长，所以完成搜索词处理和文件匹配后还是不能进行最终排序，需要根据其他特征（最重要的是网页权重）对显示结构进行优化。所以百度会显示前76页的搜索结果，对于更靠后的页面将不再显示，也不进行计算。

（4）相关性计算

计算相关性是排名过程中最重要的一步，了解搜索引擎如何计算相关性对开展 SEO 工作非常重要。影响相关性的主要因素包括关键词的常用程度、词频及密度、关键词位置及形式、关键词距离、链接分析及页面权重五个方面。

（5）排名过滤及调整

搜索引擎计算相关性后，大体排名就已经确定了，但可能还有一些过滤算法，对排名进行轻微调整，其中最主要的过滤是施加惩罚。一些有作弊嫌疑的页面，虽然按照正常的权重和相关性计算排到了前面，但搜索引擎的惩罚算法却可能在最后一步把这些页面调到后面去。

（6）排名显示

排名确定后，会出现搜索结果页面。

（7）搜索缓存

搜索引擎会把最常见的搜索词进行缓存，以节省搜索时间，提高搜索效率。

（8）查询日志

搜索引擎会把用户的 IP 地址、搜索的查询词、搜索时间，点击过的查询结果页面形成日志。用户可以对这种跟踪式的日志进行设置，以保护个人隐私。

1.3　SEO 常用术语与指令

1.3.1　常用术语

（1）关键词

SEO 对关键词并没有一个标准的定义，通俗地说，关键词是用户使用搜索引擎时输入的、能够最大程度概括用户查找信息内容的字或者词，是信息的概括化和集中化。

SEO行业中的关键词是网页的核心和主要内容。

（2）权重

权重（图1-10为中公教育网的权重值）是一个相对的概念，是针对某一指标而言，某一指标的权重是指该指标在整体评价中的相对重要程度。

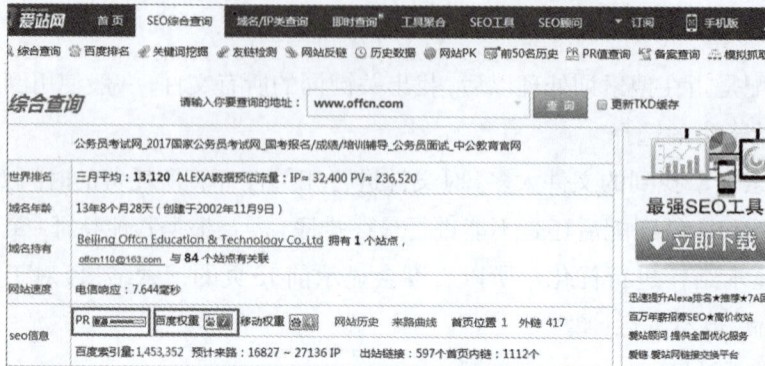

图1-10　中公教育网的权重值

概括地说，网站权重就是网站与网站在搜索引擎眼中的分级制"待遇"表现，是搜索引擎对站点权威的判断。另一种解读是综合搜索引擎算法中所有有利因素所带来的"数值效果"被搜索引擎所认可。

例如，权重高的网站以链接的方式指向某网站，就是对该网站的肯定，搜索引擎就参照这样的方式给予该网站一些权重。

另一种理解角度：同一标题的文章在各大网站发布，搜索引擎不能直观地考虑要把哪个网站的这篇文章排在搜索的第一位或者是前几页。此时，网站权重这个指标的作用就显现出来了，谁的权重高，搜索引擎就把它排在搜索结果的第一位或者是前几条（可理解为权重下的竞价排名）。

网站权重决定网站排名的说法太过片面，排名受综合算法因素影响，网站权重占其中一部分，不代表全部，但权重是最重要的参考因素之一。

如果一篇文章的原创度达到100%，把这篇文章同时发到自己网站和其他网站上，如果自己网站权重太低，或者不易于被搜索引擎收录，那么，其他网站上的这篇文章在搜索引擎上就会有很好的排名，而自己网站可能没有排名甚至不能被搜索引擎收录。

搜索引擎数据库就是该搜索引擎收录的所有数据的仓库。搜索引擎在进入一个页面时，都会先抓取这个页面的内容，然后从各方面来考虑这个页面，包括页面权重、用户体验度、忠诚度（黏性）、关键词密度、搜索引擎对该页面的友好度、内容可读性等。

如果各方面都有一个很好的指数，搜索引擎马上会把这个页面放到最前面，同时把这篇文章放到数据库中。如果这个页面的各种指数并不突出，那么搜索引擎会先把这篇文章放到数据库中，然后根据数据库中同类文章的定期调整（定期包括日、周、月、季、年以及其他重大事项调整，但有的搜索引擎会有人工干预，这个不算在搜索引擎定期调整之内）再集中考量这个页面的排名（所以有的页面会在收录后一个月或者几个月才会有排名）。如果这个页面各指数都很差，或者有几个指数为负数，那么就有可能不会被搜索引擎收录。

（3）外链

外链是指在别的网站导入自己网站的链接，外链是网站优化的重要过程。外链的质量会间接影响网站权重、关键词的排名、搜索流量。我们可以通过百度对垃圾外链的惩罚力度了解外链对网站排名和权重的重要性。百度一直没有降低对垃圾外链的惩罚力度，而且有加重的趋势，所以高质量外链对于网站的排名和权重是非常重要的。

（4）白帽与黑帽

在SEO行业，一般把正规手段称为白帽，把作弊手段称为黑帽。白帽是通过优化网站标题、网站结构、网站代码、网站内容、关键词密度等站内结构和站外建设来提高搜索引擎的排名。黑帽是采用搜索引擎禁止的方式优化网站，我们称之为SEO作弊。比如，群发留言增加外链，这是一个典型的黑帽行为。因为通过这个方式增加外部链接点击量，影响了其他站点的利益，同时影响搜索引擎对网站排名的合理和公正性。就目前来看，此种方法几乎已经失效。黑帽行为往往会带来搜索引擎的惩罚，也会导致网站被降权甚至被完全删除。

（5）降权

降权一般是指网站在搜索引擎当中的评分被降低，即百度权重降低，也可以看成是网站被搜索引擎处罚。利用搜索引擎缺陷，用不正规手法恶意获取排名，会导致搜索引擎显示的排名结果异常，降低用户体验度。

降权一般分为三种：小幅降权、大幅降权、K站（即网站因作弊原因被搜索引擎突然删除了所有页面或只留下首页）。降权幅度是由网站作弊或者黑帽手法严重度决定的，"轻度轻罚、重度重罚、极重致死"是搜索引擎对恶意排名的处罚方式。

网站可能已被降权的表现有：

- 收录锐减。
- 大量关键词排名消失。视降权程度而定，小幅降权小幅波动，大幅降权大幅波动。
- site不在首页，这个只能说是表现形态，site不在首页也不一定是被降权了。
- 百度搜索网站title，页面排名不在第一位。

搜索引擎的惩罚还有许多种表现，在此不一一列举。以上四点降权表现仅供参考，如果网站发生了上述现象，建议对整个网站进行探查，综合分析后再做评价。

（6）百度快照

百度官方对百度快照的说明是："如果无法打开某个搜索结果，或者打开速度特别慢,该怎么办?'百度快照'能帮您解决问题。每个被收录的网页,在百度上都存有一个纯文本的备份,称为'百度快照'。百度快照速度较快,您可以通过'快照'快速浏览页面内容。 不过,百度只保留文本内容,所以,那些图片、音乐等非文本信息,快照页面还是直接从原网页调用。如果您无法连接原网页,那么快照上的图片等非文本内容,会无法显示。"百度快照(图1-11)是百度本身对网页的镜像,目的是保证原始网页打不开或打开速度较慢时,用户可以通过百度快照获取原网页的信息。

以往,许多人把百度快照的更新频率作为判断网站权重高低的标准,后来百度官方出面澄清,并直接取消了栏目页、首页的快照更新日期,仅保留了内容页的更新时间。也就是说,百度快照与其网站权重无关。

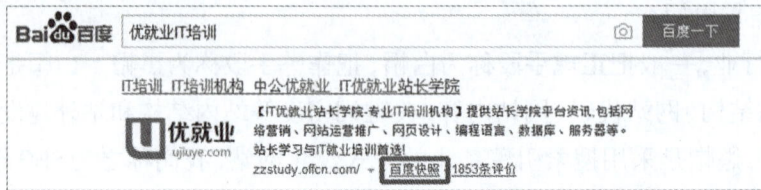

图 1-11　百度快照

（7）百度指数

百度指数(图1-12)是百度以海量网民行为数据为基础的数据分享平台。用户通过百度指数可以研究关键词搜索趋势、洞察网民兴趣和需求、监测舆情动向、定位受众特征。

SEO从业人员会根据百度指数查看关键词搜索量,分析关键词态势和相关的新闻舆论变化,优化营销方案。

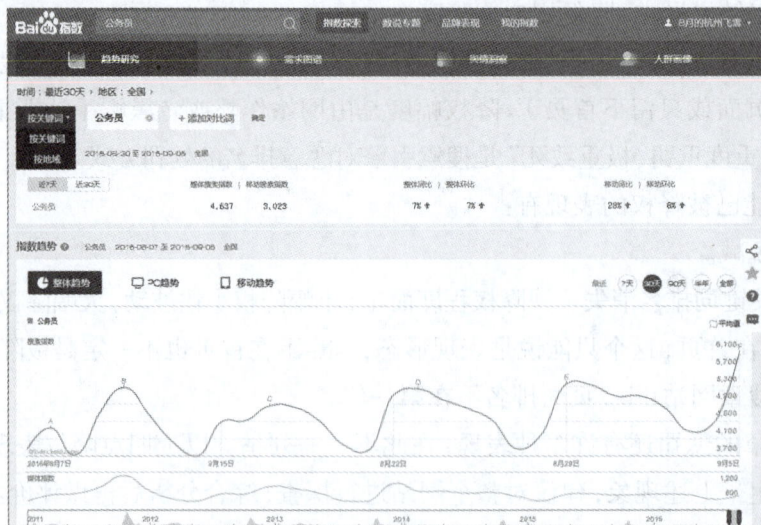

图 1-12　百度指数

（8）蜘蛛

蜘蛛是搜索引擎自己研发的一个搜索引擎抓取程序。它主要抓取互联网上以文字、图片、视频等各种形式进行组合或单一出现的网页内容，方便搜索引擎对这些内容进行索引，使用户在搜索引擎搜索他们想要的内容，搜索引擎会显示用户所需要的结果。由于抓取程序需要在互联网上不停地爬，就好比蜘蛛在它的网上爬取一样，所以大家给"搜索引擎抓取程序"取名叫蜘蛛，也称为爬虫或者机器人。蜘蛛是处于整个搜索引擎最上游的一个模块，用来爬行和访问网站页面程序。只有蜘蛛抓回来的页面或者URL才能被索引和参与排名。和浏览器一样，蜘蛛也有很多类型，常见的搜索引擎蜘蛛有百度蜘蛛、搜狗蜘蛛等。

1.3.2 搜索指令

1.3.2.1 基本指令

（1）inurl：

"inurl："指令用于搜索查询URL中包含某字段的结果。如："inurl:zufang"是为了查询URL中包含"zufang"字段的结果页面，如图1-13所示。

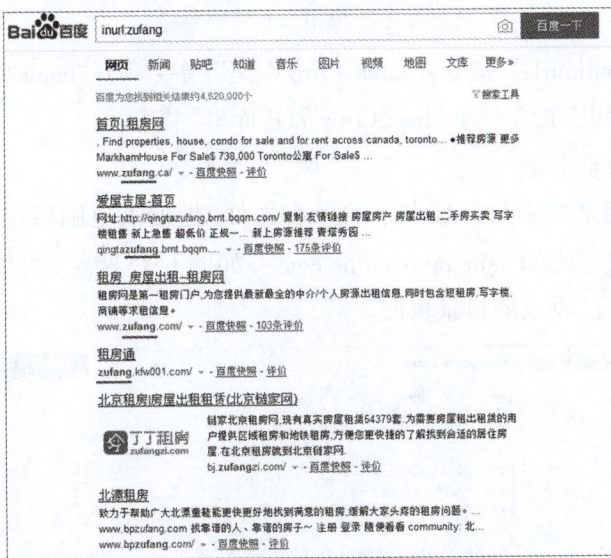

图1-13　"inurl："指令

（2）intitle：

"intitle："指令返回的是页面标题（title）中包含有指定关键词的页面。如搜索结果是标题中含有"黄晓明婚纱照"的页面，如图1-14所示。

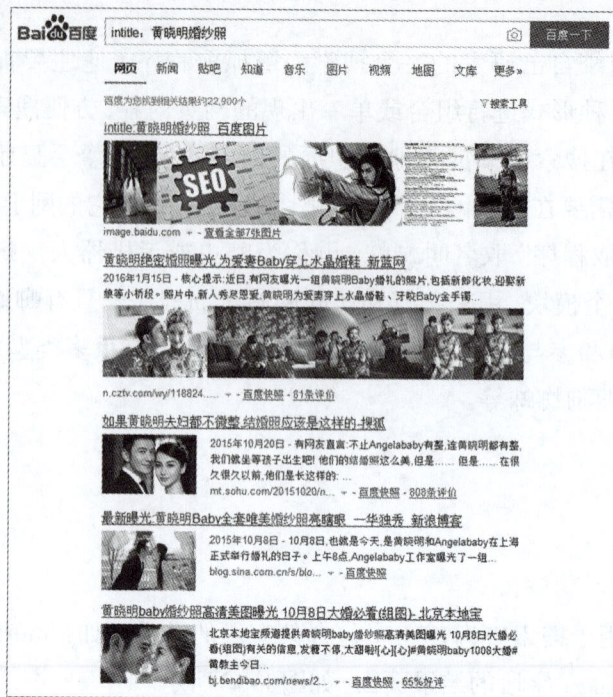

图1-14 "intitle:"指令

"alltitle:"和"allinurl:"指令:"alltitle:Crruy库里"指令等于"intitle:Crruy intitle:库里"指令,"allinurl:Crruy库里"指令等于"inurl:Crruy inurl:库里"指令。

(3)"site:"与索引量

"site:"指令用来搜索某一域名下的所有文件,把搜索范围限定在某一域名中,查询网站收录页面数。比如"site:news.china.com",如图1-15所示,可以查询"news.china.com"子域名下所有已收录的目录页面。

图1-15 "site:"指令

索引量是网站被搜索引擎收录并可供排名的页面数量,而通过"site:"得到的网站数据,仅是搜索引擎在索引页面数量基础上放出的一部分。两者数据有时几乎相同,有时有差异。总体来说,一个网站真实的可排名页面数量以索引量为准。

（4）双引号

将搜索词放在双引号中,代表的是完全匹配搜索,包括顺序匹配。图1-16为不完全匹配的搜索结果,图1-17为完全匹配的搜索结果。

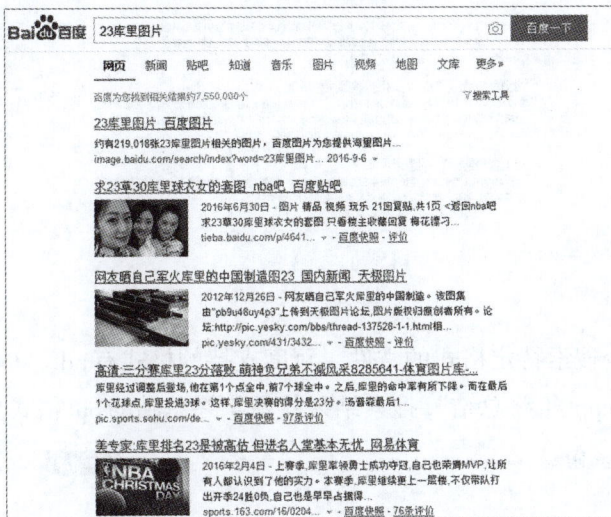

图 1-16　不带双引号搜索的 7550000 个相关结果

图 1-17　带双引号搜索的 1 个相关结果

（5）减号

减号（-）指令搜索不包含减号后面的词的页面,使用"*空格-*"形式。

使用减号可以准确找到所需文件,排除某些词的多种意义。如图1-18所示,"中公-教育"基本排除了后面"教育"的搜索结果。

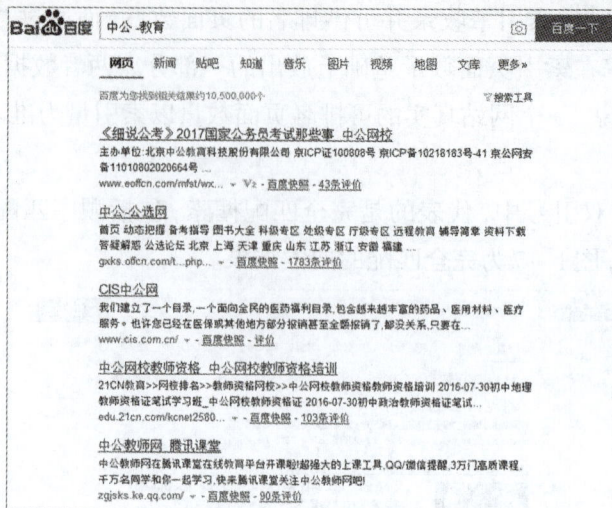

图 1-18　减号指令

（6）filetype:

"filetype:"指令搜索特定格式的文件。百度支持的格式有 pdf、doc、ppt。如图 1-19 所示，搜索"filetype:ppt 年终总结"，搜索结果就是年终总结的 ppt 格式文件。

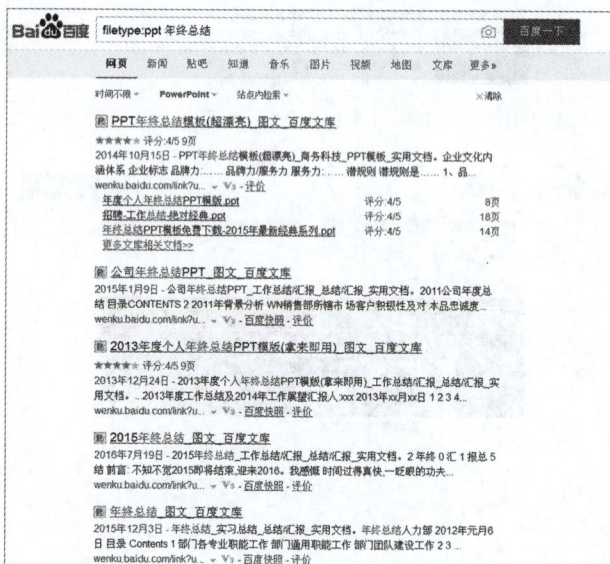

图 1-19　"filetype:"指令

1.3.2.2 高级指令

高级指令是指综合使用以上介绍的基本搜索指令，这样能够更准确地找到想要的资源，使搜索结果更为精确。

高级指令的顺序不影响搜索结果。比如把"intitle:"和"site:"放在一起使用，如图 1-20 所示，是在 sina.com 中搜索标题关键词含有林书豪的网页。

如图1-21所示，则是查询在sina.com中，含有关键词"林书豪"的网页，无论这个关键词在标题中还是文件中。

图 1-20　"intitle："和"site："的综合使用

图 1-21　查询词和"site："的综合使用

再比如把"intitle："与"filetype："指令结合使用，输入"filetype:ppt intitle:北京自考"，搜索结果如图1-22所示。

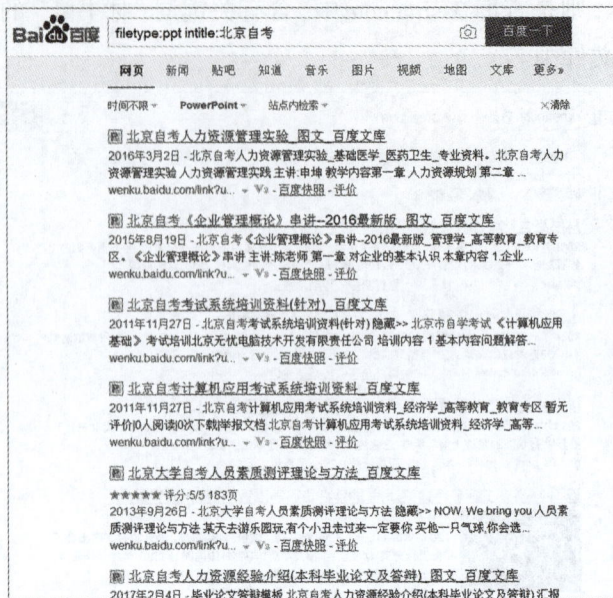

图 1-22 "intitle:"和"filetype:"的综合使用

高级指令可将两个或者多个指令结合使用，以缩小查询范围，找到更加符合用户需要的文件。高级指令的使用没有太多限制，只要把各个基本指令依次排列即可，并且其排列顺序不会对查询结果造成影响。

第2章
SEO站内优化

站内优化是指网站内的优化，即网站本身的优化。站内优化包括关键词研究、内容建设优化、链接结构优化、URL优化、nofollow优化、robots优化、H标签优化、图片优化、网站地图、蜘蛛陷阱、单页面优化等。

2.1 赢得关键词竞争的策略

关键词是用户输入搜索框的文字，也就是用户想在搜索引擎中搜索到的东西。关键词是站内优化的重中之重，是SEO竞争的第一步，也是最重要的一环。做网站要规划好关键词，确保关键词符合网站内容，并能够为网站带来更多的访问用户，带来更多的有效流量。如果说关键词已经排名到了第一，依然不能带来更多的访问用户和流量，这说明选出的关键词可能有偏差，需要重新审视和规划。

2.1.1 研究关键词的意义

研究关键词是为了提高网站的自然排名，增加网站的流量，最终实现流量的有效转化。研究关键词能确保目标关键词有一定的搜索量、降低优化难度、拓展有效流量、认识用户搜索需求的多元化、挖掘新的商机。

（1）确保目标关键词有一定搜索量

SEO需要找出有人搜索的关键词，无人搜索的词是无意义的，关键词最好具有一定的搜索数量级，否则对网站SEO效果没有积极影响，达不到既定目标。

网站要想通过SEO来提高品牌知名度，通过搜索排名的展现增加品牌曝光度，首要考虑的问题就是搜索量，较高的搜索量才能确保一定的展现量。

（2）降低优化难度

找到有搜索量的关键词并不是意味着把热门的、搜索次数最多的词作为目标。我们很容易就能找到有一定搜索量的关键词，但这些热门关键词不一定是好的目标关键词。如"新闻""家教""高考""车票""买房"等词，每天都有很多搜索量，竞争过于激烈。对于一个普通站点来说，想把这些做到前几位是很难的，需要耗费大量的人力、物力和财力，而且由于这些词比较宽泛，没有明确目标，转化率也不会太高。所以，在确定关键词的时候一定要考虑降低优化难度，控制成本预算和效果周期。

（3）拓展有效流量

排名和流量不是最终目的，流量能带来产品或服务等经济利益转化才是根本，这种流量我们称之为有效流量。有效流量是相对于垃圾流量而言的，是能够在网站上长时间停留，以及拥有达成协议的意向、转化为客户订单的那部分流量。

为增加有效流量，可以对目标关键词作进一步说明，简单地说就是给目标关键词再加限定词，但限定词不要太多，根据词的特点和用户搜索习惯进行组合即可。比如网站发布的内容主题是"电脑销售"，将网站核心关键词定为"电脑"则不是最好的选择，因为用户在搜索"电脑"时的动机很难判断，用户可能在找电脑维修知识，也有可能在找相关的软件，这是很不明确的事情，流量的转化也不会太高。如果把关键词设置成"电脑销售"，那么用户的意向就会很明确；如果设置成"苹果电脑销售"，用户的消费需求就更加明确，流量的转化率就会大大提高。

（4）搜索需求多元化

搜索词并不只是热门的关键词。用户使用的搜索词五花八门，受经验和阅历的限制，很多词是我们不能想象的。有些用户为了准确搜索到自己想要的文件，就会增加搜索词，甚至搜索一个句子。研究这些长搜索词甚至句子，是SEO人员需要探索的一个新的方向。

（5）挖掘新的商机

思维的局限性使得网站管理人员的词汇量很难适应千变万化的用户和搜索词，这就需要SEO人员利用关键词扩展工具来挖掘相关关键词，发现新机会、拓展新的组合形式。常用的关键词挖掘工具有关键词拓展工具、网站流量分析。

总体来讲，SEO最基础的工作内容就是研究关键词，如果没有选好关键词，SEO的效果就会大打折扣。

2.1.2 关键词常见分类

关键词分类主要是为了方便SEO人员区分和研究关键词。关键词分类的方式有很多种，并无固定标准，只要这种分类有利于SEO人员研究关键词即可。秉承适合的就是对的思想，通过不断尝试才能找到属于自己的分类方式。

比较原始的分类是把关键词分为：root keyword（词根）、stem keyword（词干）、leaf keyword（词叶）。以"北京地铁线路图"为例来解释这三个关键词的关系，"地铁"就是root keyword，"北京地铁"就是stem keyword，"北京地铁线路图"就是leaf keyword。

现在一般按关键词搜索目的、关键词长短、关键词热度进行分类。

（1）按照搜索目的分类

按搜索目的，关键词可分为导航类关键词、交易型关键词和信息类关键词。导航类关键词是用户想找特定的网站，但是不知道网站网址或者是觉得输入网址太麻烦，就直接搜索关键词，比如"天猫""京东""唯品会"等。

交易型关键词是用户有明确的目的和意图而搜索的关键词，这类关键词是营销型网站重要的定位词，比如"苹果手机多少钱""CCTV5手机客户端下载"等。

信息类关键词是用户搜索不具有消费倾向、只为找寻当前需要解决问题的答案所使用的关键词，比如天猫的"用户使用产品的评价"。

（2）按照关键词长短分类

关键词按长短分为普通关键词和长尾关键词。普通关键词一般由两个字或者四个字组成，如"中公教育"。长尾关键词一般由四个以上的字构成，如"中公教育科技股份有限公司"。

当然，普通关键词与长尾关键词在字数上没有明显的界线，此处给出的四个字仅为参考，便于理解。

SEO需要重点研究长尾词，网络中长尾关键词数量通常占多数。同时，长尾词所带来的流量不容忽视，特别是大中型网站。长尾词一般比目标关键词字数多，通常用于网站的栏目页面、内容页面、专题页面优化。长尾词的个数是没有限制的，一个网站可能有成千上万个。长尾关键词的多样性、多元化、个性化，能给网站带来更多的流量。

在流量统计中，热门关键词和一些目标关键词的排名即使不错，带来的流量也不会超过数量更多的长尾关键词。长尾关键词是很多大型网站的流量主力，所以增加长尾词也是增加流量的一个重要方法和途径。

（3）按照关键词热度分类

关键词按热度分为热门关键词、一般关键词、冷门关键词。热门关键词是搜索量比较大的关键词，除了导航类关键词，这类关键词的竞争最大，是很多网站争夺的关键词。

热门关键词的搜索量非常大，比如热门小说《大主宰》和热门电视剧《老九门》等。一般关键词是指有一定搜索量，但是搜索量并不大的关键词，比如"石家庄快递"，每天都有几百的搜索量，这类关键词更容易转化为经济效益。冷门关键词是指偶尔有几次搜索，搜索量极少的关键词，但是在大型网站中，处理好这类关键词，其搜索流量占比也非常大，所以大型网站应当重视这类关键词。

2.1.3 选择关键词的基本原则

很多SEO人员都喜欢选择热度非常高、搜索量非常大的词来做关键词，他们觉得这样会吸引很多流量，这种想法是对的，但是使用这类关键词要有一定的原则。

（1）内容相关

目标关键词必须与网站的内容相关。SEO早期的做法是在网站上堆积关键词，但是网站并没有与关键词相关的内容,这种做法在以前取得过良好的效果,也带来了很多流量。现在,这种方法虽可能为网站带来流量,但使用不当可能会受到搜索引擎惩罚。关键词与网站内容相关,有利于提高访客转化为经济效益的比例。比如你的网站是卖篮球的,就不要出现"梅西"这样著名的足球明星。当然,这种内容相关做法不一定适合所有的网站,一些新闻门户或者以资讯联盟广告作为盈利手段的网站对于关键词选取则没有太多限制。

（2）搜索次数多、竞争小

SEO的一种非常理想的状态是通过大量细致的关键词挖掘,寻找到搜索次数相对较多,竞争相对较小的关键词,但大部分搜索次数多的,竞争也会很大。SEO人员可以通过大量细致的关键词挖掘、扩展,列出搜索次数及竞争程度数据,还是可以找到搜索次数相对较多、竞争相对较小的关键词。可以使用百度指数提供的搜索次数数据研究关键词的搜索而关键词的竞争强度在数据上并不能直观体现,因为竞争程度具有不确定性。一般来说,这样的关键词寻找起来有一定难度。

（3）关键词不可太宽泛、不可太狭窄,要做适中选择

"房地产""新闻""旅游"作为关键词就过于宽泛,太过宽泛的关键词要么做不上去,要么费了很大力气做上去了,转化率却很低,得不偿失。比如"江西大唐国际能源有限公司有财务公司吗"作为目标关键词则过于狭窄,这样的关键词不宜做网站的目标关键词。关键词的选择要根据网络实际情况进行考量,太宽泛会导致竞争太大,太狭窄会导致搜索量太少,选择适中的效果最佳。

（4）商业价值

不同的关键词有不同的商业价值,即使是长度相同的关键词也会有不同的商业价值。比如"电脑的价格"比"电脑的原理"的转化率要高,"电脑的价格"的商业价值就比"电脑的原理"大。原则上讲,关键词的商业价值与长短无关,与关键词本身有关。

在研究关键词的时候,我们可以通过各种手段查询各种关键词,通过常识和逻辑判断哪些关键词具有很强的购买意向,把这些关键词作为优先考虑的对象,重点考量这些关键词的商业价值。

如图2-1,搜索结果中页面顶部有四个或者少于四个的广告显示结果,也是衡量竞争程度的指标之一。

一般来说,广告商内部专业人员在广告投放前,会进行详细的关键词竞争程度分析及商业价值分析,只有能产生效果和盈利的关键词才有投放广告的必要。当然不排除部分公司只为品牌宣传,增加曝光度。

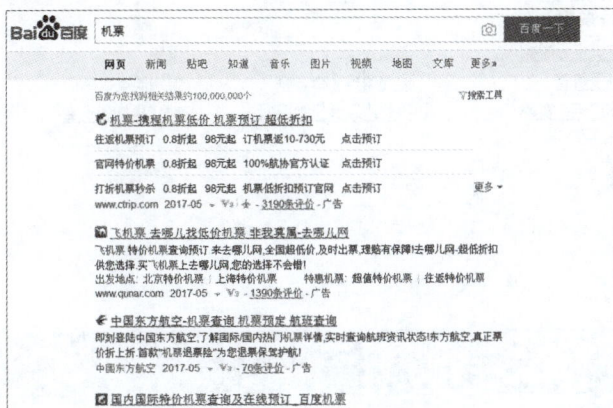

图 2-1 搜索引擎顶部的广告

2.1.4 挖掘关键词的常用方法

对于刚进入SEO行业的人员来说，挖掘关键词有一定难度，下面将介绍挖掘关键词的常用方法，方便大家使用。

（1）借鉴竞争对手

如今互联网高速发展，各企业争相进入互联网领域，出现了大批网站。某些网站难免和其他网站有相似甚至相同之处，如果你的网站想做的内容已有其他网站做过，你就可以借鉴这些网站的关键词，以较小的成本转化为较大的效益。我们寻找竞争对手的关键词时，可以查找核心关键词搜索结果页的前五页或前三页，然后逐一挖掘每一个竞争对手的关键词布局和使用情况。当然，如果你所研究的行业中有垄断或几个比较大的网站，可以直接研究这些网站即可。一般来说，有规模的网站已经把该行业关键词做得比较全面了，从这些网站中能够挖掘出行业中的大部分关键词。

（2）搜索引擎提供的数据

百度和360等搜索引擎的下拉提示框（图2-2）、相关搜索（图2-3为"里约奥运会"的相关搜索）、百度指数（图2-4）、百度竞价后台（图2-5）、百度搜索风云榜（图2-6）等都可以获得关键词的大量数据，为关键词的选择提供参考。

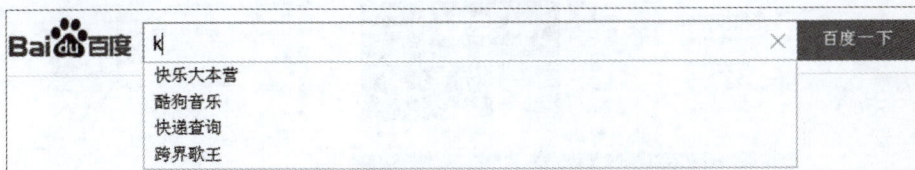

图 2-2　百度下拉提示框

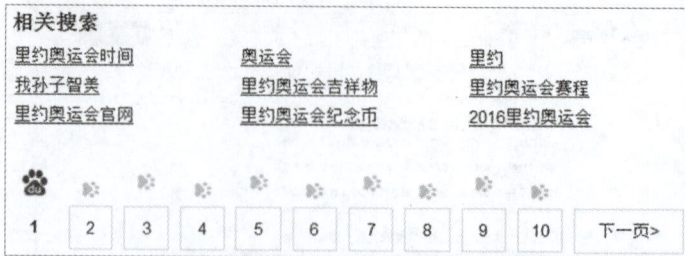

相关搜索

里约奥运会时间	奥运会	里约
我孙子智美	里约奥运会吉祥物	里约奥运会赛程
里约奥运会官网	里约奥运会纪念币	2016里约奥运会

1 2 3 4 5 6 7 8 9 10 下一页>

图2-3 输入"里约奥运会"的相关搜索

图2-4 百度指数

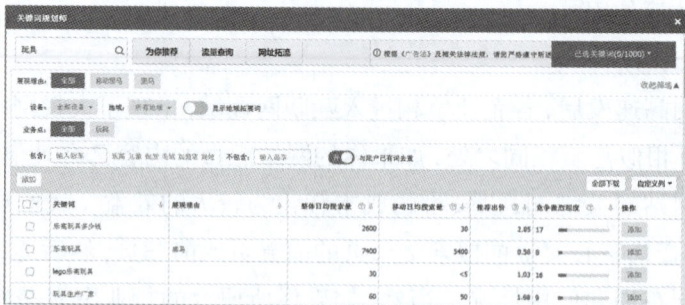

图2-5 百度竞价后台

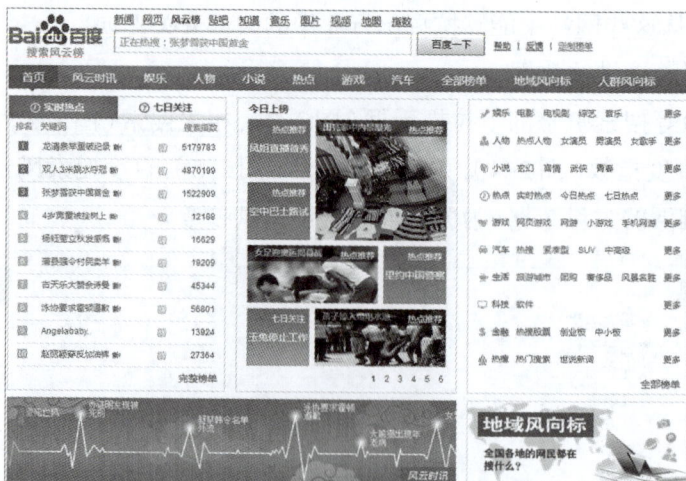

图2-6 百度搜索风云榜

此种方法一般只适用于特定页面,比如专题页面。如果网站业务单一、页面较少,也可采用这种方法。

(3)拓展关键词

关键词各种形式的变体或补充说明可对关键词进行拓展。比如利用关键词的同义词、近义词、相关词、简写等对关键词进行扩展,或者是通过地名、品牌、限定词对关键词进行扩展。比如,关键词为"减肥",可以拓展为"腹部减肥"或者"减肥方法"等。除此之外,在拓展关键词方面还有许多思路,比如属性、季节、地域、词根等。

(4)其他关键词挖掘小工具

爱站网SEO工具包(图2-7为爱站网工具中的SEO综合查询)、百度站长平台上的工具等可以用来挖掘关键词。这两个工具的关键词挖掘功能可以帮助广大SEO人员更迅速地找到具有购买欲望的长尾关键词,而且这些长尾关键词的质量都是比较高的。

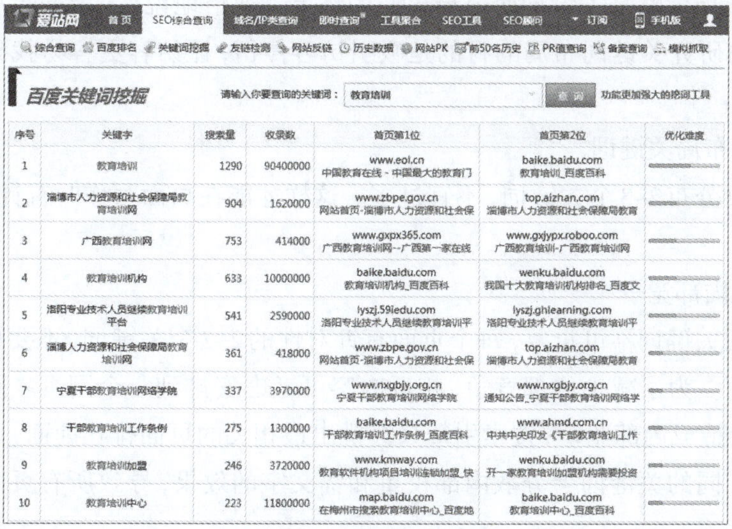

图2-7 爱站网SEO综合查询

2.1.5 关键词分析与筛选

进入"互联网+"时代以来,各行各业不同规模和类型的网站相继出现,网站在搜索领域的竞争也越来越激烈。要在竞争激烈的环境中生存下去,首先要明确网站用户群体、网站的目标,制作这个网站的目的。建站前,我们就需要对关键词进行分析筛选。分析筛选的思路如下:

(1)确定行业目标词

行业目标词是行业通用的名称,选好目标词后,要使用百度指数和百度推广助手分析目标词的竞争热度,并站在客户的角度思考和创新。

（2）分析有竞争热度的关键词

很多SEO人员习惯根据百度相关搜索来分析关键词的竞争热度，但现在出现了刷百度相关搜索的软件，不容易分辨哪些词是刷的，哪些词是用户真正的需要，这要求SEO人员要有自己科学的分析方法和思维。

（3）重视长尾词

再次强调长尾词是为了凸显它的重要性，一般来说，搜索长尾词的用户的目的性很强，更容易实现高转化率。

2.1.6 关键词布局策略研究

在进行关键词选择、挖掘、分析筛选之后，我们至少能得到一个到上百个相关关键词，这时就需要研究关键词的布局策略。

关键词布局策略是关键词研究最核心的环节。通俗地说，关键词布局就是设置网页结构。网站研究关键词布局的目的是吸引访客停留，让访客更容易找到自己想要的信息。

（1）适当布局关键词

每个网页分布2~3个关键词，不宜过多。这样才能在页面写作时有针对性，突出页面主题。

（2）避免内部竞争

网页之间关键词不可重复，每个页面有针对性的2~3个关键词，不要再次出现在网站的其他页面。为了减少内部竞争，相近内容可考虑安排到一个网页。同一个词用在多个页面只会造成内部竞争，搜索引擎只会挑出最相关的页面排在前面，多个页面上出现相近或者相同的关键词会分散内部权重和锚文字的效果，导致所有页面的关键词都不突出。

（3）关键词研究决定内容策划

从关键词布局可以看出，网站策划与撰写的内容在很大程度上是由关键词研究决定的，每个版块都针对一组明确的关键词进行内容组织。关键词研究越详细，内容策划就会越顺利。内容编辑部门可以依据关键词列表不断地创作内容，将网站做大、做强。虽然网站的大小与特定关键词排名没有直接关系，但是，内容越多，创造出的链接和排名机会就越多。

关键词布局策略一般分为两种：金字塔结构和逻辑分组。金字塔结构是一种类似金字塔的形式，在首页关键词有一两个核心关键词，是塔尖部分；次一级关键词有几十个，是塔身部分，一般布局在频道首页或栏目页；再次一级的关键词或长尾关键词布局在详情页，是塔基部分。逻辑分组是指在关键词拓展列表之后，按照关键词的逻辑性对关键词进行分组，可以依次增加关键词的逻辑性结构，逐层向下细化。

关键词布局讲究的是经验、对行业的充分了解及网络的合理规划，是一种熟能生巧的技能，在日常工作中也需要多练、多试、多思。

2.2 优质内容建设策略

网站内容建设是网站运营的重点，优质内容建设不仅是网站运营的基本出发点，同时对SEO效果也有积极影响。

2.2.1 内容优化的重要性

提供高质量的、对用户有益的内容是网站各种要素中最重要的一部分。用户能轻易分辨网站所提供内容质量的高低，并且他们也乐于通过各种社交网络向自己的朋友推荐好的网站，这同时也会提高网站在用户和搜索引擎中的品牌影响力，而这一切都离不开高质量的内容。

行业中有"内容为王"之说，如果网站没有实质内容却把排名做到了前面，这样的网站最终会被搜索引擎和用户淘汰。随着SEO行业的正规化，大部分SEO人员都在强调内容优化的重要性。但很多人认为内容优化就是提高原创性，忽视了内容本身的优化，这是非常不可取的。接下来，将从内容优化原则、内容来源及注意事项等方面进行说明。

2.2.2 内容优化的原则

内容优化是为了让内容更容易被搜索到，应遵循四个原则：原创性、相关性、实用性、实时性。

（1）原创性

提升原创性是网站内容优化最重要的一环。每个网站都要有特色，有自身的个性又不脱离大众需求，才能被广大用户所接受，带来更多的用户。同时，搜索引擎也更倾向于抓取新的内容，原创能保证信息的新鲜度，更容易被抓取。

（2）相关性

相关性是指网站内容要与网站的主题相关，不可脱离主题。网站出现与主题不符的内容时，会大大影响网站的专业性，让用户产生不信任的观感，不利于品牌形象的建立，也不利于提升页面在搜索引擎中的排名，影响用户体验。

（3）实用性

实用性是指用户能够在网站找到自己想要的信息。使用户获得想要的准确信息，有利于提升用户体验。实用性也是内容价值的一种体现，在一定程度上影响着用户的稳定性。

（4）实时性

实时性要求网站的内容要定期更新，这是网站内容优化的基础。长期不更新网站内容可能会影响网站排名，甚至让访客认为是"死"网站，严重影响用户对网站的依赖程度。

2.2.3 网站内容来源

SEO人员需要从不同地方获取网站内容，内容源的寻找有如下几个方法：

（1）百度搜索关键词

百度搜索关键词可以获得想要的主题内容，SEO人员对于搜索结果要有目的地进行选择，收集所有内容的不同点以及新鲜观点，然后把这些内容集中整理。这些内容集精华于一身，有利于提升搜索排名及用户体验。

（2）行业资深网站

SEO行业的资深网站有SEOWHY、A5、站长之家、Donews等。每个行业都有专家级的网站，这些网站上聚集了一大批资深的专家，所以会有一些高质量的内容产生，在经许可的情况下，可转载相关内容，添加原文作者或原文链接，以表示尊重。

（3）行业报刊和杂志

有些行业会有自己专门的报刊和杂志，比如服装和化妆品行业。杂志和报刊上的内容相对比较新颖，有的还没有在网上大范围流传，比如一些考试方面的资料在很多书籍和资料中很丰富，但是网上基本没有。而一些机械行业的公司内部有很多机械的详细资料，但是网络上基本找不到。在使用时，需考虑版权问题。

（4）相关贴吧和QQ群

从百度贴吧和QQ群可以了解用户经常讨论的问题，也可以获得一些行业最新资讯。但是这些内容相对比较杂，需要SEO人员耐心整理。

（5）专业人员的QQ空间

许多人喜欢在个人的QQ空间分享工作或生活的经验和感悟，因此一些有经验的SEO人员会特别关注相关行业专业人士的QQ空间，适时地将QQ空间中的信息整合成高质量的文章。因QQ空间的内容很少会被网站收录，因此此类文章的内容也属于原创性文章。

2.2.4 原创与伪原创

前文提到搜索引擎倾向于抓取原创的文章，如果互联网都是互相抄袭就没有新鲜感可言，这样无法留住用户。原创文章的方法有如下四个：

（1）积累经验

在一个行业的时间越久，对这个行业就越了解，慢慢就变成专家了。比如很多从事机械行业的SEO人员，他们对各种机械的型号和参数以及性能报价都非常了解，在编辑文章时当然更加权威。

（2）整理别人的文章并增加附加价值

首先你要浏览大量的文章，整理一篇文章可能需要了解和浏览十篇、二十篇同类文章。然后把这些文章的精华汇总整理，并进行修改和处理，然后加上自己的一些理解，那么这篇文章就是你自己的了。你还可以添加一些其他的元素，比如图片、表格、视频等。

（3）整理百度知道、搜搜问问、论坛问答

百度知道、搜搜问问、论坛问答的内容大部分是由用户提问、用户回答的问题，SEO人员可以从这些问答里面整理一些内容作为网站的文章。在进行整理时，SEO人员应该对这个行业的内容稍作了解，否则很容易把不正确的内容整理到文章中。

（4）整理贴吧、QQ群的内容

贴吧和QQ群都是讨论专区，讨论区的特点是信息比较分散，并且前后不搭。但是QQ群的信息非常及时，比如刚发生的行业大事件，QQ群很快就会有人讨论。收集这些信息然后通过自己的理解整理成一篇文章发布到网站上，就是一篇高质量的原创新闻文章。

伪原创就是把内容进行适当加工，让其区别于原文章，以此来吸引蜘蛛的抓取。伪原创是2012年百度算法更新之前经常使用的一个SEO方法，SEO人员从其他网站采集大量的文章稍作加工变成自己的文章，但这样的文章是无益于用户体验的，很多文章甚至不通顺。此类伪原创文章属于垃圾信息，在百度更新算法后，部分垃圾采集站点会被惩罚。就目前来看，很多伪原创文章仍然会被搜索引擎抓取到，但仅仅依靠伪原创文章还远远不够，应增加特色宣传，凸显产品的优势，满足用户的需求，才能取得较好的搜索排名。

2.2.5 网站内容创作注意事项

网站内容针对两个对象，一个是用户，一个是搜索引擎。

（1）针对用户来说

● 懂得广告学思维。让用户在最短的时间找到自己想要的信息，用户的时间都很宝贵，他们不会特别认真地看一个陌生网站的内容，所以设计内容时一定要在最短的时间内让用户找到需要的信息。

● 内容要有主次重点。用粗体文字，或者美工、图片、动画等效果处理区分主次，引导用户随你的思维找到自己想要的内容。

（2）针对搜索引擎来说

● "频出"同一关键词。比如讲述"篮球技巧"的网页，在用词上优先使用"篮球技巧",适当可出现"篮球技术"。一方面增加关键词密度,另一方面增加相关搜索多样性。

- 控制关键词的数量。每个网页的关键词不要超过3个,让内容围绕着关键词展开。
- 标题包含关键词。这是至关重要的,比如文章的关键词是"篮球技巧",这个关键词必须包含在这个文章标题之中。
- 突出关键词。给关键词加粗体、斜体,或者放入"H1"之间,可以使关键词更加醒目,容易被搜索引擎抓取。一般可通过程序设置内置标题自动添加H1标签。

2.3 链接结构优化

网站结构分为物理结构和逻辑结构两种,其中逻辑结构也称为链接结构。物理结构表述的是网站页面实际存在的位置。链接结构主要是指由网页内部链接所形成的逻辑结构,是由网站页面的相互链接关系决定的。

2.3.1 链接类型

（1）纯文本链接

纯文本链接也可能算不上一种链接,只是一种纯文字介绍,并不能够通过点击导入页面,如图2-8所示,"http://www.ny.gov.cn"就是纯文本链接,用户不能通过点击进入该网页。

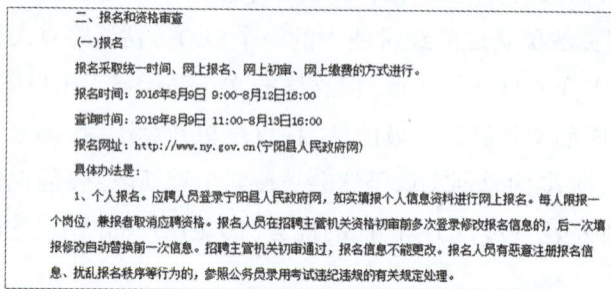

二、报名和资格审查

（一）报名

报名采取统一时间、网上报名、网上初审、网上缴费的方式进行。

报名时间：2016年8月9日 9:00-8月12日16:00

查询时间：2016年8月9日 11:00-8月13日16:00

报名网址：http://www.ny.gov.cn(宁阳县人民政府网)

具体办法是：

1、个人报名。应聘人员登录宁阳县人民政府网,如实填报个人信息资料进行网上报名。每人限报一个岗位,兼报者取消应聘资格。报名人员在招聘主管机关资格初审前多次登录修改报名信息的,后一次填报修改自动替换前一次信息。招聘主管机关初审通过,报名信息不能更改。报名人员有恶意注册报名信息、扰乱报名秩序等行为的,参照公务员录用考试违纪违规的有关规定处理。

图 2-8　网址型纯文本链接

（2）图片链接

网页中经常会有图片显示,如果在图片上添加链接指向另一个页面,则此种链接被称为图片链接。由于图片链接具有视觉冲击力,能吸引用户点击,在网页中运用广泛。一些网站的友情链接中,也经常使用LOGO图片作为链接指向另一网站。而这类链接的缺点在于不具备描述性,搜索引擎不太好识别其内容。因此,在图片链接上往往会使用说明文字,以便搜索引擎理解其主题。

（3）锚文本链接

如中公教育总裁李永新的百度百科介绍页面（图2-9）,其中"中公教育"这个词添加的链接指向另一个页面,则此链接被称为锚文本链接。

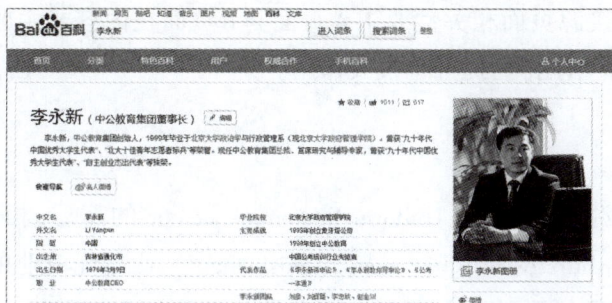

图 2-9　百度百科介绍页面锚文本链接

（4）超链接

如图2-10所示，"www.offcn.com"为一个可点击的链接，点击该链接可以跳转到中公教育官网上。

更多 2015 国家公务员考试海量信息，请关注中公教育（www.offcn.com）

2015 国家公务员考试各地市职位表下载					
北京	安徽	福建	甘肃	广东	广西
贵州	海南	黑龙江	河南	河北	湖北
湖南	吉林	江苏	江西	辽宁	内蒙古
宁夏	青海	山西	陕西	山东	上海
天津	四川	西藏	新疆	云南	浙江
重庆					

关注中公教育微信号 wwwoffcn，了解更多国考资讯！

图 2-10　超链接

锚文本与超链接是有区别的，锚文本是指有文字且能点击的超链接，而超链接只是能点击的链接地址。在实际SEO优化中，锚文本链接是优先使用的，在站内相关性构建上，有很大作用。

2.3.2　单向导入和单向导出链接

单向导入和单向导出链接是一个相对的概念。单向导入链接是其他网站有链接指向我们的网站，但我们的网站没有链接回链给对方。如A网站有一个链接e指向B网站，而B网站没有链接指向A网站，则此链接e被称为B网站的一个单向导入链接。当A网站与B网站有一定的相关性，且B的权重要高于A时，A网站可以从权重高的B网站获得提升权重的机会。如B网站中有指向A网站的链接存在，而A网站没有指向B网站的链接，则该链接就被称为B网站的单向导出链接。

2.3.3　链接源页面相关性

链接源页面通常是指A页面有个链接（记作e）指向B页面，则A页面被称为B页面链接的源页面。链接源页面相关性要求 A 页面与 B 页面在内容或主题上相关。在实际优化过程中,相关性对于排名提升有很大作用。

2.4 URL 优化

URL(统一资源定位符)是 Uniform Resource Locator 的简写,相当于页面的地址,如中公优就业网站:http://www.ujiuye.com/zt/seoshizhan/ ,就是优就业的 URL。URL 优化是为了搜索引擎蜘蛛的爬行抓取,同时也是为了方便用户找到网站。

2.4.1 301 的作用

301 又称为 301 转向、301 跳转或 301 重定向,是对网站的永久性转移,是用户或者蜘蛛访问网站服务器时,服务器返回的 HTTP 数据流中心头信息的部分状态码的一种。如图 2-11 所示,使用 301 进行永久重定向。

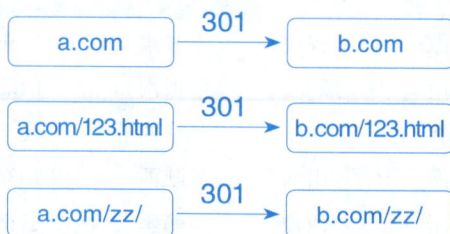

图 2-11　301 重定向

2.4.2　301 的使用方法

301 重定向通常运用于单个页面或独立网站间的永久跳转。一方面,可能是由于公司业务多,为保护品牌而注册多个域名,此时就可以用 301 来解决,将不常用的域名 301 重定向至常用的权威域名上。另一方面,301 可以集中各站或页面的权重。在使用 301 跳转中,被指向页面是可以继承原页面或域名权重的,只是过渡时间较长而已。

301 的使用方法有许多,大部分方法都需要程序去修改代码或 IIS 服务器,也有一部分 301 设置在主机后台控制面板。这里不再详细说明,可以从网络上找到相应的处理方法。

2.4.3 Canonical 标签的作用

Canonical(权威链接标记)是 Google、Yahoo！及 Microsoft 三大搜索引擎联合推出的一个旨在减少重复内容的建议,并不是命令,也就是说搜索引擎可能不遵守这个标签。国内最大的中文搜索引擎百度已经支持 Canonical 标签。

Canonical 标签(图 2-12)的作用是解决网址规范化的问题,避免收录重复网页。面对一系列内容相同或相似的网页,使用 Canonical 标签可以告诉搜索引擎哪个页面为这一系列网页的首选网页,规避搜索结果中出现多个内容相同或相似的页面,避免分散网站的权重,提升首选网页的自然排名。

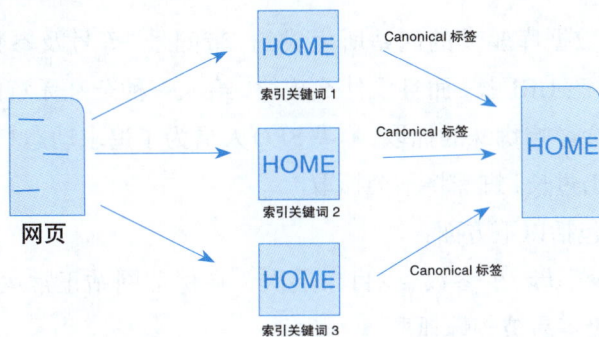

图 2-12　Canonical 标签

2.4.4 Canonical 的使用方法

A 页面声明 B 为权威链接,B 声明 C 为权威网页,则搜索引擎会认为 C 是 A 和 B 共同的首选权威版本。此时 Canonical 标签可帮助搜索引擎确定首选域。

有些网站技术有限,做不了 301 转向,Canonical 就是一个不错的选择。Canonical 的基本用法:<link rel="Canonical"href=" 网页权威链接 "/>。

比如,要指向网页 http://www.ujiuye.com/show/2015-sw.html 的规范链接,需要按以下形式创建 <link> 元素:<link rel="Canonical" href="www.ujiuye.com/show/2015-sw.html"/>,然后将上述链接复制到该网页所有非规范网页版本的 <head> 部分,如 http://www.ujiuye.com/show/2015-sw.html?comments=true,即可完成设置。

几种常见的需设置 Canonical 的情况:

(1)网站的首页标题会由于置顶、改变颜色等使得内容完全相同的一个网页产生不同的链接,搜索引擎只会选择一个链接建立索引,如以下两个链接不同,内容完全相同的页面。

- http://bbs.zhanzhang.baidu.com/forum.php?mod=viewthread&tid=9502&highlight=
- http://bbs.zhanzhang.baidu.com/thread-9502-1-1.html

(2)商品类网站。由于对商品的介绍有多个历史或者不同商品的表页面,都可以使用 Canonical 来规范网页,避免内容重复,例如:

- http://mall.leho.com/pr-list?locid=75fb2a357d38397c5e1e75fa&cid=5e1e02f950a4101fb27571ee&order=discount
- http://mall.leho.com/pr-list?order=price_asc&locid=75fb2a357d38397c5e1e75fa&cid=5e1e02f950a4101fb27571ee

(3)由于网站的设置问题或者是网站改版换域名之后,不能设置 301 重定向,就可以使用 "Canonical",设置规范网页。

2.4.5 动态 URL 优化

动态 URL 是指数据库驱动的网站所生成的、带问号、等号及参数的网址。一般来说，动态 URL 要比静态 URL 长，而且没什么规律，给人一种杂乱无章的感觉。但是适当长度的动态 URL 不会影响蜘蛛的抓取，有些 SEO 人员为了追求动态 URL，进行一些不当操作会导致动态 URL 过长，蜘蛛将不会抓取。

动态 URL 优化包括以下方面：

（1）"少"：即少字母、少参数、少目录层次。在保证网站正常运行的情况下，减少这些可以使得网站更容易被蜘蛛抓取。

（2）"小"：即小写，小写容易人工输入，更容易被搜索。

（3）"有"：URL 中有关键词，中文关键词（图 2-13）和英文关键词都可以被搜索引擎收录，但是关键词不宜过长。

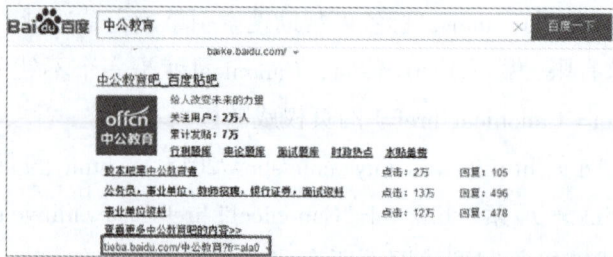

图 2-13　URL 中的中文关键词

（4）"符号"：在动态 URL 中特殊符号会导致链接的解析不完全，且要慎用"/"，因为"/"的使用会导致网址的变换。

2.5　nofollow 优化

大部分 nofollow 标签都是在 robots.txt 中，添加 nofollow 用来指引蜘蛛允许抓取网站的哪些页面，不允许抓取网站的哪些页面。个别 SEO 人员会在做友情链接时添加 nofollow 标签，不分散自身网站的权重。现在站长工具能够检测出 nofollow 标签，很少有人在友情链接上添加 nofollow 标签。

2.5.1 nofollow 的作用解析

百度、360、搜狗等搜索引擎都支持 nofollow，nofollow 是网站管理人员告诉搜索引擎不要抓取的网页，此链接不是本网站推荐抓取的。使用 nofollow 有利于自身网页竞争关键词排名，减少权重的分散流失，对于站内优化和站外优化都很重要。

为站内不重要的内容添加 nofollow 标签，可以标注一些不重要的图片或者文字，它的代码写法是：<a href="http://www.a.com/" target="_blank" rel="nofollow">锚文本 </a>。

2.5.2 nofollow 的小技巧

　　对于网站中不参与关键字排名竞争的页面链接，比如注册、登录、投诉等功能性页面，SEO人员可对其在站内的链接使用nofollow标签。此外，一个页面对另外一个页面的导入链接有一个就好，需要第二次导入链接时可使用nofollow标签，防止多次导入。

2.6 robots 优化

2.6.1 robots 基本认识

　　robots文件是蜘蛛访问网站时查看的第一个文件，也可以说是蜘蛛抓取网站内容的第一步。

　　robots文件不是命令，而是一个协议。蜘蛛在抓取网站时都会首先访问robots.txt文件。如果robots.txt文件同意蜘蛛抓取，蜘蛛才会抓取网站内容；如果robots.txt文件不同意蜘蛛抓取网站内容，蜘蛛将根据协议不对网站内容进行抓取。一般来说，如果网站没有被抓取，很可能是因为网站管理人员操作robots.txt文件失误，禁止了蜘蛛对网站的抓取。因此我们一定要准确使用robots.txt文件，确保网站内容能够被抓取。

2.6.2 robots 写作语法

　　根据具体情况，robots写作语法分别如下：

　　（1）允许所有搜索引擎抓取网站的所有内容：

User-agent: *

Allow: /

　　（2）禁止所有搜索引擎抓取网站的所有内容：

User-agent: *

Disallow: /

　　（3）禁止搜索引擎访问网站的某些目录，比如禁止访问admin：

User-agent: *

Disallow: /admin/

　　（4）仅限于访问某一目录，可以用"$"加后缀目录，比如仅限于访问asp目录：

User-agent: *

Allow: .asp$

Disallow: /

以上介绍的是robots的基本用法，SEO人员可以根据具体情况综合使用。

2.6.3 robots meta 标签写法

robots meta标签和robots一样，也是限制搜索引擎抓取网站内容的一种协议。不过robots meta比robots文件更为细节化，robots文件规定的是整个网站，目前看来，绝大多数的搜索引擎机器人都遵守robots.txt的规则，robots meta针对的是具体的一个页面。

在content需要包含多个属性的时候需要用英文逗号隔离，注意同种属性正反两个方面（例如：index与noindex）。

通常content属性包含的标签有：

noindex：不索引当前页面；

nofollow：不跟踪当前页面中所有的链接；

noarchive：在搜索结果中不保存当前页面的快照；

nosnippet：在搜索结果中不采用当前页面的头部描述信息，且不保存当前页面的快照。

根据以下具体的情况，robots meta 标签写法分别是：

（1）禁止所有搜索引擎索引本页，禁止跟踪本页面上的链接：

`<meta name="robots" content="noindex,nofollow">`

（2）禁止索引本页面，但是允许蜘蛛跟踪页面链接，也可以传递权重：

`<meta name="robots" content="noindex,follow">`

content中的其他标签也可以此类推。

所有的搜索引擎都会遵守robots文件的协议，但是多数搜索引擎不会遵守robots meta标签的协议。

2.7 H 标签优化

H标签也叫作Heading标签，相当于正文的标题，其中H1作用仅次于页面中的title。H标签分六级，其中H1最重要，H6最不重要。H标签都是成对使用的，例如代码：`<h1>`优就业IT培训`</h1>`。

H标签是关键词优化的一个页面元素，但是近年以来H标签在搜索引擎的权重有所降低，H3和H3以后的H标签作用很小，几乎可以忽略不计。但是大部分SEO人员还是认为H1和H2标签对于网站的排名有比较重要的作用。

下面分别介绍使用H1与H2标签需要注意的事项：

（1）用 `<h1>` 修饰网页的主标题，把 `<h1>` 放在网站首页LOGO附近的说明文字上，越近越好，可以让搜索引擎以最短的时间找到关键词。但是有些人认为把 `<h1>` 放在LOGO附近是作弊行为，会导致网站被降权，但是这种说法并没有充分的证据。

（2）用 `<h2>` 表示一个段落的标题，或者说副标题，部署长尾关键词，也有利于搜索引擎找到关键词,提高网站的权重。

2.8 图片优化

在网站优化的过程中,很多SEO人员往往会忽视图片的优化。事实上,大多数网站都有图片,如中公优就业网站(图2-14),因此优化网站图片与优化其他内容一样,是SEO的一项重要工作。如果能够成功优化图片的SEO排名,不但可以降低图片对网站的不利影响,而且能够为网站带来不可小觑的访问流量。几家较大的搜索引擎都专门编写了针对图片的蜘蛛程序。

图 2-14 中公优就业网站图片

网站图片的SEO优化方法:

(1)图片的原创性

图片的使用要考虑版权问题,避免不必要的纠纷。使用原创图片在网站优化方面具有明显的优势,即便不是原创图片,但通过购买等方式取得图片的所有权也有助于优化。对图片拥有绝对的控制权,就可以根据宣传推广的需求对图片添加LOGO、商标、图片链接等,能够将产品信息以更准确的形式传递给用户。

(2)图片的质量

高质量图片可以在满屏形式和小图之间进行任意转换,有明显对比度的图片显示效果会更好。

(3)图片的尺寸

相对文字来说,图片的尺寸很大,图片过大势必增加网页的体积,导致网页加载速度变慢。同时,如果图片尺寸太小,又不能发挥图片应有的效果。因此,网站在使用图片时,一定要考虑图片的尺寸。目前,搜索引擎对站内图片尺寸大小的建议是保持在121×75像素,有利于图片在搜索结果中的展现,增加页面点击率。

(4)图片的格式

图片格式不但与图片体积相关,与浏览器的兼容性也有一定的关系,有的图片格式在某些浏览器上会出现颜色失真,甚至显示不完整的现象。

建议将图片保存为JPG或GIF格式,搜索引擎通常将GIF格式的图片当作标准的256色彩的图片,将JPG格式的图片当作拥有上百万色彩的照片。建议大家不要采用PNG和BMP格式的图片,这两种格式图片的体积都非常大。

(5)图片的命名

图片的命名应与文档内容相匹配,其作用与页面标题类似,命名中应包含关键词,以便于提升搜索排名。一方面,当用户将鼠标放置在图片上时,可显示出图片标题;另一方面,当图片无法显示时,图片标题可起文字说明作用。

(6)图片的ALT标签

在ALT属性标签优化中,每一个图片都要描写ALT标签,同时还要保证标签的完整。好的ALT标签是一句简短且可以概括图片内容的文字,并且包含关键词。

(7)在图片周围加上关键字

在图片周围加上关键字不但可以提升图片在相关关键词搜索中的排名,而且有利于搜索引擎解读图片,增加图片的收录,从而增加因图片而来的流量。

(8)图片的标注

我们应该将图片和实际产品、关键字、功能描述相结合,可以充分利用为社会化平台网站而设计的特殊标注,不仅要对图片的命名给予足够的重视,还可以添加一些特殊的标注,例如图片说明、评论、设计群体、位置和主题等。

(9)将图片本地化

有些网站的图片是从其他网站复制的,因平台不同,可能会出现图片不显示的问题。因此,建议大家将图片进行本地化处理,也就是将图片单独上传至服务器,然后再添加。进行本地化处理一是为了提升图片加载速度,二是为了防止图片丢失。

(10)分类储存网站图片

通过技术手段将网站的图片存储在一个文件夹,然后在文件夹中按时间或栏目进行分类。这样便于大家对网站图片进行管理,同时也有利于搜索引擎的索引与收录。

(11)为图片添加外部链接

如果网站是图片站,那么在Web服务器上创建一个适合于搜索引擎的图片文件夹是很有必要的,并且还要为这些图片多添加一些外部链接,吸引搜索引擎蜘蛛的抓取,有利于提升图片的搜索排名。

(12)优化图片所在的页面

优化图片所在的页面和优化图片本身同样重要,优化相关的页面可以提高图片搜索结果排名。搜索引擎在抓取内容时会根据图片周围的文字决定图片的相关性,标注旁边的文字和锚文本旁边的文字对图像搜索排名有一定的影响。

（13）控制图片数量

在一个网页中，图片在于精而不在于多，图片过多不但会增加网页体积，也会影响页面打开速度。因此，除非是图片站，一般建议大家一个网页正文中不要超过三张图片，这样既发挥了图片应有的作用，又可以保证网页的正常浏览。

（14）减少使用图片链接

减少使用图片链接主要是指在和别人交换友情链接时，不要采用图片的形式，从SEO优化的角度来说，图片形式链接的效果比文字链接要差很多。

（15）不要使用搜索引擎无法检索的脚本调用

人们经常犯的一个错误是在"点击小图变大图"中使用JavaScript链接，如果那样做，搜索引擎无法检索到图片文档。切记，不要使用JS等搜索引擎不容易辨认的脚本，这样不利于搜索引擎优化。

（16）图片的水印设置

水印的作用主要有两个，一是宣传网站，二是声明版权。添加水印时一定要注意，不要让水印影响整个图片的感觉，水印内容多为网站网址。

（17）同行业图片收录的观察

我们要经常观察自己行业的图片收录是否有自己网站的图片在内，如果没有就需要努力。如果有更合适的图片，建议更换网站已有的图片，这样可以增加用户对网站图片的好感，有利于图片的索引。

2.9 网站地图

网站地图可以方便用户了解网站结构和内容，也方便搜索引擎抓取网站内容，SEO人员必须了解自己网站的地图。网站地图分为HTML地图和XML地图两种形式。

2.9.1 HTML 地图

HTML地图是一个静态网页，是网站对分栏目所做的一个梳理，是针对用户的，用户可以通过HTML地图了解网站的构造，到达自己想去的页面。

当然，HTML地图对搜索引擎优化也有好处。蜘蛛可以通过HTML地图更好地了解整个网站的架构布局，顺着网站地图提供的内部链接来搜寻其他网页。

2.9.2 XML 地图

XML地图是动态的，可显示网站内容的更新频率。它是为了方便蜘蛛抓取而编写，并提交给蜘蛛网站的内容，包括那些隐藏比较深的页面，是网站向搜索引擎表示友好的一种方式。

但是XML地图只通知蜘蛛有这些页面存在，并不能保证搜索引擎蜘蛛一定收录，这是XML地图的一个缺点。

2.10 蜘蛛陷阱

蜘蛛陷阱是阻止蜘蛛程序爬行网站的障碍物或者干扰物,是网站对搜索引擎蜘蛛不友好的表现。蜘蛛陷阱主要是由建站初期设计不合理造成的,网站一旦存在蜘蛛陷阱,对搜索引擎来说很不友好,不利于蜘蛛爬行和抓取。需要注意的是,这些蜘蛛陷阱对用户没有影响,只是妨碍搜索引擎蜘蛛的正常工作,导致搜索引擎蜘蛛抓取量减少。

2.10.1 Flash 优化

搜索引擎最常见的一种陷阱是Flash。Flash动画以其强烈的视觉冲击效果受到广大SEO人员的喜爱,他们喜欢把广告、图标等做成Flash动画。但是蜘蛛在抓取时会出现无法识别的情况,或者识别出一大串乱码,这导致蜘蛛认为该网站不安全,直接跳出该网站。所以,我们应该尽量避免或者减少Flash的使用。

如果的确需要Flash动画来加强网站的视觉效果,可以在首页添加一个通往HTML版本的链接。这个链接要在Flash文件之外的HTML代码中,搜索引擎跟踪这个链接可以抓取后面的HTML版本页面。

2.10.2 JavaScript 链接优化

JavaScript链接能制造出很多吸引人的视觉效果,很多网站管理人员喜欢用JavaScript生成导航。JavaScript链接也是比较严重的蜘蛛陷阱,同样也不利于蜘蛛抓取。

当然,有的搜索引擎可以获得JavaScript上的链接,甚至可以执行脚本并跟踪链接。但是,对于一些权重比较低的网站来说,大可不必浪费时间,不如多更新一些高质量的文章,多做几个外链。

JavaScript链接做出的效果,css或者<noscript>标签同样可以做出来,所以尽量不要采用JavaScript链接。但是,当SEO人员不希望搜索引擎发现某些页面或链接时,可以采用JavaScript封装链接。

2.11 404 页面优化

404页面(图2-15)代表访问的页面暂时不存在。当拼写错误或者网站删除、改名或移动网页后,原来的地址无法访问,就会返回404状态码。404页面会影响用户体验,因此需要将这种影响降到最低,可以采用:

(1)有个性:404页面要和网站的其他页面一样,有风格和网站的LOGO,提醒用户还在该网站上。

(2)醒目:404页面需要清晰醒目,没有必要委婉,应该直截了当地让用户知道该网页不存在。

（3）适当链接：比如内导航、首页、网站地图或者是删除内容相关的链接等，帮助用户回到自己想回的页面。切不可"强迫"回到某个设定好的页面，要尊重用户选择，防止用户对网站产生反感。

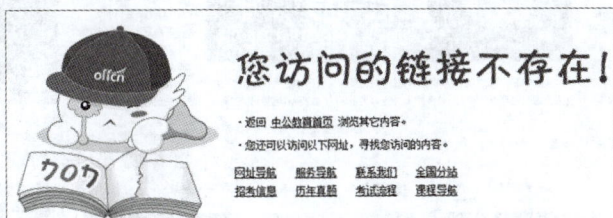

图 2-15　404 页面

2.12 单页面优化

单页面作为网站组成的基本单位，是整站 SEO 效果的基础，因此，做好单页面的优化是网站工作的重点。

2.12.1 页面标题优化

页面标题包含在 title 标签中，规定了网页的一些内容，告诉搜索引擎蜘蛛此页面的大致内容。页面标题是搜索引擎判断网页内容相关性的主要参考信息，是网页优化最重要的因素。

页面标题优化大致可以从以下几个方面入手：

（1）相关且准确

每个标题都要准确描述页面内容，必要时可把关键字原封不动地放在标题中，让用户在最短的时间内了解网页内容。

（2）独特不重复

在网站内，每一个页面都要有自己独特的、不和其他页面重复的标题，如图 2-16 所示，每个标题都不相同。独特的标题能够吸引用户的点击，不管是在站内推荐还是搜索结果页的展示上都应考虑标题独特性。

（3）语言精练

标题语言应精练准确，字数不能太多也不能太少，标题字数太多容易掩盖宣传重点，不利于标题主题思想的理解，字数太少不能清楚表达所讲内容，要遵循适度原则。在百度搜索中，最多可以显示 30 个中文字符的标题，并不是说 28 个或者 29 个字符数就是好的、详细的标题。有的人通过直接堆砌关键词来减少标题字数，这样的标题就显得特别单薄，成了为关键词而关键词的情况，不能满足用户的访问需要。标题最好是一个包含关键词、干脆利落、通顺、合乎语法和思维逻辑的句子。

图 2-16　页面标题

（4）吸引点击

提高关键词相关性是影响关键词排名的一个因素，而拥有排名并不一定能够带来大量流量，其中很重要的一点就是页面排名点击率。一个好的标题能够让自己的网页在搜索结果中脱颖而出，吸引用户眼球，进而影响点击，达到良好的SEO效果。下面的标题属于中规中矩：

减肥茶–减肥产品–**减肥网

如果写成：

减肥茶:无须运动,无须节食,轻松减肥–**减肥网（姑且不讨论该产品的效果）

中规中矩的页面标题如果相关性不强,其点击量不会太多,吸引用户的标题即使排名稍靠后,也能获得很高的点击量。因此,单纯的排名意义不大,点击量才是王道。

（5）关键词在标题中的使用

目标关键词要放在标题的最前面。数据统计表明,关键词在标题中出现的位置与排名有较大的相关性,位置越靠前,排名越好。网站内页标题的格式为:产品名称/文章标题–子分类名称–分类名称–网站名称。标题可以理解为面包屑导航的倒置,它的前后顺序正好与面包屑导航相反,面包屑导航的格式为:网站名称–分类名称–子分类名称–产品名称/文章标题。

我们可以对关键词进行组合,一般对2~3个关键词进行组合,不宜过多。过多的关键词会导致网页内容不突出,组合的关键词要有一定的相关性,以提升用户体验,避免出现单纯罗列关键词的现象。

2.12.2 页面描述标签优化

页面标签是HTML代码中head部分除标题标签外的与SEO有关系的另一个标签,用于说明网页的主要内容。页面描述标签对排名影响不大,但是可以增加点击率,从而获得更多流量,是页面优化的重要组成部分。

页面描述标签优化须注意以下方面:

(1)真实可靠:页面描述标签可以做得有吸引力,但是一定要写得真实可靠,不可以弄虚作假,为获得点击率欺骗用户。

(2)清晰简洁:中文的页面描述标签最好不要超过75个字,要尽量做到简洁明了,突出特色,特别要突出特色的主要方面,没有必要做全面介绍。另外,要使用符合语法规范的正确的句子,避免句子杂糅、重复、歧义等。

(3)合乎逻辑:在写页面描述标签之前,要对访客的心理进行分析,找出访客的兴趣点,写出合乎逻辑且合乎用户需求的描述标签。

2.12.3 正文优化

在正文的优化中,也要考虑融入关键词,并且关键词要符合文中的语法规范,不可生搬硬套。

(1)关键词

关键词在正文中的密度、位置、形式、格式都应该进行细致的安排,以提高页面相关性,这有利于提升页面排名。有些人把关键词在正文中出现的密度归为频度和密度,其实两者可以合在一起,频度越高,密度越大,两者为正相关。一般来说,篇幅不长的文章可以出现2~3次关键词,篇幅较长的可以出现4~6次关键词,万不可罗列关键词。关键词的位置选择尤为重要,一般来说需要在第一段第一句话包含关键词,文章前50~100个词的权重较高,需要多次出现关键词。关键词的形式要多种多样,多应用关键词的同义词。近义词会增加被搜索到的概率。关键词的格式要做特殊处理,可使用黑体、斜体、H标签等。

(2)语法

语法可以从词组拆分和语义分析两个方面进行说明。词组拆分是指搜索词可以完整呈现,也可以将这个词拆分,各自单独出现。比如,"公务员论坛"可以拆分成"公务员"和"论坛"两个词,然后分别出现几次。搜索引擎可以掌握词之间的关系,这就涉及了语义分析,搜索引擎可以区分同义词、近义词、相关词,在进行正文优化时,可以在文中多出现与该词语义相关的词。比如搜索"学校"时,可以出现"学生""教师""教育""大学""师生"等词。

（3）用户体验

近年来，搜索引擎非常重视用户体验，并且已经开始做这方面的工作。对于正文来说，提高用户体验首先要合理排版，使正文看起来清晰、美观。其次，实质内容要出现在第一屏最重要的位置，且必须与广告有明显区分。再次，尽量使用有利于正文理解的图片或者视频。最后，广告数量不宜过多，减少弹窗。

2.12.4 重要标签优化

对于单网页来说，重要标签有H1标签、ALT属性标签、nofollow属性标签 、strong标签、Tag标签等，下面我们分别对这几个标签进行介绍。

H1标签是最大的标题标签，定义整个网页的标题，起向搜索引擎蜘蛛着重强调的作用，让搜索引擎迅速掌握文章大意，作用仅次于title标签。H1定义整个网页的标题，H2定义文中某个自然段的标题，H3定义段落某一小节标题。设置H1标签是很重要的，代码示例：<h1>优就业 </h1>。H2标签、H3标签和H1标签的代码形式是一样的。

ALT属性标签实际上是网站图片的文字提示，是一个必需的属性，它规定图像无法显示时的替代文本。如图2-17所示，如果网速过慢，显示不出图片，则会显示"优就业"字样。在ALT标签中加入关键词后，能够提高关键词的密度，能极大地提升关键词排名，有利于网站自然排名的提升，所以要给图片添加ALT属性标签。ALT属性标签代码为：<img src="图片路径" alt="图片描述"/>。

```
<a href="http://www.ujiuye.com" class="logo"><img src="http://statics.ujiuye.com/statics/images/ujiuye_logo.png" width="143" height="45" 图片="优就业" /><img src="http://statics.ujiuye.com/statics/images/ujiuye_logo_txt.png" width="194" height="45" alt="优就业" /></a>
```

图 2-17 ALT 属性标签

nofollow属性标签用于告诉搜索引擎蜘蛛不要跟踪此链接，是防止垃圾链接侵害网站的一种手段，但也可能被一些网站管理人员在添加友情链接时用来作弊，禁止搜索引擎蜘蛛爬行到友情链接的网站。设置代码为：<a href="ujiuye.php" rel="nofollow">signin</a>。

strong标签和b标签都用于加粗文本，强调文本的重点。b标签是一个实体标签，而strong标签是一个逻辑标签，更加强调文本逻辑重点，所占权重高于b标签，所以从这方面来说strong标签的作用大于b标签。strong标签代码为：<strong> www.ujiuye.com </strong>。

Tag标签是一种由SEO人员自己定义的，比分类更准确、更具体，可以概括文章主要内容的关键词。网页的HTML编码中有几个meta标签，包括描述标签(Description Tag)、关键词标签(Keywords Tag)、出版者标签（Publisher Tag）、著作权标签（Copyright Tag）、机器人标签（Robots Tag）等。运用Tag标签，可以使SEO人员发表的文章更容易被搜索到。

　　还有一些标签的作用已经被搜索引擎弱化，几乎不对网站的排名构成影响，可以忽略不计，故不作介绍。

2.12.5 用户体验优化

　　用户体验是指用户对页面效果的体验，网站是否存在用户需要的内容是一个重要的标准。提高用户体验可以从以下方面入手：

　　（1）访问速度

　　如果一个页面做得非常好，但是这个页面打开的速度特别慢，那么这个页面的所有优化都是徒劳的，因为用户会在页面出现之前失去耐心，关掉页面。网站可以通过缓存、使用CDN加速、优化代码、删除插件的方法来提高网站的访问速度。

　　（2）感官体验

　　感官体验是用户体验中最直接的感受，提升网站的视听体验和舒适度，可以加深用户对网站的第一印象。我们可以针对网站的目标人群设计风格、色彩、页面布局、页面大小、字体大小、图片展示风格、LOGO空间等。这样可以让用户以最快的速度发现网站价值，找到所需的信息。

　　（3）网站用户注册和登录

　　用户注册登录的方式要尽可能地方便，可以设置QQ登录、微信登录、新浪微博登录、邮箱登录等。

　　（4）互动性

　　用户与页面的互动已经成为一种时尚，互动对提高用户参与的积极性和吸引用户起着越来越重要的作用。

第3章
SEO 站外优化

站外优化分为外部链接和品牌推广，简单地说就是增加网站的外链数，但重视网站外链数量的同时更要注重质量，站外优化需要统筹安排。

3.1 外部链接的作用

"内容为王、超链为皇"的说法流行了很多年，超链计算得分可以体现网页的相关性和重要性，曾经是搜索引擎用来评估网页的重要参考因素之一，会直接参与搜索结果排序计算。但随着该技术被越来越多的SEO人员了解，外链的作用逐渐降低，无论是谷歌还是百度，对超链数据的依赖程度都越来越低。那么，现在超链发挥的作用是：

（1）吸引蜘蛛抓取

虽然百度在挖掘新好站点方面下了很大功夫，开放了多个数据提交入口，增加社会化发现渠道，但超链依然是发现收录链接的最重要入口。

（2）向搜索引擎传递相关性信息

百度除了通过title、页面关键词、H标签等对网页内容进行判断外，还会通过锚文本进行辅助判断。使用图片作为点击入口的超链，也可以通过AIT属性和title标签向百度传递信息。

（3）提升排名

百度搜索引擎虽然降低了对超链的依赖，但对超链的识别力度从未下降，制定了严格的优质链接、正常链接、垃圾链接和作弊链接标准。对于作弊链接，百度除了对链接进行过滤清理外，也对链接的受益站进行一定程度的惩罚。相应地，对优质链接，百度依然持欢迎的态度。

（4）内容分享，获取口碑

优质内容被广泛传播，网站借此获得的流量可能并不多，但如果内容做得足够，也可以树立自己的品牌效应。

3.2 外部链接锚文本

锚文本类似于PPT中的超链接，可以通过点击锚文本到达其指定的页面。如图3-1所示，方框标示的链接形式就是锚文本，方框里的字就是锚文字，点击图3-1上的锚文本"政法干警成绩查询"，即可跳转到图3-2的页面。

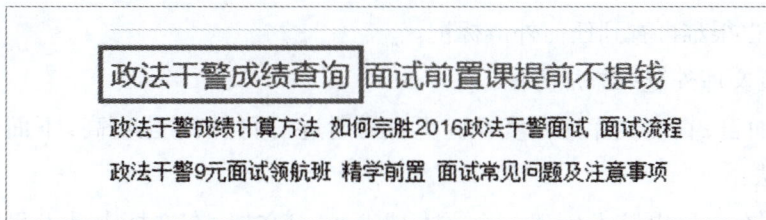

图 3-1　锚文本

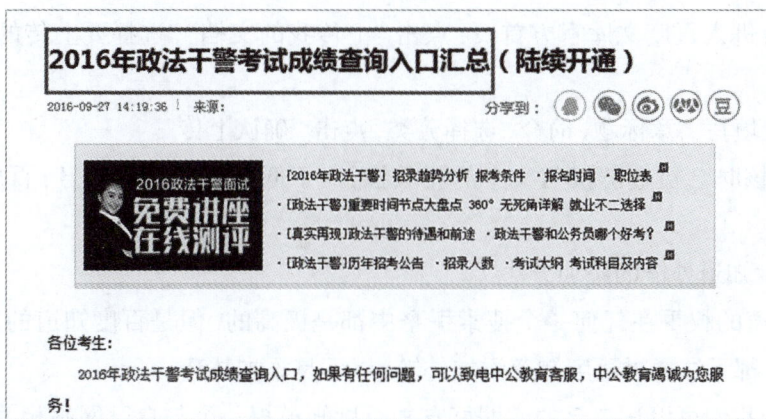

图 3-2　跳转界面

锚文本对网站排名有重要的影响。设置锚文本时可以把网页关键词作为锚文本，要注意关键词的密度，密度太大会受到搜索引擎的惩罚，进而影响网站的排名。

3.3 外链添加方法

3.3.1 百度系产品

随着互联网的火速发展，百度算法也进行了极大的更新，部分网站因垃圾外链被K、被降权。如今，添加外链的途径也越来越少，下面介绍百度系产品的外链添加方法。

百度对自己旗下产品给予的权重是极高的，所以依旧可以利用百度自己的产品来添加外链。

（1）百度经验外链的添加方法

百度经验是百度于2010年推出的一款解决用户"具体怎样做"问题的产品，用户提供内容资源，搜索引擎进行展示，并且有着极好的排名。百度对于自己的产品很多情况下都是直接显示文章简介以及步骤,对于这样的内容,用户通常会直接点击,不再浏览其他的网页。所以,SEO人员可以参考成功的百度经验进行效仿,撰写与自己网站相关的文章内容,在文章最后的参考资料中添加自己网站的网址。这样,一条带外链的百度经验就完成了,权重高而且还可以给网站带来不错的流量。

现在添加带链接的百度经验有一定难度,即使注明链接来源,在出来的页面也没有显示,源文件也很难再看到任何外链标记。

（2）百度文库外链的添加方法

相比较而言,百度文库比百度经验更容易通过,而且权重也更高,下面介绍百度文库的创建方法:

第一步:在自己电脑上创建一个文本或者Word文档,在文档中录入我们想要发布的内容,并在内容当中添加网站链接。

第二步:进入百度文库官方首页,点击"上传我的文档",选择要上传的文件,点击"打开"。

第三步:填写文章标题、简介,选择分类,点击"确认上传"。

百度审核时会检查链接与文本的相关性,对于低等级的百度账号,百度文库的通过率很低。

（3）百度知道外链的添加方法

百度知道的权重在任何一个搜索引擎中都是极高的,但是百度知道的审核越来越严格,很多人都无法通过百度知道添加外链,以下是添加技巧。

第一步:我们可以让自己的亲朋好友去百度知道提一个与自己网站相关的问题,提问之后静候1~3天。

第二步:1~3天后,在中午回答问题,但不要带链接。

第三步:让朋友进行追问,在追问的过程中,我们可以再次进行回答,并且添加网址,这样通常都是可以通过的。

添加的链接不能是网站主页以及栏目页面的链接,而是问题相关内容页的链接,这样最容易通过。另外一周添加2~4个即可,切勿太多,商业性不能太强,以免被百度管理员察觉删除。

（4）百度百科外链的添加方法

百度百科权重高,在百度百科中添加外链能更有效地提升自己网站的权重。以下是在百度百科中添加外链的方法。

第一步:搜索我们想要添加百科的词条并点击进入。

第二步:点击词条右侧的"编辑",进入编辑页面。

第三步:查看网页右侧是否存在编辑提示,如果有编辑提示,需按照编辑提示修改词条。

第四步：除了根据编辑提示修改，我们可以在百科词条中适当添加一些新的内容，但切勿在词条中带链接。

第五步：添加好新的内容之后，我们可以在扩展阅读中添加自己的网站与本词条内容相关的链接URL，然后点击提交，静等审核。

白天审核时间通常为30分钟内，如果晚上提交，有可能第二天才会审核，建议大家一天编辑2~6个即可。现在的词条基本上已经编辑得比较完善了，所以利用百度百科添加外链接难度较高。

3.3.2 链接诱饵

链接诱饵是指用吸引人眼球的东西吸引网络用户点击。最常见的链接诱饵是标题，就是常说的"标题党"，下面是常见的创建链接诱饵的方式。

（1）软文

网络原创软文是一种"很文艺"的广告，它首先是一篇文章，然后才是广告。所以软文一定要加强文学性、故事性的注入，先做文章，再加广告。并且在加广告的时候一定要把握度，如果广告成分太多，就会被搜索引擎当作广告处理掉。软文中的链接也必须找重要的部分做少数链接，或者直接出现品牌名称而不做链接，保持文章整体的外观美感。

（2）话题

只要足够吸引人，无论是正面话题还是反面话题都能成为链接诱饵。热门的正面话题本身就有大量的讨论，仁者见仁，智者见智，一直处于一个反复讨论的状态，似乎没有终结，直到被另一个热门话题所取代，或者有关网站给出一个合理合法的解释才可能停止。紧接着也可能出现对这种解释的讨论，比如，"如果女朋友和妈妈同时掉到水里，你会先救谁"。制造热门话题要见解独到，否则只能是泯然于众人，不会有太大影响。反面话题所给出的观点往往和大众的观点明显相悖，引起人们的强烈反对，有的人会采取"自黑"的方式引起大众的讨论，这也是一种很不错的方式，但是一定不要触及法律底线。

（3）免费资源和插件

网络上很多人会把资源当成"话题"，这里所说的"资源"是一些免费的可以供用户使用的东西，比如文档模板、网页模板、优质图片、精彩视频等资源。插件也是一种资源，现在很多有能力的网站会通过制作各种方便用户需求的插件来创建链接诱饵，取得了很好的效果。

（4）调查投票

在朋友圈，很多人会发一些调查或者帮忙投票的链接，调查投票达到一定人数会有物质奖励,调查和投票都涉及某个机构或者网站,这让我们在投票的同时了解了该机构,甚至会关注该机构。

（5）"十大最"

这个话题已经有了很多版本,如图3-3所示,你会在搜索引擎中找到很多"十大最"的排名,虽然"十大最"的排名有很大的争议,但是这并不影响"十大最"的作用,即使是争议也能够带来流量。也可以说,"十大最"得到的认可越多,或者受到的批评越多,带来的流量也越多。当然如果你编辑的"十大最"没有人认可或者认可率过低,这样的帖子不仅不会引起讨论,反而会引起用户反感,认为你的网站不够权威,作用就会适得其反。

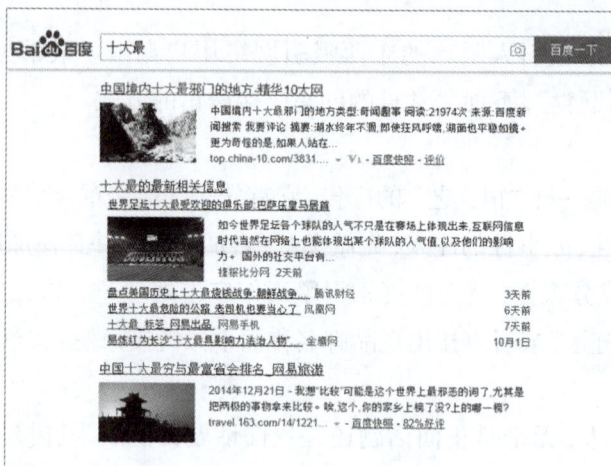

图3-3 "十大最"

3.3.3 交换友情链接

添加链接最好的状态是你在别人的网站上添加外链,而不必在自己的网站添加其他网站的外链。这是一种理想状态,不太容易实现,而且这种状态针对的是和一些权重较低的网站合作,挂一些权重较高的网站的外链,对网站的权重和排名是有利的。

友情链接,也称为网站交换链接、互惠链接、互换链接等,即在自己的网站上放置对方网站的LOGO图片或文字的网站名称,并设置对方网站的超链接,也把自己的链接放到对方的网站上,使得用户可以从合作网站中发现自己的网站,达到互相推广的目的。添加友情链接可以吸引蜘蛛爬行,吸引更多用户,提高网站的权重,提高网站关键词排名,带来更多流量。

（1）友情链接的重要性是不言而喻的,但是在添加友情链接时一定要注意以下事项:

- 注意查看友情链接网站的PR值和百度权重,与PR值、百度权重相对高的网站交换链接。

- 友情链接尽量用文字链接来展现，应尽量避免使用图片链接。
- 警惕交换了友情链接的网站一段时间后删掉我们的链接，另外，要查看他们的源代码是否能够看到我们的链接，是否允许导出权重等。

（2）常用友情链接代码有以下几种，以优就业SEO培训学院为例：

- <a href="http://seo.ujiuye.com">优就业SEO培训学院</a>：点击可直接跳转到对方网站。
- <a href="http://seo.ujiuye.com" target="_black">优就业SEO培训学院</a>：点击后将打开新窗口跳转到对方网站。
- <a href="http://seo.ujiuye.com" target="_blank" <img src="http://www.ujiuye.com/statics/images/zg_seo_logo02.jpg" width="图片的宽度" height="图片的高度" border="边框"></a>：图片形式的友情链接，点击将打开新窗口。

前两种是友链交换过程中常见的友情链接代码规范，最后一种友情链接的SEO效果没有文本友情链接那么好，不推荐使用。

3.4 软文

软文是企业通过策划，在报纸、杂志或网络等宣传载体上刊登的可以提升企业品牌形象和知名度，或可以促进企业销售的一些宣传性、阐释性文章，包括特定的新闻报道、深度文章、付费短文广告、案例分析等。当然，人们看到的更多的是硬性广告，软文的推广程度显得并不广泛。但是，软文的推广效果和硬性广告的推广是相辅相成的，不可偏废。

3.4.1 软文营销

软文营销是指通过特定的概念诉求、以摆事实讲道理的方式使消费者走进企业设定的"思维圈"，以强有力的针对性心理攻击迅速实现产品销售的文字模式和口头传播。比如：企业新闻、第三方评论、访谈、采访、口碑、服务软文、产品测评、消费者调查等。

（1）软文营销的特点

- 本质是广告，追求低成本和高回报，不回避商业的本性；
- 伪装形式是新闻资讯、技术、技巧文档、评论等；
- 宗旨是取得信任，取得大众的信任以后，才能够实现软文营销的目的；
- 把产品卖点说得明白透彻，不仅要让消费者有印象，而且要使消费者了解清楚；
- 着力点是兴趣和利益，一定要给读者切实的利益，才能够获得更多的读者；
- 注意口碑宣传和朋友推荐之间的传播。

（2）软文营销的展示形式

● 悬念式:悬念其实说的就是一个设问句,通过设问句提出一个问题,围绕这个问题创作一篇文章。例如:"为什么请女友吃饭不能用团购券?""人,为什么要离婚?"等。

● 故事式:通过讲述一个完整的故事引出产品,利用产品的"光环效应"和"神秘性"给消费者心理造成强烈的暗示,使销售成为必然。例如:"神奇的酵素养生法""玛雅人的秘密"。

● 情感式:情感一直是广告的重要媒介,软文的情感表达由于信息量大,针对性强,当然更可以使人心灵相通。情感式的软文都会有强烈的暧昧的意味,甚至出现情感道德问题,以吸引眼球。例如:"那些年,一起战'痘'的青春""19年的等待,一份让她泪流满面的礼物"等。

● 恐吓式:恐吓式是一种反情感式的诉求,而且经常使用夸张的手法,还会经常性地使用感叹号来增强语气。例如:"高血脂瘫痪的前兆!""30岁的人60岁的心脏"。

● 诱惑式:诱惑式的软文能够抓住消费者的心理,尤其是抓住消费者感兴趣的话题,例如:"认识美女的五个步骤""小站长年收入10万不是梦"等。

● 实用性:实用性的软文常常给读者解答一些问题,或者告诉读者一些对他有帮助的东西,例如:"创可贴的正确使用方法""微博迅速涨粉的技巧"等。

随着新广告法的实施,在软文营销推介的过程中要特别注意措辞用语,宣传内容应符合法律规定。

（3）软文营销对企业的价值

● 有助于企业知名度和信誉度的提高;

● 有助于企业网站的权重和排名的提高;

● 促进企业产品的销售、提升转化率;

● 有助于企业节约营销成本,产生高效的投入产出比。

3.4.2 软文写作

软文与硬文最大的不同就是软文给消费者一种推广的满足感,在不知不觉中给消费者留下了印象。所以,软文的写作很重要,下面来讲讲如何撰写软文。

第一步:明确目标。

例如直接输入公司产品和服务,把产品的热点、功能、优势、性能等展示给消费者,如"小米手机某某功能发布了""苹果手机这样的拍照功能也没谁了"等;或者不直接输入公司产品或者服务,而是做口碑传播,多从用户的角度思考。如淘宝店铺里的评价、朋友之间的推荐等。

第二步:确定标题。

标题遵循软文营销的展示形式即可。

下面介绍一些标题写作的实用经验：

- 使用吸引读者的热门语言、热门事件，如蓝瘦香菇、表情大战等；
- 利用权威人士的名义撰写标题，如《BAT产品经理的十条产品优化建议》；
- 包含关键词，标题中要包含关键词，如奶粉、母婴、口红、粉底、导航等；
- 注重标题的完整性，不宜过短；
- 标题可夸张，彰显个性；
- 标题要突出正文的主要内容，确保相关性；
- 使用探索式的语言，引起人们的好奇，如《库里中场三分的命中率是多少？》，这会引起对篮球感兴趣的人的广泛关注；
- 正文中的插图要配合标题，最好能够突出标题。

第三步：内容结构。

开头要直接切入用户的兴趣点，结合引言带出主题内容，一定要有强烈的引爆点；正文要分段论述，图文并茂，有数据支持，并且要注意字数、字体、排版的规范，语言通俗易懂，同时有必要添加外链和多次出现关键词；结尾要再次点明观点和得出的结论，并且要附上广告。

第四步：发布渠道。

软文一定要选择权重高的网站或者媒体平台发布，这样，软文被阅读的概率会比较高，建议到百度新闻源的网站或者平台发布。新闻源是指符合百度、谷歌等搜索引擎种子的新闻站的标准，站内信息会第一时间被搜索引擎收录，且被网络媒体转载成为网络海量新闻的源头媒体，比如新浪、搜狐等都是著名的百度新闻源，可以申请搜狐公众平台的账号来发布自己的软文。

第4章
SEO 必备工具

SEO 工具对 SEO 人员是非常重要的。必备的工具有百度站长平台、Alexa 排名查询、关键词密度检测、SEO in china 插件等，这些 SEO 工具提供的并不是太精确的数据，但是这并不影响它们的参考价值，SEO 人员需要综合各种因素作出最终的 SEO 决策。

4.1 百度站长平台

百度站长平台于 2010 年 3 月推出，是百度官方为网站管理员搭建的站长工具和交流平台，具有很高的权威性，它旨在为互联网行业的健康发展、指导互联网优质内容运营、提升用户体验提供帮助。

在百度站长平台推出之前，很多第三方网站推出了民间性质的 SEO 工具，由于这些工具的非官方性质，很多的检测数据会受到各种质疑，导致了很多不确定性。而官方推出的平台权威性比较高，受到的质疑相对较少，检测到的数据精确性和真实性也比较高。

4.1.1 百度站长平台介绍

百度站长平台是全球最大的面向中文互联网管理者、移动开发者、创业者的搜索流量管理的官方平台。它为 SEO 人员提供有助于搜索引擎抓取收录的提交和分析工具、SEO 的优化建议等；为移动开发者提供百度官方的 API 接口(Application Programming Interface, 应用程序编程接口)，以及多端适配的能力和服务；及时发布百度权威数据、算法、工具等升级推新信息。通过线上线下多种互动渠道，百度站长平台为互联网多端载体增加用户和流量的同时，也为海量用户创造更良

图 4-1　百度站长平台

好的搜索体验。

百度站长平台是百度官方信息发布的第一平台，对SEO人员来说，它是最具参考和使用价值的平台。如图4-1所示，百度站长平台包括站长工具、站长学院、VIP俱乐部、站长社区四个版块。其中站长学院和站长社区不需要注册就可以查询，其他两个版块登录验证以后才能进行查询。

网站在百度站长平台验证后，在以下方面具有优势：

（1）更易被百度收录：通过验证后，网站将更容易被百度收录，无论新增或删除数据，都将更快被百度收录。

（2）百度官方数据：可以查询网站在百度的准确数据，便于对网站流量是否异常、搜索引擎是否友好进行分析。

（3）搜索结果展示：通过使用站点子链、官网出图、结构化数据等工具，可以使网站在百度搜索结果页获得更为个性化的展示，获取更多流量。

（4）流量异常快速反馈：通过验证后，能通过反馈中心快速了解网站问题，随时跟踪处理进度，快速解决问题。

（5）新闻源申请与管理：资讯类站点或频道可在站长平台申请加入新闻源，新闻源站点可通过站长平台了解收录情况，反馈问题，接收相关消息提醒。

（6）APP与搜索流量打通：移动开发者可通过AppLink等产品将搜索用户转化为自身用户，打破APP的封闭性，更易获取用户。

4.1.2 验证站点

在百度站长平台验证网页文件，不用改代码就可以对网站进行验证。步骤如下：

（1）进入百度站长平台首页（http://zhanzhang.baidu.com），登录百度账号，使用普通账号登录即可，如图4-2所示。

图 4-2　百度账号登录

（2）点击"工具"中的"站点管理"选项，在"添加网站"左侧的文本框中输入需要添加的网站域名，完成后点击"添加网站"，如图4-3所示。

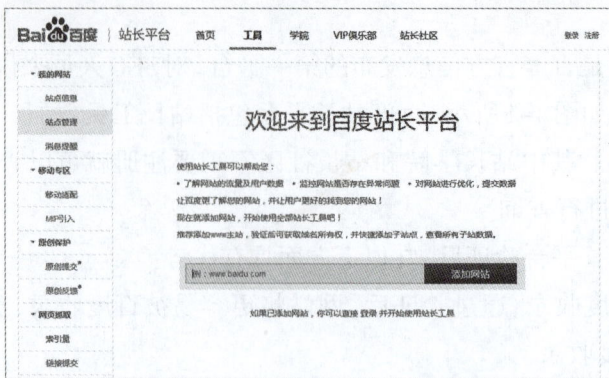

图 4-3 百度站长平台工具中的站点管理

（3）站点管理有文件验证、HTML标签验证、CNAME验证三种验证方式。

● 文件验证：点击"文件验证"，按照图4-4中的步骤一步步完成验证即可。

图 4-4 文件验证

● HTML标签验证：点击"HTML标签验证"，根据图4-5中的提示操作即可，可点击"查看示例"查看，设置完成后点击"完成验证"。网站验证一般都使用HTML标签验证这种方式。

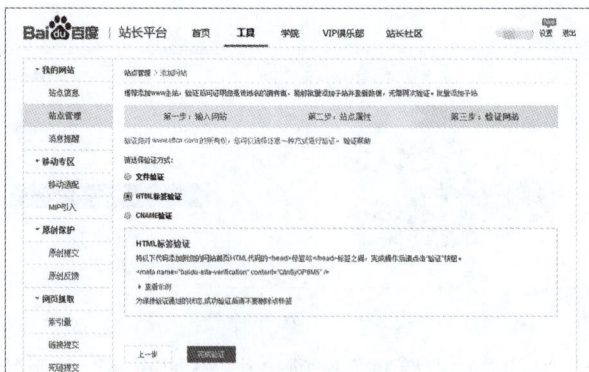

图 4-5 HTML 标签验证

● CNAME验证：点击"CNAME验证"，到网站管理后台的"域名解析"页面，增加别名"CNAME"，将指定地址解析到"zz.baidu.com"，完成后返回，点击"完成验证"，如图4-6所示。

图 4-6　CNAME 验证

（4）当主网站显示验证成功后，可以利用"批量添加子站"来添加下属子网站，如图4-7所示，也可通过导入百度统计中网站的方法对网站进行管理。

图 4-7　批量添加子站

网站通过验证后，会提醒搜索引擎蜘蛛来抓取爬行网站内容，网站人员可以通过百度站长平台查看更多的数据，了解自己网站的运营数据，提高有效流量，创造出更多的经济效益。

4.1.3 用户管理

当你验证过某个网站后，你就是该网站的拥有者，拥有者可以通过"用户管理"添加网站高级管理员来协助管理网站，如图4-8所示。网站拥有者相当于网站的最高管理员，能够管理其他高级管理员，并且拥有该网站在站长平台上的所有操作权。而高级管理员可提交并查看网站的相关数据，但无法使用用户管理及批量添加子站的功能。

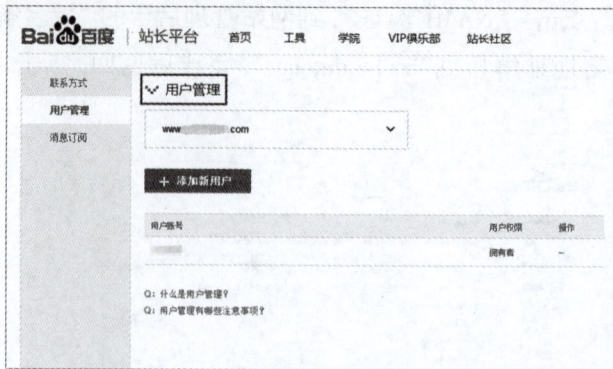

图 4-8　用户管理

点击"添加新用户"按钮，即可为网站添加高级管理员，如图4-9所示。确定该用户拥有百度账号，填写该用户在百度注册的手机号或者邮箱，如图4-10所示。尽量完善网站高级管理员的信息，确认邮箱、手机号都已录入，方便百度站长平台与网站高级管理员取得沟通。

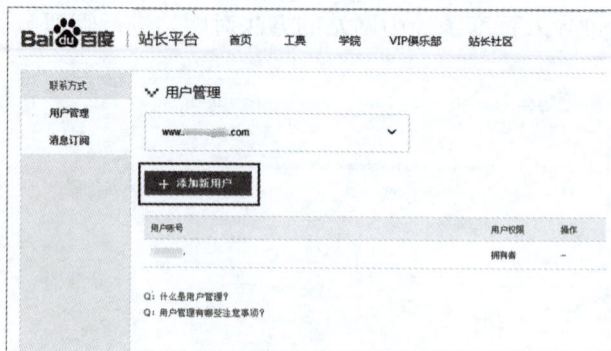

图 4-9　添加新用户

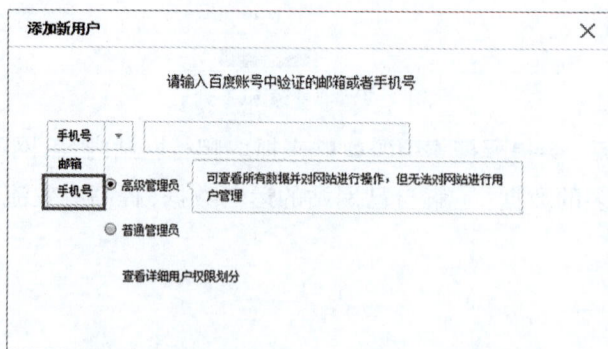

图 4-10　完善高级管理员邮箱和手机号

4.1.4 网页抓取功能解析

网页抓取功能如图4-11所示，主要包括索引量、Robots、链接提交、死链提交、抓取频次、抓取诊断、抓取异常等内容。我们通过索引量可以看到站点在一定时间内被索引的量和变化趋势，能及时掌握网站的实际情况，并且可以指定规则，检测某个频道或者专题被收录和索引的情况。

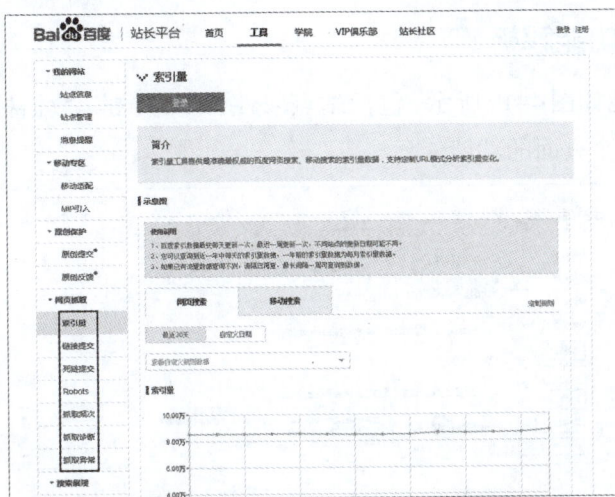

图 4-11　网页抓取

链接提交包括主动推送、自动推送、Sitemap、手动提交四种提交方式。其中主动推送是最快捷的方式，能够确保当天新链接被收录进来。自动推送是最便捷的方式，把JS代码部署到每一页面，页面被浏览时自动推送到百度，一般都与主动推送结合使用。Sitemap提交慢于主动推送，需要定期更新。手动提交比较机械化，但是可以把链接一次性提交给百度。

死链提交主要是处理网站上已存在的死链，当网站死链数据累积过多，并且被展示到搜索结果页中时，对网站本身的访问体验和用户转化都产生了负面影响。另外，百度检查死链的流程也会为网站带来额外负担，影响网站其他正常页面的抓取和索引。死链提交方式包括文件提交和规则提交。文件提交是将已制作好的死链文件上传至网站根目录，然后将死链文件地址提交。规则提交是指将相同链接前缀下的死链写成链接规则，且与其匹配的链接全部都是死链，然后将这个死链规则提交。目前支持两种死链规则：目录规则，以"/"结尾的前缀；CGI规则，以"?"结尾的前缀。

Robots功能用于检测与更新网站的robots.txt文件，如果网站长时间不被搜索引擎抓取，可能是robots.txt文件出了问题，需要对其进行检测更新。需要注意的是，robots.txt文件最大不超过48k，目录不超过250个字符。

抓取频次功能可以监测蜘蛛抓取网站的频次和每次抓取所用时间。

抓取诊断功能可以监测蜘蛛抓取网站是否正常，是否能够正常抓取网站内容。每个站点每周最多能够抓取整段200次，通过抓取整段可以监测网站内容是否符合预期，是否被加了黑链，是否隐藏文本，连通是否正常等。

抓取异常监测可以监测网站异常和链接异常两个方面,网站异常会出现DNS异常、连接与抓取超时、链接错误的情况;链接异常会出现访问被拒(403)、找不到页面(404)、服务器错误(5XX)、其他错误(4XX)的情况。

4.1.5 搜索展现功能解析

搜索展现功能如图4-12所示,包括站点属性、站点子链、数据标注、结构化数据、结构化数据插件五个方面的功能。

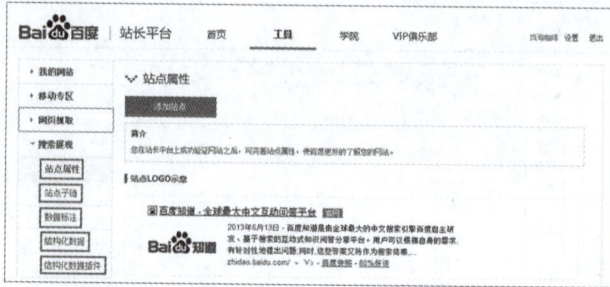

图 4-12　搜索展现

站点属性可以使百度更加了解你的网站,通过站点属性对网站作属性介绍,也有利于用户了解网站功能,帮助用户判断网站提供的内容是否符合自己的需要。

站点子链(图4-13)最多有六个,站点子链有助于提升网站的权威性,帮助用户了解网站内容,提高网站的流量和权威。目前获取站点子链的办法很少,主要依靠网络管理人员积极参与百度站长社区活动。

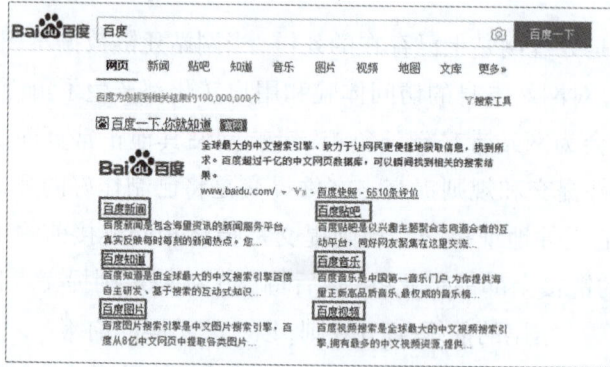

图 4-13　站点子链

网站数据标注目前只支持软件、视频、小游戏三种类型,所以,以这三类内容为主的网站一定要以富摘要的形式呈现出来。这样能够在用户访问网站之前就向用户呈现软件或者小游戏的大小、更新时间、视频的时长等,用户在进入页面前对该文件的数据有所了解,能节省查找时间,提高网站流量。

结构化数据工具是百度快速引入结构化数据的入口。优质的数据资源可应用于索引、排序、摘要展现等环节,提高索引量并以结构化摘要样式展现给用户。

利用结构化数据插件能又快又全地向百度提交论坛网页及内容,帮助百度蜘蛛更好地了解网站,帮助收录。根据社区论坛软件系统的不同,结构化数据插件分为:Discuz结构化数据插件和WordPress结构化数据插件,二者的功能基本一致。

4.1.6 优化与维护功能解析

流量与关键词分析工具如图4-14所示,可以查看一天中某一时间段的详细分析。流量与关键词数据按照小时来计算,但会延迟5个小时出精确的结果,所以应该在第二天上午分析第一天的数据,这样数据会较为准确。数据分析工具可以详细查看PC端和移动端搜索某一时间段的点击量、展现量(图4-15),以及能详细呈现关键词的点击情况,如点击量、展现量、点击率、排名等内容,如图4-16所示。

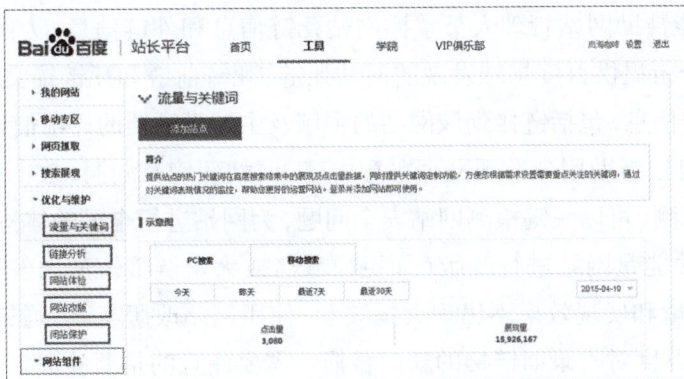

图 4-14　流量与关键词

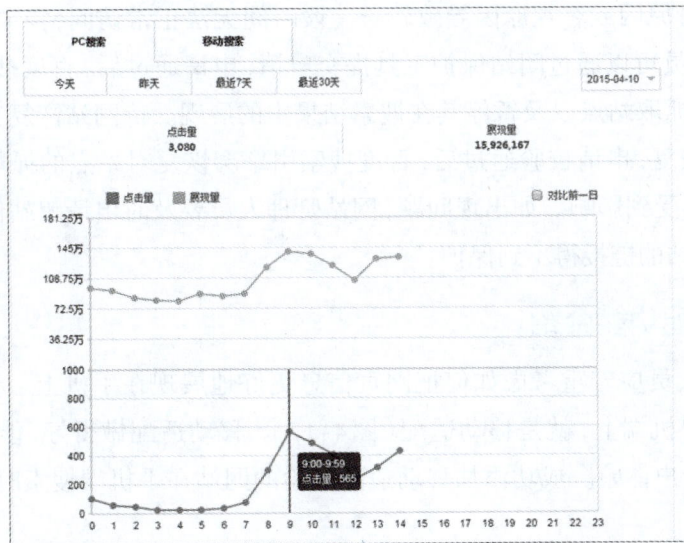

图 4-15　点击量与展现量

热门关键词　热门页面

关键词	点击量	展现量	点击率	排名	详情
百度站长	768	2825	27.19%	3.8	查看
百度站长工具	505	2510	20.12%	3.5	查看
百度站长平台	242	1163	20.81%	4.2	查看
站长工具	201	21388	0.94%	4.2	查看
站长平台	134	547	24.50%	4.3	查看
百度网站优化	94	338	27.81%	3	查看
站长	74	3913	1.89%	2.2	查看
百度seo优化	70	207	33.82%	1.1	查看
百度seo	58	318	18.24%	2.6	查看
seo	52	11183	0.46%	10.4	查看

图 4-16　热门关键词的点击展现情况

链接分析能帮助网站管理人员掌握网站死链信息和外链信息，为网站优化提供数据参考。死链分析提供百度蜘蛛发现的网站死链、死链前链和死链锚文本信息；外链分析提供网站外链信息，包括链接到该网站的主域及主域下链接的详细信息。

网站体检可以帮助用户发现网页恶意内容、网站环境及漏洞、攻击风险等，现在百度推出百度云观测，可以一键检测网站安全问题，为网站进行全面的体检。

网站改版功能是网站进行改版（如更换域名或大量链接短期内发生永久性跳转）后，为保证索引量和展现效果不出现大幅波动，使用网站改版工具，通知百度网站新旧改版规则，加速百度对收录旧链接的新旧替换。需要注意的是要验证新站点，需要对新旧链接进行301重定向。

网站由自身原因或客观原因导致较长一段时间无法正常访问，需要关闭一段时间时，网站管理人员可以通过闭站保护工具提交申请，申请通过后，百度搜索引擎会暂时保留索引、暂停抓取站点以及暂停其在搜索结果中的展现。待网站恢复正常后，网站管理人员可申请恢复，申请校验通过后，百度搜索引擎会恢复对站点的抓取和展现，站点的评价得分不会受到影响。如出现问题，网站管理人员要及时申请闭站保护，因为在闭站保护之前，网站的链接得不到保护。

4.1.7 移动适配功能介绍

网站从业人员应着重考虑如何把网页信息更好地展现在手机上。让PC端的内容更好地显示在手机端上，就是移动适配（图4-17）。移动适配做得好，能够为手机端搜索提供更好的用户体验。成功添加移动适配校验的网站在手机端搜索时会被优先展示出来。

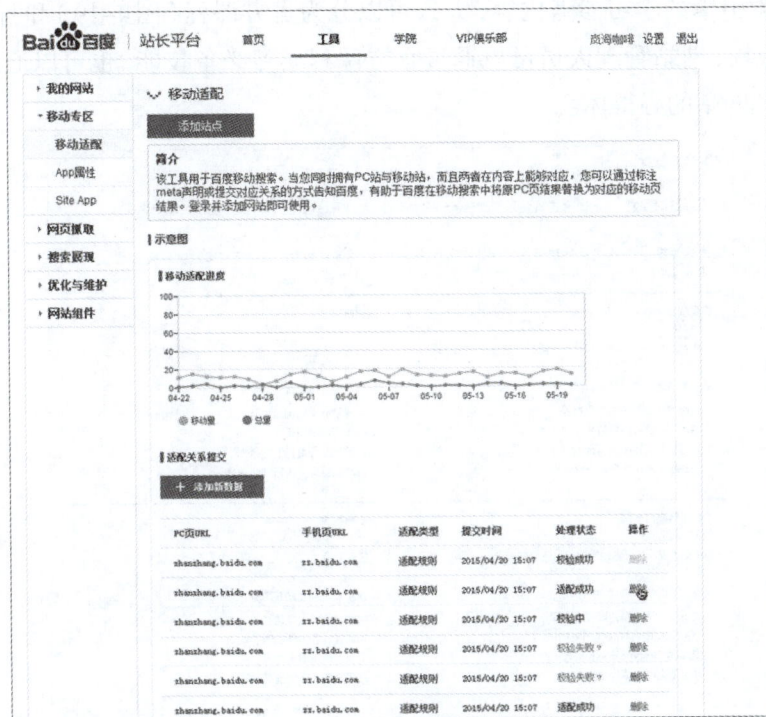

图 4-17 移动适配

4.1.8 百度站长学院

如图4-18所示,站长学院的设置可以让网站管理者更好地了解和使用百度站长平台,并能据此搭建出更多优质的网站,进而让全体网民都能在使用搜索引擎时获益。

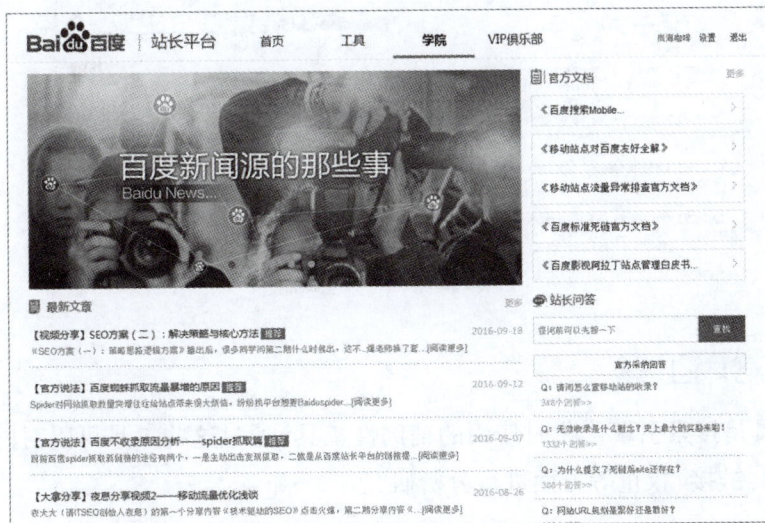

图 4-18 百度站长学院

百度站长学院通过线上线下多种渠道为网站从业人员、开发者、创业者等提供了丰富的有关搜索引擎的学习参考内容,大致可以分为官方课程(图4-19)和官方文档(图4-20)两个板块,网站管理人员可以通过官方课程学习必备技能,也可以通过官方文档分享自己管理网站的心得体会。

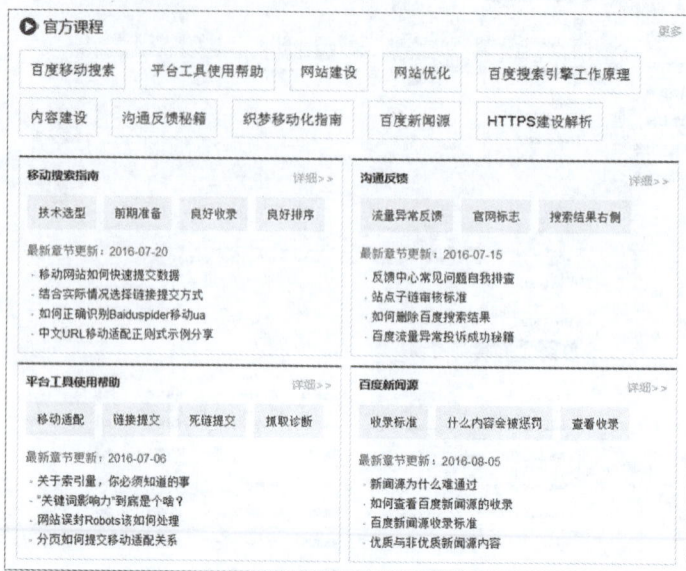

图 4-19　官方课程

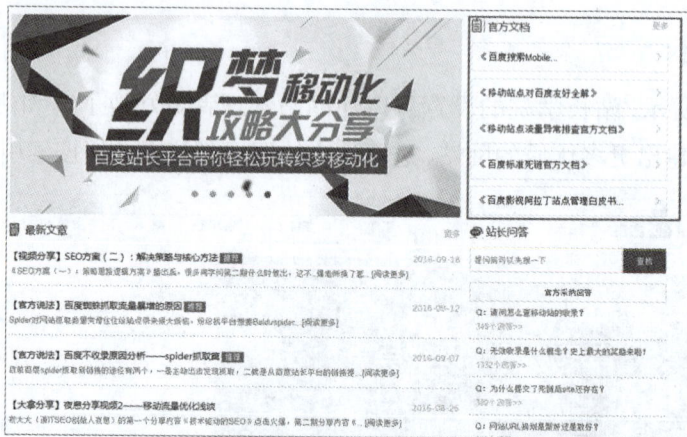

图 4-20　官方文档

4.2 SEO 常用工具

SEO工具是搜索引擎优化时使用的辅助性工具,通过这些工具可以对网站的排名、流量、关键词、链接、权重等方面进行分析研究。

4.2.1 SEO 综合查询

SEO综合查询是站长之家的一个工具,站长之家简称ChinaZ,是一家专门为中文站点提供资讯、技术、资源、服务的站长类网站。

　　站长之家是SEO人员惯用的查询工具,以中公教育官网(www.offcn.com)的查询数据为例,如图4-21所示,可以看到站长之家查询到的数据包括:网站排名、百度权重、PR值、关键词排名、历史收录、服务器信息、Alexa排名趋势、百度收录量变化趋势等。这些数据为网站管理人员进行站内优化和站外优化提供了必要的依据。

图 4-21　站长之家查询数据示例

4.2.2 Alexa 排名查询

　　Alexa排名是指网站的世界排名,主要分为综合排名和分类排名。Alexa提供了包括综合排名、到访量排名、页面访问量排名等在内的多个评价指标信息,大多数人会把它当作当前较为权威的网站访问量评价指标。

　　图4-22为中公教育官网(www.offcn.com)的Alexa排名情况,可以显示出中公教育官网的当日排名、一周平均排名、一月平均排名和三月平均排名以及日均IP和PV值。

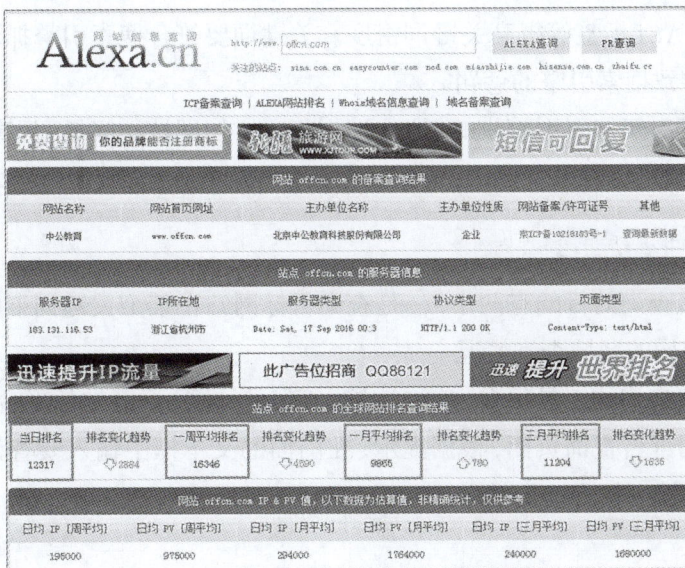

图 4-22　中公教育 Alexa 排名

4.2.3 关键词密度检测

检测关键词密度的工具有很多,目前网站管理人员惯用的工具为:站长之家、爱站网。示例使用这两个工具检测 "www.ujiuye.com" 的关键词SEO的密度,站长之家检测的结果是0.42%,如图4-23所示。爱站网的检测结果是0.97%,如图4-24所示。关键词密度仅为计算页面相关性的一个参考标准,不必过于重视。

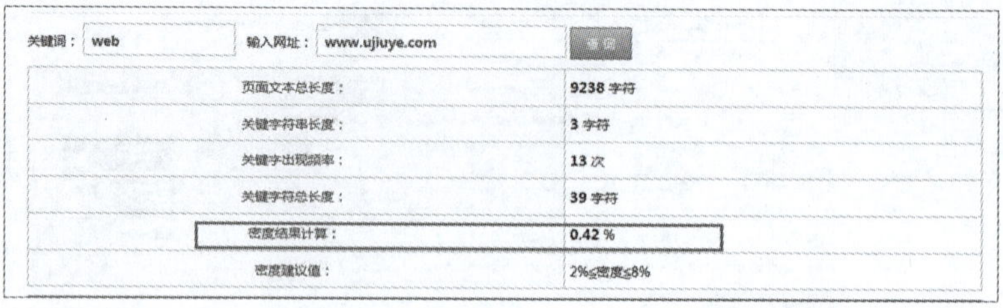

图 4-23　站长之家关键词密度检测

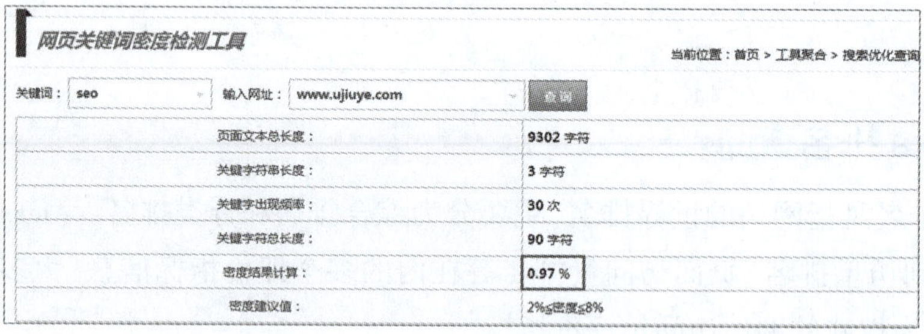

图 4-24　爱站网关键词密度检测

增加关键词密度需在文章内容上下功夫,比如在文章标题、文章开头、文章中间、文章结尾处添加关键词,文章的小标题中也可以添加关键词,也可使用title标签、strong标签、H标签、ALT标签等提高关键词密度。关键词要符合搜索引擎抓取逻辑,避免因堆砌关键词而导致搜索引擎的惩罚。

关键词密度对于搜索引擎蜘蛛抓取网页内容,增加网站访问量,提高网站关键词排名,提升网站的权重有着重要作用,应该控制在2%~8%这个合理的范围之内。

4.2.4 关键词排名查询

关键词排名查询的目的有两个,一是查询目标网站在某个关键词下的排名情况,一是查看某个关键词的区域查询情况。

关键词排名查询的工具很多,比如站长之家、爱站网、百度站长平台等。图4-25是站长之家关键词排名查询页面,根据提示,在前面的文本框中输入要查询的关键词,在后面的文本框中输入要查询的域名,就可以得到关键词排名。

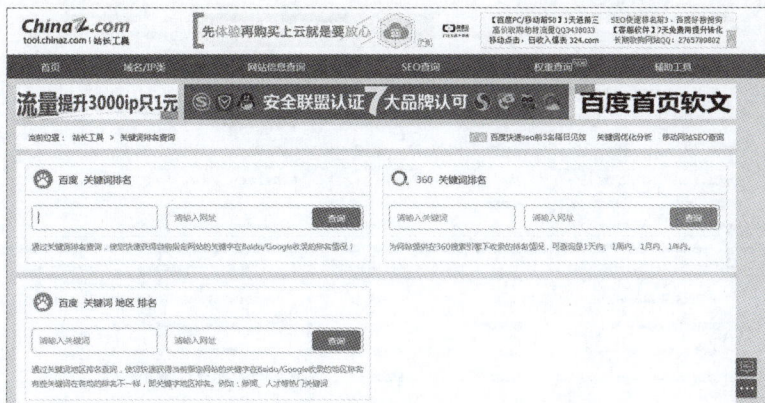

图 4-25　站长之家关键词排名查询

4.2.5 关键词优化难易分析

关键词优化难易分析是分析关键词的竞争程度，并根据竞争程度估价的一种分析。关键词优化难易分析数据能为 SEO 人员进行关键词分析和关键词估价提供重要的参考。在关键词分析之前会先分析关键词指数、收录量、排名靠前的顶级域名的个数以及竞争对手的个数。图 4-26 是关键词优化难易分析工具对关键词 "SEO" 进行分析的结果，分析结果对关键词 "SEO" 的长尾词、优化难度、优化估价等信息进行了展示，这些数据为 SEO 人员进行关键词优化提供了必要依据。

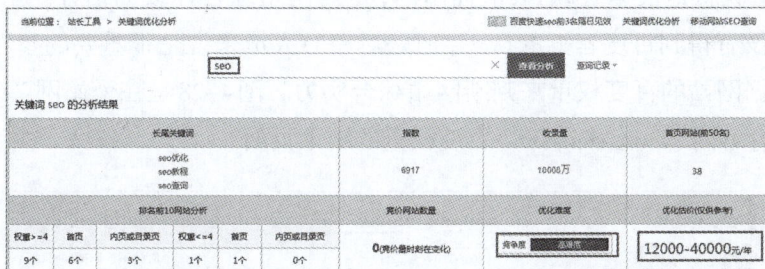

图 4-26　关键词 "SEO" 优化难易分析

爱站网也推出了关键词优化难易分析工具——爱站 SEO 工具包，其效果和站长之家的关键词优化难易分析工具相似。

4.2.6 友情链接检测

使用站长之家友情链接查询工具检测网站 "www.offcn.com" 的友情链接情况，查询工具给出了该目标网站的百度收录、百度权重/流量、PR/PR 输出值、出站链接、图片链接、文字链接、带 nofollow 链接、反向链接等信息，如图 4-27 所示。

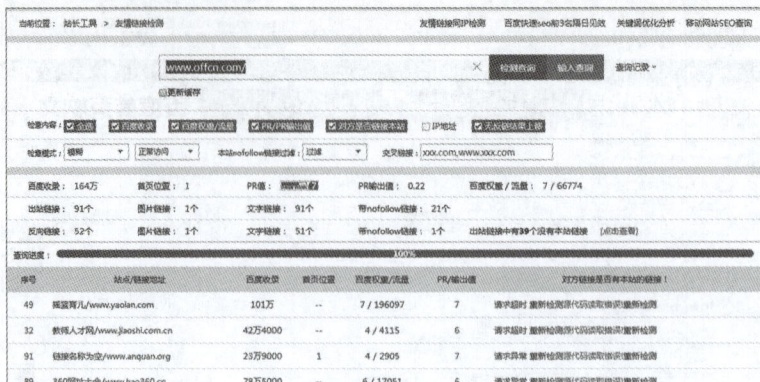

图 4-27　中公教育官网友情链接检测

　　SEO人员需经常使用此工具进行友情链接的检测,监控网站的友情链接情况,以作出优化调整。也可使用友情链接检测工具检验将进行友情链接交换的网站,观察该网站链接个数、PR值大小、网站是否有被降权的迹象、回链比例等,对交换友情链接的网站进行一个大致的了解,并进行利弊判断后,再决定是否和对方进行友情链接交换。

4.2.7　百度权重与关键词查询

　　百度权重和关键词查询都可以在爱站网的百度排名中查询。

　　与谷歌官方给出的PR值不同,百度权重是由第三方网站爱站网提出来的一个概念,当然这个概念是根据谷歌PR值提出的,是对网站综合评级的估计。虽然百度权重这个概念并没有得到百度官方的认可,但是对SEO人员来说是很重要的参考数据,SEO人员可以根据网站的百度权重来判断网站综合实力。图4-28是在爱站网"百度排名"中查询中公教育官网(www.offcn.com)百度权重的结果页面。

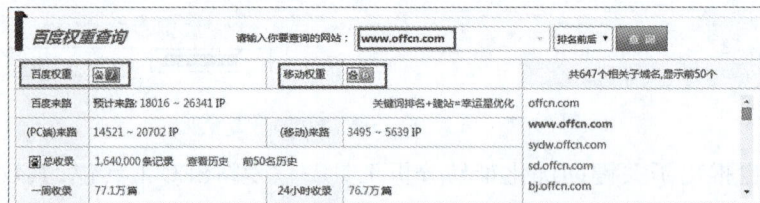

图 4-28　中公教育官网在爱站网的百度权重查询结果

　　关键词查询工具对SEO人员分析关键词和挖掘关键词有着重要的作用,是重要的关键词挖掘工具之一。关键词查询的方式有很多,可以通过爱站网和站长之家的"百度排名"进行查询,百度站长平台"优化与维护"工具下设的"流量与关键词"选项也具有关键词查询功能,而且,百度站长平台的关键词查询结果权威性更高,参考价值更大。图4-29为爱站网关键词查询结果。

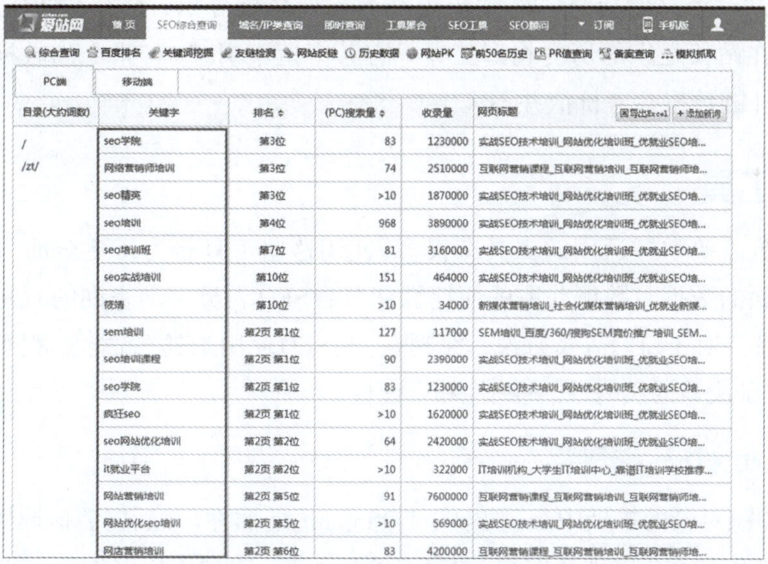

图 4-29 爱站网关键词排名查询

4.2.8 反链查询

反向链接其实就是在目标文档内部进行声明,要求目标文档指向自己的链接。换言之,常规链接在文档 A 中标明"指向文档 B",而反向链接则在文档 B 中要求"使文档 A 指向我"。站长之家和爱站网都推出了反向链接查询工具,但它们作为第三方网站,没有得到搜索引擎的支持,所以站长之家和爱站网的数据都不多,只能提供一些大型网站的反链查询。图4-30为中青网(www.youth.cn)在站长之间的反链查询结果,可以查询标题、反链域名、权重、PR值、反链数、链接名称、带nofollow标签等情况。

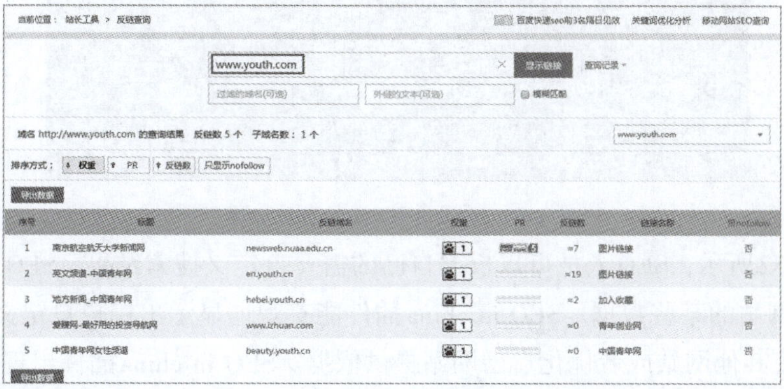

图 4-30 中青网站长之家反链查询

4.2.9 网站历史查询

网站历史查询可以分析目标网站的历史发展趋势,站长之家的网站历史查询工具可以查询网站三个月的信息。网站历史查询支持数据导出，省去了SEO人员许多工作。但是现在站长之家的历史查询工具只有各个搜索引擎site指令的数据值得参考，其他所谓的外链数据参考价值并不大。

4.3 其他工具

SEO人员需要掌握运用的工具有很多，使用这些工具是为了更全面、更便捷地获取网站各方面的数据。数据获取的便捷性能节省SEO人员手动查询的时间成本，大大提升工作效率。对于SEO人员来说，多掌握一些SEO使用工具，就能掌握网站更多的数据，有利于保证决策的及时性、正确性和全面性。

4.3.1 SEO in china 插件

打开360浏览器的扩展中心，搜索"SEO in china"插件，然后安装该插件，安装完成后360浏览器右上角会出现图标，打开某个网页后，直接点击图标，就会出现如图4-31所示的检测数据结果。SEO in china插件包含很多其他工具的入口，能够呈现这些工具对当前页面的检测详情，SEO人员不必再用相应的其他工具单独查询当前网页的数据，这样能够更加直观地分析该网站的数据，省去了很多步骤和时间。

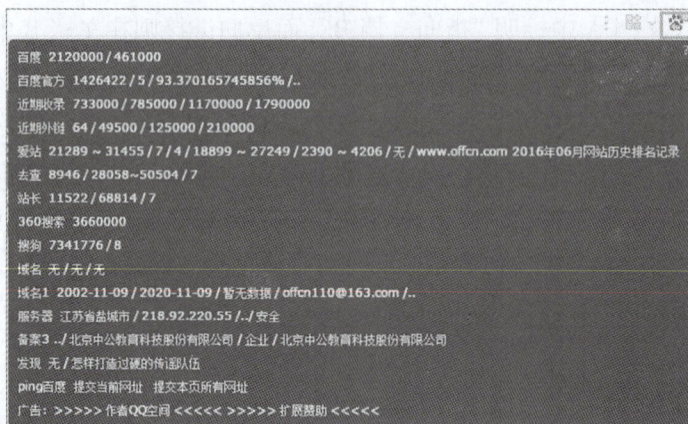

图 4-31　SEO in china 检测结果

如图4-32所示，SEO人员可以根据自己的需要自定义搜索结果，SEO人员倾向选择自己信任网站的某些数据。SEO in china插件能直观地显示出用户自定义的数据，为SEO人员研究其他网站或者优化自己网站提供依据。SEO in china插件出现显示不出数据的情况时，可以通过刷新网页和多次点击图标解决。

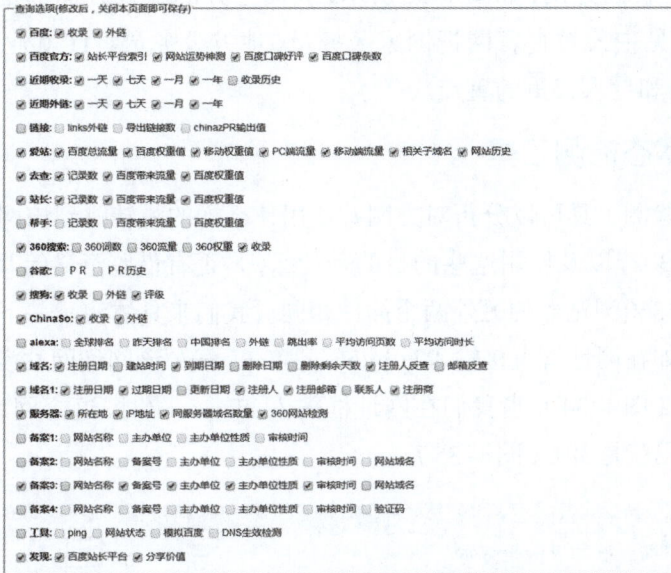

图 4-32　SEO in china 检测自定义

4.3.2 检测 nofollow 链接

在360浏览器扩展中心搜索"检测nofollow链接"插件并安装后,这个插件能够自动识别出被添加了nofollow的链接。很多网站会使用nofollow标签对网站权重进行引导,比如对参与网站排名竞争的部分不使用nofollow标签,而对一些广告、友情链接使用nofollow标签,这样可以把更多的流量导入SEO人员拿来参与竞争的关键词和页面。从页面中导出的nofollow链接主要是针对一些垃圾链接,这样是为了保护网站的权重,但如果友情链接建设是双方自愿,而网站人员为了自己利益对友情链接使用nofollow标签,往往会被认为是在友情链接中耍小手段,必定会受到同行的斥责。

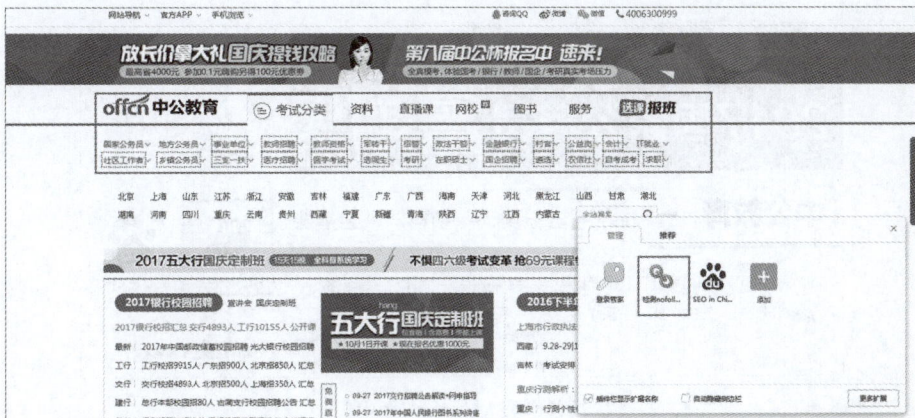

图 4-33　中公教育官网检测 nofollow 链接

以中公教育官网为例，如图4-33所示，页面上方的虚线方框都是使用了nofollow标签的链接，可见中公教育官网把国家公务员、地方公务员、IT就业、在职硕士作为参加关键词竞争和导入权重的重点。

4.3.3 HTTP 状态检测工具

HTTP状态检测工具可以分析对方网站使用什么样的跳转跳到该网站，分析对方是否使用301或者302，以及使用这些的目的是什么，是否有借鉴意义等。HTTP状态检测工具安装方法与360浏览器的另外两个插件相同。我们来具体演示一下HTTP状态检测的代码变化，比如在网址框直接输入http://www.offcn.com/，该网址网站没有使用重定向，状态码就是200（图4-34），当我们在网址框输入offcn.com/时，这个网址就会进行重定向，返回的状态码就是301（图4-35）。

图 4-34　HTTP 状态 200

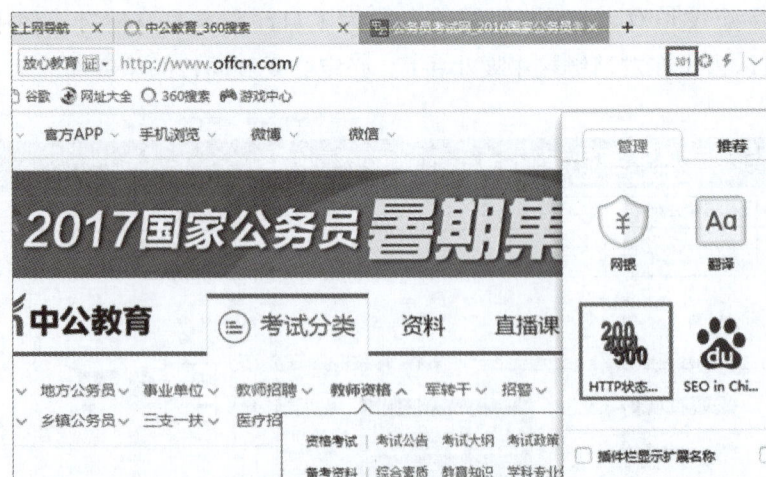

图 4-35　HTTP 状态 301

第5章
SEO 高级进阶

5.1 网站诊断分析

正如医生给病人看病一样，医生只有通过望闻问切各种手段了解病人病情后，才能给病人开出对应的药物，治好病人的病。SEO 人员做网站也是如此，先要判断网站存在的问题，策划好相应的解决方案，把问题解决掉，才能使网站较为健康地运转，取得良好的排名和权重。但和医生诊病不同的是，病人的病能够被治愈，而网站总是会或多或少存在一些问题，当解决掉一些问题后，新的问题又会出现，新的问题解决掉以后，过段时间，可能还会出现其他的问题，所以每个网站在任何时期都需要进行诊断分析。

5.1.1 为什么要做诊断分析

诊断分析的目的是让搜索引擎更好地收录自己的网站，网络诊断是多方面的诊断，不仅是对网站本身，更要考虑搜索引擎的情况。

网站本身可能存在一些影响搜索引擎蜘蛛正常抓取的因素，比如检查网站是否有网站地图，没有网站地图会浪费蜘蛛的抓取时间，导致蜘蛛不完全抓取网页甚至是直接跳出网页，因此没有网站地图的要建立网站地图；检查网站的 404 页面是否规范，404 页面对于存在死链的网站意义重大，能够提示蜘蛛到了死胡同，提高对蜘蛛的友好度；检测网站的链接个数，过多的无意义链接会导致蜘蛛不能抓取网站的实质内容，过少的链接会影响蜘蛛对网站抓取的广度。

用户转化为客户，购买网站的产品，为网站创造经济价值，这是网站的根本目的，但是网站本身的一些问题会影响转化率。网站诊断就是从网站本身查找潜在问题，并提供相应的解决方案，对网站进行单方面或者多方面的优化处理，实现网站创收、增加网站效益。

5.1.2 网站诊断分析基本思路

每个网站都需要定位自己的目标人群，比如考研网站，就会把目标人群定位到即将毕业的大学生。另外，网站还有一群特殊的"目标人群"——搜索引擎蜘蛛。研究目标人群一定要把握其思维习惯和方式，而研究搜索引擎蜘蛛就一定要研究搜索引擎蜘蛛的抓取规则。了解目标人群的逻辑心理,把握蜘蛛的抓取规则,按照规则对网站进行诊断优化就能够取得良好的效果。

网站诊断主要考察以下几个方面:

(1)访问速度

网站的访问速度是用户点击网站最先感受到的,如果网站的打开速度过慢,用户会丧失耐心关闭该网站。访问速度最直观的观测就是自己去打开网页试一试,还可以使用webpagetest网页性能测试工具和站长之家工具(http://tool.chinaz.com/)进行检测,如图5-1所示,通过检测能准确测试网站在不同浏览器中的打开速度。

监测点	确定IP	IP归属地	响应时间	TTL	赞助商
广东佛山[电信]	183.57.28.209	广东省佛山市 电信	13ms	55	云都科技★高防秒解免备
广东东莞[电信]	36.42.32.254	陕西省宝鸡市 网宿科技股份有限公司电信CDN节点	46ms	54	★迅美★东莞高防149
上海[电信]	183.131.67.83	浙江省杭州市 电信	9ms	52	★香港★双线免备案
湖北荆门[电信]	111.178.233.88	湖北省黄石市 电信	9ms	57	16核70G高防线路499/月
四川成都[电信]	61.188.191.72	四川省南充市 网宿科技电信CDN节点	7ms	55	西部数码 云主机
江苏徐州[电信]	58.222.42.59	江苏省泰州市 电信	15ms	54	横telecom州独家机房
四川成都[电信]	58.216.109.186	江苏省常州市 电信	35ms	54	【打不死】高防服务器
江苏常州[电信]	61.155.237.56	江苏省南京市 电信	5ms	55	服务器租用bgp高防
江苏镇江[电信]	61.155.237.56	江苏省南京市 电信	4ms	55	电信百独月付899
江西赣州[电信]	115.153.176.80	江西省抚州市 电信	14ms	57	【高防服务器】升级G口
广西梧州[电信]	183.47.248.109	广东省广州市 电信	19ms	55	创科网络数据中心
辽宁大连[电信]	59.46.3.34	辽宁省沈阳市 电信数据中心	8ms	55	染佰互联★大连T3+企业级托管
山西大原[电信]	182.201.212.197	辽宁省大连市 电信	36ms	55	【七七云】华北万兆资源
内蒙古呼和浩特[电信]	114.64.222.61	北京市 北京时代互通电信技术有限公司	19ms	54	中国硕网(韩国主机)
广东汕尾[电信]	14.215.100.94	广东省佛山市 电信	13ms	55	云主机首月1元续费半价
江苏泰州[电信]	58.222.42.59	江苏省泰州市 电信	1ms	57	江苏三艾网络
江西新余[电信]	182.106.194.107	江西省南昌市 电信	10ms	57	江西首页互联

图 5-1　站长之家 Ping 检测

(2)逻辑结构

网站逻辑结构是引导搜索引擎蜘蛛的地图,能够帮助搜索引擎蜘蛛对网站页面进行爬行抓取,同时可以引导用户快速找到抓取的网页。SEO人员设计或者对网站进行改版时,要注意改动是否有利于用户更加清晰地找到自己想要的内容,网站的结构是否能够使网站显得简单且具体。

(3)页面布局

对于中小型网站来说,首页和二级页是用户经常访问的页面,尤其是首页,首页的结构给用户的第一印象,决定了用户是否会在该网站停留。因此网站页面布局要从目标人群的角度出发,重点突出,把最核心的诉求、最能打动用户的利益点展现在最重要的地方。首页和二级页同时也要有强烈的视觉冲击力,吸引用户的关注。

(4)内容安排

当用户对网站有了大致印象后,会关注网站的具体内容,比如文案、编排设计、图片以及网站资讯内容的可信度,这些内容都需要SEO人员逐渐地了解体验。

（5）搜索引擎蜘蛛的分析诊断

● 基本数据分析:各搜索引擎蜘蛛的收录、外链、PR、Alexa排名情况等数据的列表分析。

● 关键词分析:核心关键词排名是分析重点。

● SEO程序功能分析:网站前端排版、标签、网站地图、RSS、地址静态处理、URL地址优化、友情链接等是否正常运转。

● 搜索引擎蜘蛛爬行分析:分析搜索引擎蜘蛛每天爬行抓取次数,对爬行抓取所需时间等规律进行分析。

● 外链诊断分析:分析网站外链的数量、质量以及使用的外链形式进行综合判断。一般来说,也要对竞争对手进行外部链接诊断分析,了解竞争对手的外链情况。

（6）流量分析

通过百度站长平台、站长之家的工具分析网站IP数、UV数、PV、PV/V、网站日流量变化、周流量变化、月流量变化、稳定的流量来源和原因、搜索引擎与关键词、着陆页、跳出率、退出率、转化率、网站咨询量等数据,如图5-2,图5-3所示。同时有必要对网站流量的时间和地区进行分析,在数据分析时要综合考虑这些数据,才能深层次挖掘数据的价值。

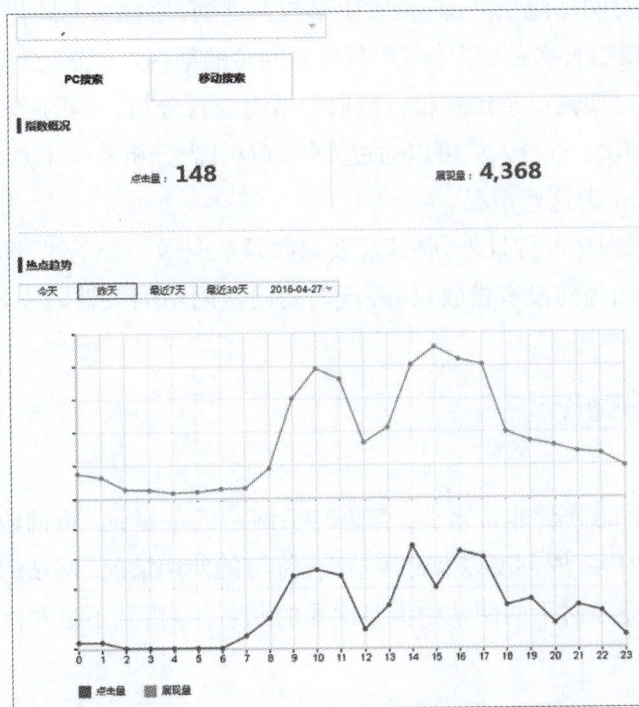

图 5-2　百度站长平台点击量和展现量

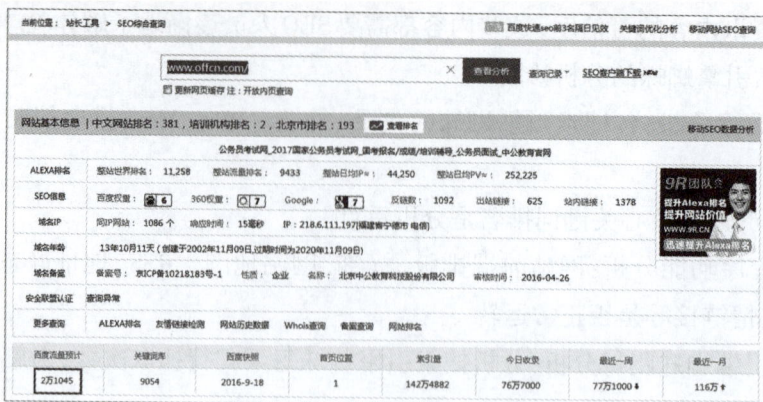

图 5-3　站长之家百度流量预计

　　流量分析工具：Google Analytics（简称GA）、百度统计、CNZZ等都是常用的流量统计工具，其中GA是公认的分析功能强大的免费统计工具，很大程度上方便对流量和用户行为进行分析，也能配合其他工具跟踪分析网站广告投放的效果。但是GA对于大型网站的统计中有"other"选项，数据统计不是很准确，另外，GA数据会延迟一两天，数据跟进不及时。百度统计侧重于实时统计，有效弥补了GA数据延迟的问题，所以流量统计工具要结合使用，多使用几种工具进行统计，以相互弥补统计工具各自的缺点，较为准确地了解网站流量情况。

　　综合分析：针对网站流量来源、搜索引擎与关键词、着陆页与跳出率、退出率、转化率进行SEO，一定要综合多种情况，不要只针对网站的某一方面进行分析，要综合考虑。

　　日志分析：针对搜索引擎蜘蛛爬行抓取的情况进行分析，分析搜索引擎蜘蛛爬行抓取的时间、时长、频次，SEO人员可以通过光年SEO日志分析系统工具来进行数据分析，或利用专业脚本来了解这些情况。

　　在对搜索引擎蜘蛛进行日志分析后，要对收录情况做一个了解，爬行过的页面是否都被收录，一些页面为何没有被收录等，同时要注意网站的关键词排名，以及用户在站内搜索的重点。

5.1.3　网站诊断分析模块

　　（1）竞争对手

　　对于竞争对手的分析非常重要，竞争对手网站的关键词、页面收录情况、百度权重、PR值、域名、内容、原创度以及链接情况、标签的使用情况、网站的流量情况都要进行全面的了解，从竞争对手的网站中借鉴优秀的元素，分析其不足并比对自己的网站进行调整。

　　（2）定位

　　网站的定位应该是发生在网站建立之初，或者在网站做出重大改革的时候，网站定位的选择关系到网站以后的存在形式,在选择之时不仅要对竞争对手作出分析,更要有大局观,考察该行业的整体情况。不能盲目跟随现在热门的网站,这些热门网站经过了很多年的发展都有了自己的客户积累,跟他们竞争会消耗很大的精力,而且不一定能够取得好的效果;也不能盯着特别冷门的网站,这样的网站可能会竞争小,但是,可能不会因为你的加入变成热门网站类型。网站人员要有独到敏锐的眼光,发现现在市场竞争不大,但是很有潜力,可以在近几年迅速发展的网站类型。如果选择正确,网站能够得到迅速发展,如果定位错误,对网站的生存会产生致命的影响。

总而言之,网站定位不仅是对网站目标用户进行分析,还需要对行业现状作出分析,以此确定网站的类型、赢利的方式、用户定位以及流量的转化。

（3）关键词

百度站长平台、站长之家、爱站网等工具,都可以对网站的核心关键词作详细的统计,比如可以统计关键词的点击量、展现量、点击率、排名等情况,以及关键词是否满足用户需求,是否符合用户体验。

在考虑关键词时,一定要考虑搜索量、关键词排名难度、长尾词以及如何在URL展现少量的关键词等。

（4）网站内容

网站的大体框架、具体内容、链接结构（内部链接）、外链都属于网站内容的范畴。

网站的框架风格大体上要符合网站定位,网站定位以用户需求为准。一个合理的布局要使得整个页面平衡不冲突。

网站的具体内容要注意把握用户心理,呈现出用户想看到的内容,把握长尾词和关键词等。

网站的链接结构要对网站的目录、导航、相关性链接、nofollow标签的使用等进行相关优化。

网站的外链也是属于网站显示的内容之一,网站外链的来源、外链的权重、外链的数目等都要进行一个详细的备案查询。

（5）网站代码

用户最直观感受的代码就是网站的URL,网站的URL设置一定要简洁,并且不与其他网站重复,要有利于蜘蛛抓取收录网站内容。网站的其他代码如Flash、JS、图片上的代码,都要注意设置和检测,避免因为冗长而导致蜘蛛不收录。

在对网站竞争者和网站自身进行分析以后,了解和掌握自身的优势和不足,及时制定计划改进企业形象,打造品牌效应,为企业带来更大效益。综合前面的几个模块,网站管理人员可以对网站做出中肯的定位和客观的评价,给出网站能够达到的目标,使网站能够平稳健康地成长。

5.2 SEO 效果监测与分析

除了站内优化和站外优化之外，SEO 效果监测与分析也非常重要。通过效果监测与分析可以了解站内优化和站外优化的执行情况，以及为下一步进行 SEO 提供必要的依据。

5.2.1 SEO 效果监测指标

SEO 效果监测指标有很多方面，SEO 人员比较重视收录情况、关键词排名情况、外链情况、流量数据情况四个方面。

（1）页面收录

页面收录情况直接决定网站着陆页面的流量，通过网站的收录数据来找到同类竞争网站权重较高的模块，从竞争对手网站高权重的模块入手，分析其内部链接构造。监测页面收录情况可以反映出搜索引擎对网站的信任度、反映网站潜在获取流量的能力、明确网站收录与竞争对手间的差距、反映网站重点频道权重分布、外链数据情况等。一般优化良好的网站网页收录能达到70%~80%。

（2）关键词排名

关键词排名情况是对网站关键词的规划和预期情况的监测，其中包括网站首页关键词、关键词所属模块、关键词搜索量、关键词百度日均搜索量、百度指数、关键词搜索结果数、首页前五十名及权重、网站前十模块等，最好每天对网站关键词作排名情况统计并形成走势图，方便对网站的监测。

（3）外链

外链情况监测需要记录网站的总链接个数、外链域名个数、权重、导出链接的情况。同时，需要监测竞争对手外链情况，以把握整体趋势。

（4）网站流量

流量数据情况是对网站能力的监测，网站流量情况能够反映网站关键词整体排名、网站整体内容产出能力、网站整体点击率控制能力、行业网站潜在品牌价值以及明确网站预估 SEO 流量与竞争对手间差距等情况。

5.2.2 SEO 效果监测方法

SEO 效果监测方法是 SEO 人员切实关心的问题，这涉及具体的操作，可以具体检验 SEO 工作成效。在前面的章节介绍过一些站长工具，效果监测可以通过站长工具实现，但是前面介绍的这些工具的监测都是以"静态"的形式呈现出来，而 SEO 效果监测方法是一种"动态"的监测。怎样实现这种"动态"监测呢？简单地说，就是记录站长工具检测出来的结果，对数据的波动做一个详细的研究分析。

（1）收录比例

对于网站整体来说，使用"site:"指令查询搜索引擎对某个网站的所有收录文件和网站人员自己知道的网站实际页面数，以此可以计算收录比例。优化好的网站也不能实现完全收录，会有20%到30%的内容不能被收录；对于网站的某个栏目来说，也可以查询其收录情况，使用"site:域名+文件名称"指令，如site:58.com/it/即是查找"58"中已收录的it栏目请求，如果没有结果就代表没有被收录。

（2）排名监测

排名监测是对网站目标关键词的排名查询并记录，一般会对网站首页目标关键词、网站栏目关键词和三级页关键词的排名进行监测。

（3）外链数据监测

外链监测不仅仅指的是对自己网站的外链进行监测，还要对竞争对手的外链进行监测，观察他们的外链质量和数量，以及他们外链数目发生重大变化后对网站的影响。在对自己网站的外链监测时，要特别注意首页、栏目首页、网站内页的外链，要分析链接诱饵的效果等情况。

（4）转化率

无论是收录、排名还是外链，最终都是为了提高转化率，记录网站每一天的转化率，可以使SEO人员直观地看出网站的经济效益。网站对转化率的影响很大，但是产品本身的质量、价格也具有很大的影响。

（5）网站日志

搜索引擎蜘蛛进入网站和抓取收录网页会留下痕迹，查看网站的服务器日志可以查询出搜索引擎蜘蛛抓取网站上页面的频率，在网站停留多长时间等问题，同时也可以根据网站日志提供的数据，设置吸引搜索引擎蜘蛛的程序，尽量使搜索引擎蜘蛛在网站抓取整段网页内容，尽可能多地收录自己的网页。

（6）辅助工具

百度站长平台、站长之家、爱站网、CNZZ、51LA、百度统计等网站，有很多关于监测的工具，SEO人员应该熟练运用这些监测工具，做好对网站的执行情况的监测。

5.3 常见黑帽手法

有些人认为黑帽行为是会被搜索引擎惩罚的行为，如果在网站上试验的某种操作并没有受到搜索引擎的惩罚，这种行为就不是黑帽行为。如果某种试验受到了搜索引擎的惩罚，这种试验也不是没有价值的，至少以后在管理网站的时候需要禁止这种行为。做网站要重视长远利益，在非必要的情况下不要尝试黑帽行为以获得短期利益。因此，需要了解一些常见的黑帽手法，常见的黑帽手法有很多，黑链、买卖链接、群发链接、黑掉权重高的网站做淘宝客、大量进行伪原创等。

5.3.1 内容作弊

内容作弊是指在文章内容方面的作弊行为，内容包括文章标题和文章正文，主要是文章内容的作弊行为。

关键词重复和大量垃圾内容重复是内容作弊中比较常见的行为，目标关键词大量重复可以增加关键词密度，关键词的密度高在一定程度上会提高关键词排名，对网站是有利的，但过度使用，增加关键词密度将面临被罚风险。而大量采集重复内容是优化程度低的商业网站采用的一种行为，大量重复内容会降低搜索引擎蜘蛛的抓取收录率，也会降低用户体验。目前大量采集垃圾信息，对搜索引擎非常不友好，属于垃圾站，一般会遭受处罚。关键词重复和垃圾内容重复的作弊行为的操作方式如下：

（1）关键词堆积

关键词堆积即在优化关键词的时候，堆积大量关键词，让搜索引擎以为网页具有较高的相关性，而实际上网页的相关性很差。关键词堆积技术是利用一长串重复性的关键词来蒙混搜索引擎。这类办法很少奏效，而且，也不太可能在或长或短的时间内将一个网站的排名有效地提高。关键词的选取要注意与网站的相关性，不要把一些跟网站没有关系或者关系不大的词放在网站上，这会造成网站关键词多而杂，让用户不知道该网站到底是做什么的，导致网页跳出率居高不下，转换率极低。

（2）隐藏文字

隐藏的文字能够被搜索引擎蜘蛛抓取收录，但是用户无法看到，这些文字就是为了让搜索引擎看到的，通常隐藏文字中包含大量的关键词，而隐藏文字的目的就是提高关键词的密度和文字相关性。隐藏文字可以通过背景颜色、文字大小、文字位置实现文字隐藏。比如，把文字的颜色设成与背景色相同的颜色，背景色是白色，文字是白色，这样就不能够在文章或者图片中看到这些与背景色相同的文字；把文字设置成特别小，设成一个像素，这样也是无法看到的；用css文件把文字放在用户看不到的位置，比如放在屏幕显示的右边或者左边无法显示的地方。这些隐藏的文字都可以通过查看源代码看到，也可以使用快捷键Ctrl+A全选页面文字看到，搜索引擎很难发现这些内容，但是经常访问网站的用户或者竞争对手会非常关注，他们会举报这种作弊行为，而搜索引擎会使用人工审查的方式审查网站作弊行为，而一旦发现这种行为，就会受到搜索引擎的惩罚。

（3）隐藏链接

隐藏链接与隐藏文字的目的和方法类似，隐藏链接的目的也是让搜索引擎能够搜索到，但是用户却无法看到。隐藏链接可能是网站人员在自己的网站上添加，甚至是黑入别人的网站上添加。一般来说，隐藏链接的责任认定存在争议，因为责任可能是隐藏链接双方,也可能是其中一方,也可能是第三方栽赃嫁祸。

（4）隐藏页面

隐藏页面也叫障眼法或者斗篷法,和隐藏文字、隐藏链接不同,隐藏页面是指搜索引擎和用户看到的并不是同一个页面,搜索引擎看到的是一个高度优化过、可读性非常低的页面,而用户看到的是一个关键词频率较为正常,段落比较自然的页面。鉴别页面是否做了隐藏页面的方法很简单,观察一下该页面的百度快照和点击打开网站的差别,差别很大的话,网页就很可能做了隐藏页面。

5.3.2 链接作弊

在网站SEO优化中,链接的优化建设非常重要,许多网站人员不惜任何代价、想尽办法为网站增加链接来提高网站排名。于是,链接作弊的行为就随之衍生,但是随着搜索引擎算法越来越智能化,对于作弊的链接,搜索引擎如今能比较容易识别,并会给予相关受益站点一定的惩罚。这里对网站的链接作弊做一些介绍:

（1）购买链接

外链是关系到排名的一个重要指标,获得高质量的外链需要耗费SEO人员很多的精力和时间,于是,用钱购买链接就是一个简单直接的方法。搜索引擎出现前期,对购买链接的管理力度并不大,但是随着搜索引擎的不断发展,购买链接已经成为搜索引擎打击的行为。现在,可以通过人工审查的方式发现购买链接的行为,搜索引擎也可以通过一些算法来发现这种作弊行为。搜索引擎算法通过计算主题内容相关性、链接数量突然变化、链接位置、知名链接交易服务、已知买卖链接网站等来计算网站是否购买了链接。

（2）链接工厂

链接工厂也称链接农场,是指整个网站或者网站的一个模块,不设置任何实质内容,完全为了交换链接而存在。链接工厂是一个大量且互相紧密连接的网页集合,期望能够利用搜索引擎链接算法的机制,通过大量相互的链接来提高网页排名。链接工厂内的页面链接密度极高,任意两个页面都可能存在互相指向的链接,通过链接之间相互传递权重达到提升关键词排名的效果。搜索引擎会通过对网站和链接网站进行降权和降低重要性的方式来惩罚这种行为。

5.4 网站被惩罚后的补救措施

网站被惩罚后第一件事是找出被惩罚的原因,针对原因进行整改才会取得良好的效果。当网站出现问题时,网站人员首先应自我反省检查,是否触犯了搜索引擎相关规则。一般来说这种惩罚大多是与链接有关的,网站人员需要对站内链接和外链进行处理，删掉一些低质量的外链，或者直接禁止外链工具，迅速恢复网站的权重。

如果网站被惩罚了，而百度站长平台并没有给出被惩罚的原因，那就需要网站人员对自己网站进行检测，找出被惩罚的原因，这种情况需要一项一项地检测。

（1）检测robots.txt文件

搜索引擎访问网站会首先访问robots.txt文件，网站管理人员可能因为不经意间的错误操作，导致搜索引擎不能正常抓取网站内容，因而网站被惩罚。检测robots.txt文件需要人工检测代码，也可以使用百度站长工具检测代码。

（2）检查网站的链接

站内的死链、坏链和站外的黑链都有可能是影响网站被惩罚的原因，利用站长工具，对整个网站链接进行检查。对于影响蜘蛛爬行的死链、坏链以及影响网站权重的黑链一定要删除，保证对蜘蛛的友好度，使蜘蛛爬行顺畅，保证网站的权重不被黑链影响。

（3）检查网站的内容

网站的伪原创过多，转载、直接抄袭内容过多，以及自己网站域名下的不同网页上重复自己的内容，都会被搜索引擎认为是重复，被惩罚概率增加。

（4）检查网站的代码

检查网站的代码，主要是检查网站的301重定向和meta代码。除了301重定向，其他的meta更新和JS转向都会被怀疑成作弊行为，即使本意不在此，也可能受到搜索引擎的惩罚。对于这样的代码，最好尽快删除。另外还需检查meta代码部分是否有"noindex:"等代码，这些可能是网站人员的操作疏忽造成的，发现问题以后需要尽快改正。

（5）等待算法调整

当网站数据异常不能判断是否是因为破坏规则时，可以考虑是否是算法本身所做的调整引起的。若算法导致网站被误判，需要耐心观察和等待一段时间，看行业反馈情况，或可以自行反馈。等搜索引擎发现并调整自身算法的问题后，网站自然就恢复正常。但如果搜索引擎长时间没有改变算法，就需要网站人员对网站进行全面的检测，核实具体问题以便及时调整。

除了及时检测发现问题、解决问题、对网站进行整改外，对于一些被搜索引擎严重惩罚的网站，恢复的可能性很小。比如，有些是因为不知道是什么原因受到如此严重的惩罚，或者知道原因却也无法弥补或者恢复，或者恢复网站需要付出的代价过大，网站人员就要考虑放弃该网站，生成一个新的网站。

第6章
移动端SEO优化

6.1 为什么要进行移动端优化

移动互联网井喷式发展，使得用户访问移动资源的需求越来越强，目前用户通过移动端浏览信息的时间已经超过了PC端。建立移动站，进行移动端优化，获取更多移动访问流量是网站发展的必然趋势。

移动端的优势：

（1）移动端用户数量较大

有电脑的人几乎都有智能手机，但有智能手机的人却不一定会有电脑，人们通过手机上网会更加便捷。如图6-1所示，截至2016年12月，我国网民手机上网运用率为95.1%，较2015年年末提高5个百分点，且呈现稳步上升趋势。

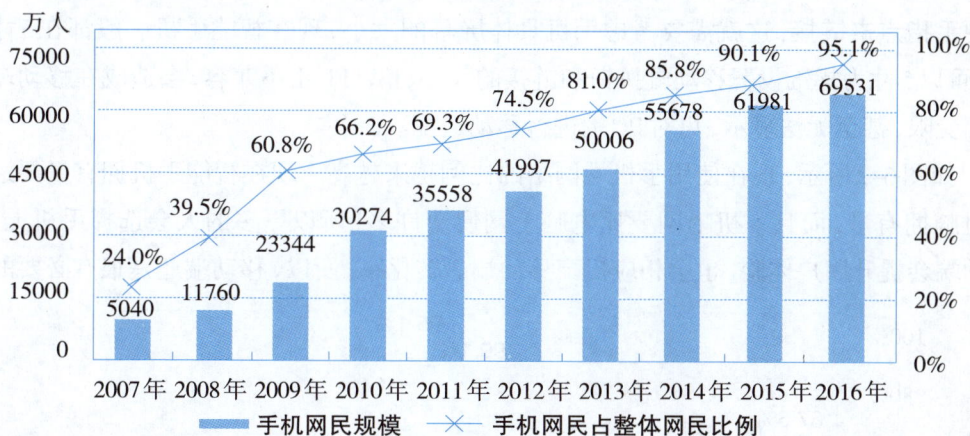

图 6-1　中国手机网民规模及其占网民比例

由于移动端和PC端的屏幕尺寸、浏览方式、点击方式不同，为了提高用户体验，移动端优化还是很有必要的。

（2）移动端是互联网的发展趋势

从相关数据来看，移动端的流量要比PC端高出20个百分点，占所有数字媒体流量的一半以上，另外做过移动端优化（移动适配）的网站会更加受到搜索引擎的青睐，在移动端会优先展示其移动端网站。

（3）高转化率

移动端的转化率高于PC端，但是需要注意的是移动端小额购买比较多，对于大宗产品的购买，需要更加深入了解产品，这方面PC端的转化率还是高于移动端。

（4）移动端存在更多商机

PC端经过多年的发展，各个方面已经做得很完备，而移动端兴起的时间不是很长，甚至一些规则都没有制定完备，这使得移动端存在更多的商业机会，而且移动端的广告费用低于PC端，但是展现量却高于PC端，也就是说可以花更少的钱，获得更大规模的商业推广。

6.2 移动端与 PC 端优劣分析

一般来说，PC端排名靠前的网站，移动端的排名也相对靠前，但是移动端的权重在前期会比PC端的权重要低一些。做过移动适配的网站会在移动端优先被搜索引擎蜘蛛抓取，并被显示出来，其在移动端的排名也会相对靠前。

移动端有一些局限性：移动端屏幕小于PC端，展现的内容比较有限，不能如PC端一样完整显示内容，甚至连PC端的一些标题都要做一些缩减才能匹配到移动端；移动端的网页打开速度要求较高，并且移动端在不用WIFI的情况下是按照流量计费，所以要减少在移动端使用图片和视频，显示要以文字为主；移动端要考虑按钮大小和链接间隔，方便手指点击链接，这就需要考虑手机具体屏幕的大小，现在智能手机一般都在5寸左右，可以5寸为标准设置移动端按钮和链接的大小；JS、Flash不兼容，会造成在移动端的访问受限，甚至无法显示，可对PC端进行移动适配。

如图6-2所示，现在使用手机端网络的比例越来越高。现在智能手机拥有量要远多于电脑拥有量，而且手机上网要比电脑上网便捷许多，所以更多的人会选择手机上网。移动端会提升用户体验，也会相应提高移动端的转化率，所以，移动端还是很有必要的。

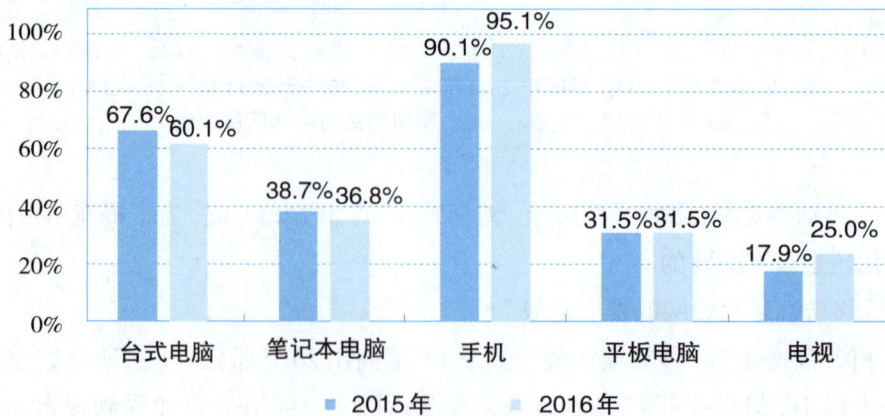

图 6-2 互联网络接入设备使用情况

下面从使用习惯、用户需求、竞争度三个方面具体分析移动端与PC端的优劣。

（1）使用习惯

上网时间、年龄层次、地域、性别结构、职业结构、学历结构、收入水平都属于使用习惯。

● 上网时间：如图6-3所示，2016年中国网民平均每周上网时长为26.4小时，和2015年基本持平，这其中包含了使用手机的上网时间，而且手机上网时间大于使用台式电脑和笔记本电脑的上网时间。

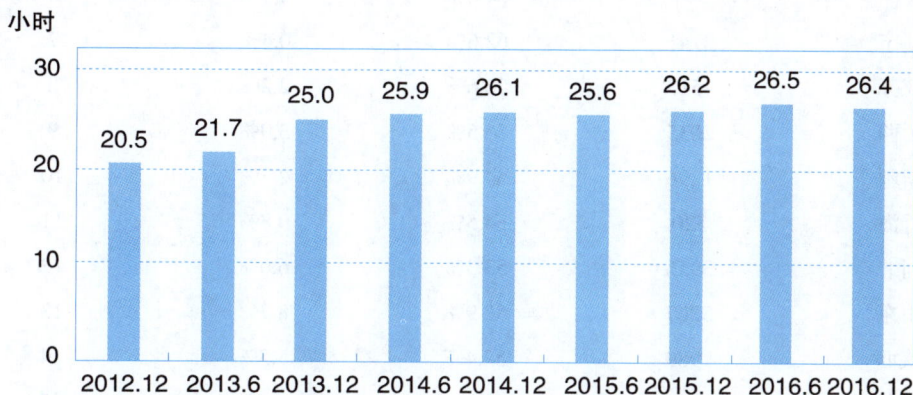

图 6-3　网民平均每周上网时长

● 年龄层次：我国网民以10~39岁群体为主，2016年这一群体占整体网民的73.7%（图6-4），其中20~29岁年龄段的网民占比最高。

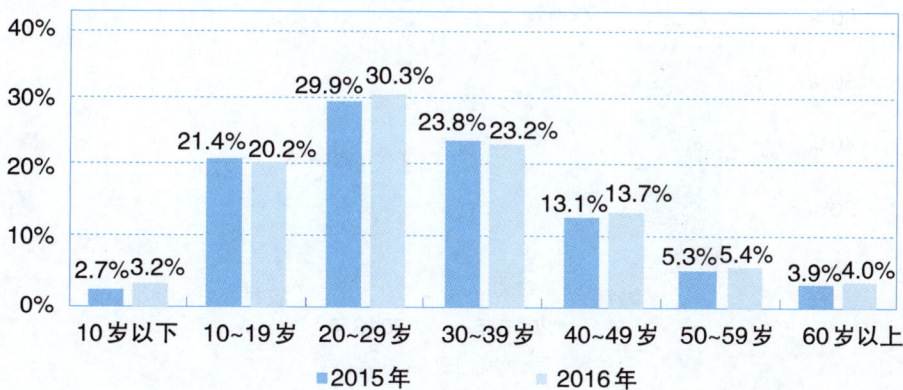

图 6-4　中国网民年龄结构

● 地域：指省份分布和城乡分布情况。

截至2016年12月，中国大陆31个省、自治区、直辖市中网民数超过千万规模的达到了26个，但是各地经济发展水平、互联网基础设施建设方面存在差异，各省、市、自治区的互联网普及率参差不齐，如表6-1所示，数字鸿沟依然存在。可以预见在这些互联网基础设施建设薄弱的地区，手机以其廉价的上网费用受到了更多人的欢迎。

表 6-1　2016 年中国网民省份分布情况

省份	网民数（万人）	互联网普及率	网民规模增速	普及率排名
北京	1690	77.8%	2.6%	1
上海	1791	74.1%	1.0%	2
广东	8024	74.0%	3.3%	3
福建	2678	69.7%	1.1%	4
浙江	3632	65.6%	1.0%	5
天津	999	64.6%	4.5%	6
辽宁	2741	62.6%	0.4%	7
江苏	4513	56.6%	2.2%	8
山西	2035	55.5%	3.0%	9
新疆	1296	54.9%	2.7%	10
青海	320	54.5%	0.8%	11
河北	3956	53.3%	6.0%	12
山东	5207	52.9%	8.7%	13
陕西	1989	52.4%	5.5%	14
内蒙古	1311	52.2%	4.1%	15

如图 6-5 所示，截至 2016 年 12 月，无论是上网人数还是增幅，城镇网民都明显高于农村网民。在农村等经济不发达的地方，电脑设备不多，一般人们都是通过移动端来上网。

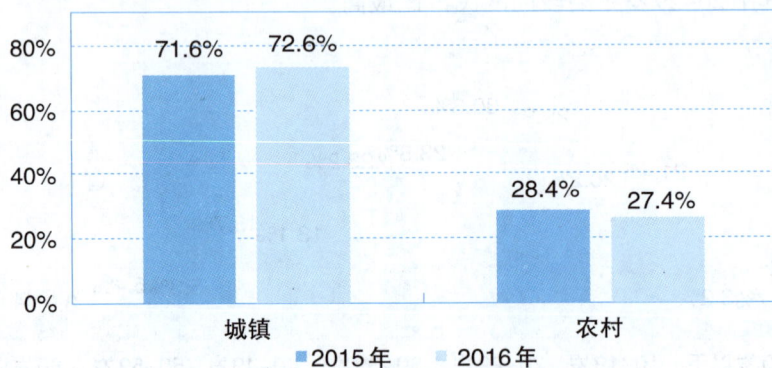

图 6-5　中国网民城乡结构

- 性别结构：据 CNNIC 统计，截至 2016 年 6 月，中国网民男女比例呈现基本平衡的状态（图 6-6）。

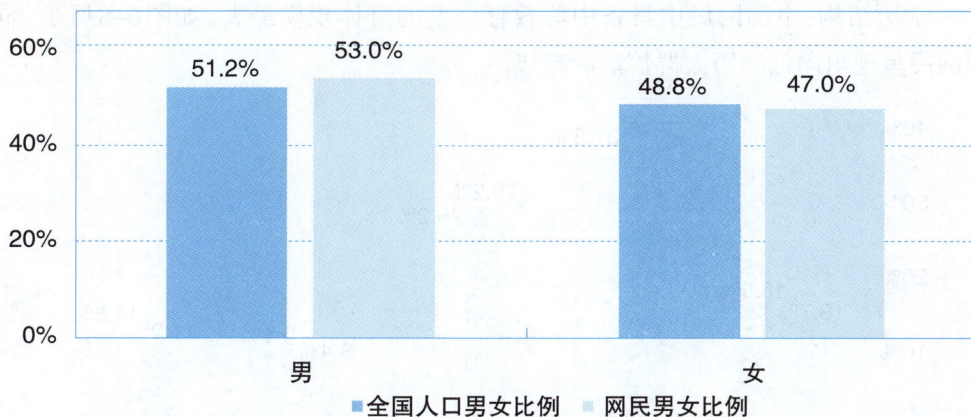

图 6-6　中国网民性别结构

● 职业结构：网民中学生群体占比最高，其次是个体户/自由职业者和企业/公司一般职员，这三类人群占比相对稳定，如图6-7所示。

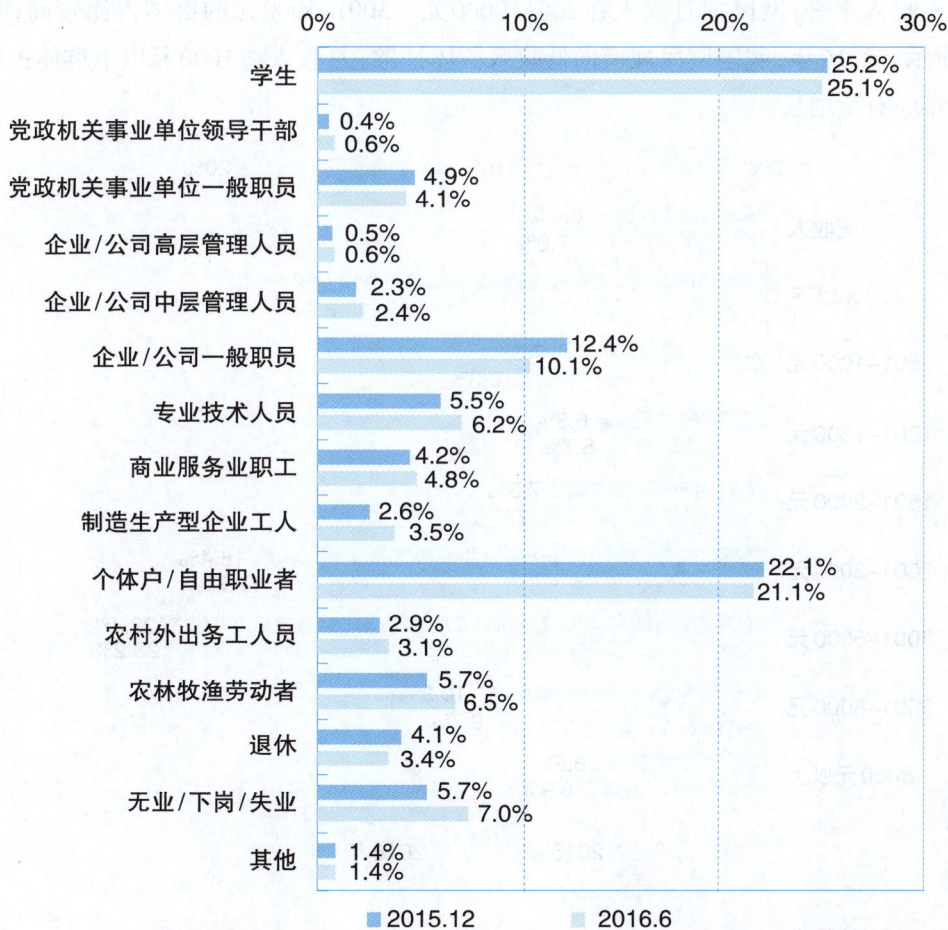

图 6-7　中国网民职业结构

● 学历结构：中国网民中具备中等教育程度的群体规模最大，如图6-8所示，同时中国网民呈现出向低学历人群扩散的趋势。

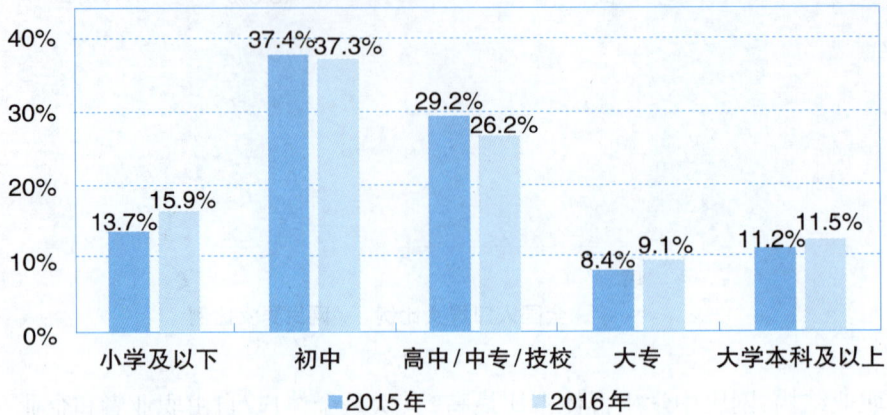

图 6-8　中国网民学历结构

● 收入水平：网民中月收入在2001~3000元、3001~5000元的群体占比较高，如图6-9所示。2016年，我国网民规模向低收入群体扩散，月收入在1000元以下群体占比较2015年底有所增长。

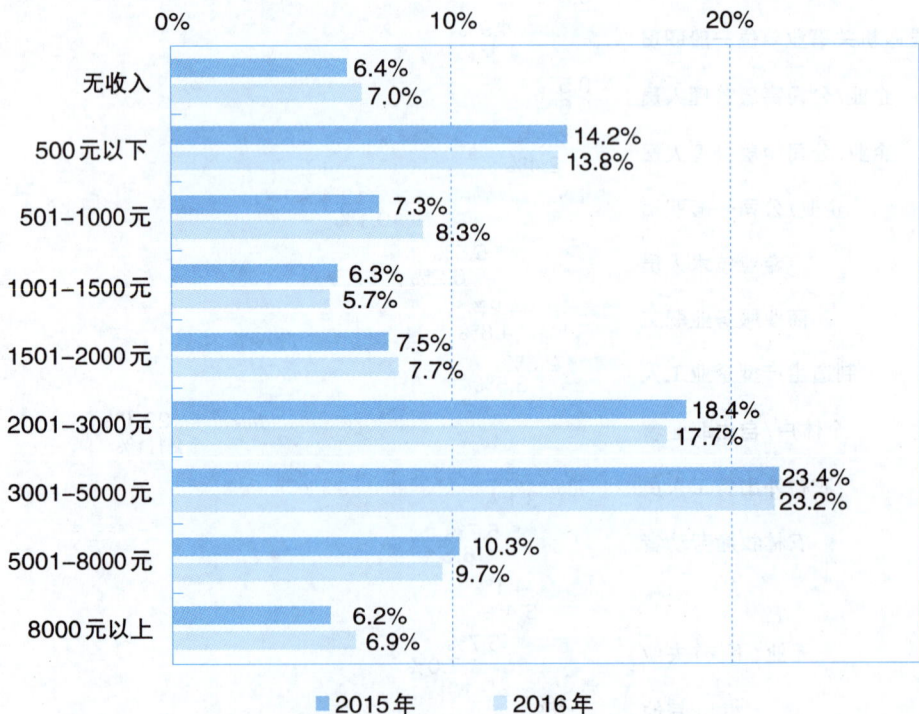

图 6-9　中国网民个人月收入结构

（2）用户需求

如图6-10所示，我国搜索引擎用户在2016年达到了6.02亿，使用率为82.4%，用户较2015年底增长3615万,增长率为6.4%;移动端的搜索用户达到5.75亿,使用率为82.7%,用户规模较2015年底增长9727万,增长率为20.4%。

搜索引擎是基础的互联网应用,使用率仅次于即时通信;手机搜索在手机互联网应用中位列第三,使用率低于手机即时通讯和手机网络新闻。

搜索引擎市场快速增长的态势至今没有停滞现象。其中移动搜索用户数量增速仍然快于PC端,来自移动端的搜索流量也全面超过了PC端,如2015年第三季度,百度有超过2/3的搜索流量来自于移动端,并且移动端的转化率也越来越高。

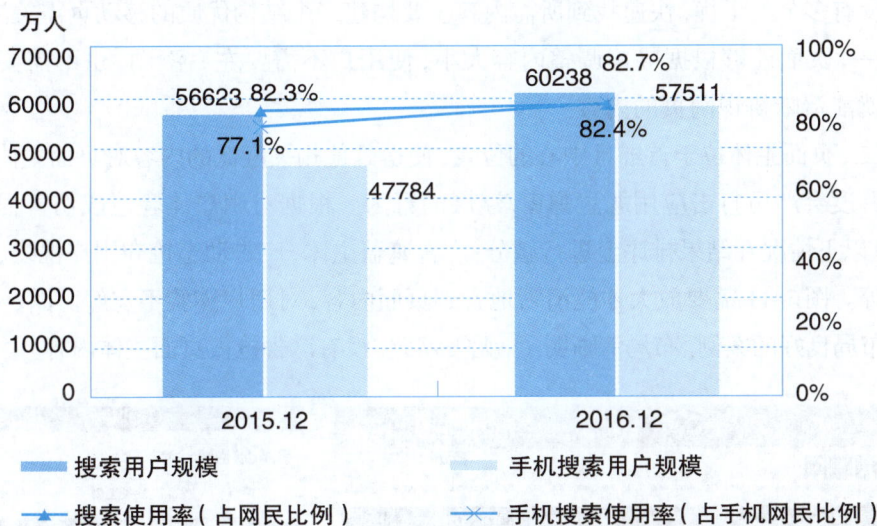

图 6-10 2015—2016 年搜索／手机搜索用户规模及使用率

（3）竞争度

在竞争度方面,无论是行业网站数、移动网站数还是网站的优化程度,移动端都要低于PC端。现在移动端竞争并没有那么激烈,目前正处于未完全开发的状态,因此更容易得到机会。

6.3 移动端页面设计

移动端页面设计和PC端页面设计有很多不同之处,在移动端页面设计中要注意以下几点:

（1）页面可读性

不可访问的页面会被直接归入垃圾页面。页面可读是衡量移动友好度的基础。这里的页面可读主要指用户可读。页面可读性包含如下维度:页面加载速度体验、页面结构、页面浏览体验。

- 页面加载速度体验

移动互联网上，网页的加载速度对用户体验有较大影响。百度用户体验部研究表明，用户期望且能够接受的页面加载时间在3秒以内。若页面的加载时间超过5秒，78%的用户会失去耐心而选择离开。另外，页面加载速度是百度搜索中一个重要的排序因素。

- 页面结构

一个结构优质的页面，要让用户第一眼看到页面的主要内容，使其在获取页面主体信息时没有多余的干扰，快速找到所需内容。要构建一个结构优质的移动页需关注两点：

其一，页面能够根据屏幕调整内容大小，使用户不需要左右滚动，也不需要进行缩放操作就能清晰辨识网页的内容。

其二，页面主体位于首屏且中心的位置，使得其他相关度低的内容对页面主体无干扰作用。百度会严厉打击应用恶意弹窗/浮层的行为。根据对用户体验造成伤害程度的大小，会对以下情况在结果排序上进行减分：广告遮盖主体、广告动态抢夺用户视线、广告穿插主体等。图6-11需要放大才能清晰地看到页面内容，对用户体验不友好。图6-12为页面结构布局良好的案例，布局清晰明了，无需缩放，没有广告抢占页面主体内容。

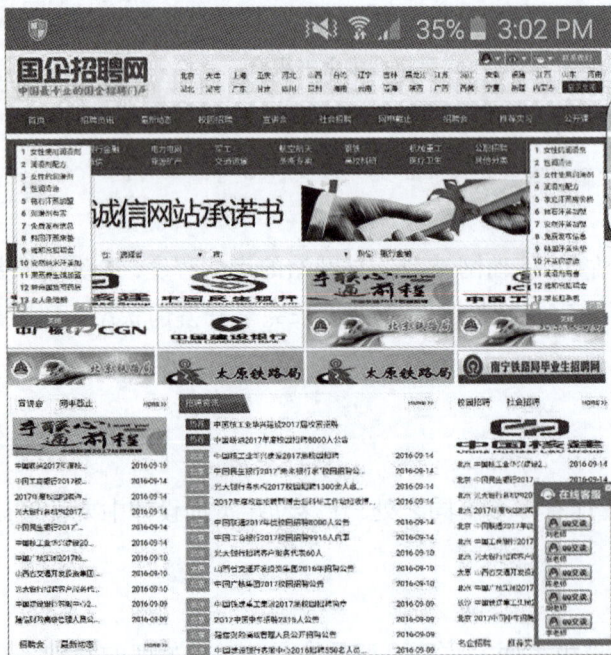

图 6-11　页面结构差（需缩放）　　　　图 6-12　页面结构好

- 页面浏览体验

页面结构优质，能给用户更好的浏览体验。页面主体中的文本内容和背景色应有明显的区分度;页面主体中的文本内容应段落分明,排版精良。

百度用户体验部对移动页浏览体验的研究成果如下:

第一,主体内容含文本段落时,正文字号推荐14px,行间距推荐(0.42~0.6)×字号,正文字号不小于10px,行间距不小于0.2×字号。

第二,主体内容含多图时,除图片质量外,应设置图片宽度一致且位置统一。

第三,主体内容含多个文字链时,文字链字号推荐14px或16px。字号为14px时,纵向间距推荐13px;字号为16px时,纵向间距推荐14px;文字链整体可点区域不小于40px。

第四,主体内容中的其他可点区域,宽度和高度应大于40px。

第五,需注意交互一致性,同一页面不应使用相同手势完成不同功能。

图6-13整体页面内容紧凑,而且字号较小,用手机看起来比较费劲,影响用户体验。而相对应的图6-14整体页面布局清晰,行间距适中,字号适中,看起来较舒服。

图6-13　页面浏览体验差(字号行间距过小)

图6-14　页面浏览体验好(字号行间距适中)

有一些页面,不仅行间距紧凑,其链接之间也非常紧凑。当用户对某条链接感兴趣需要点击时,往往因行间距过小而误点其他链接,影响用户使用体验,如图6-15所示。而相应的图6-16布局中链接与文章隔开,间距适中。

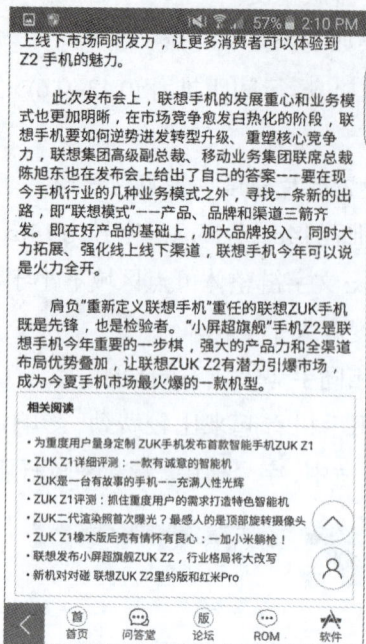

图 6-15　页面浏览体验差（链接及行间距过小）

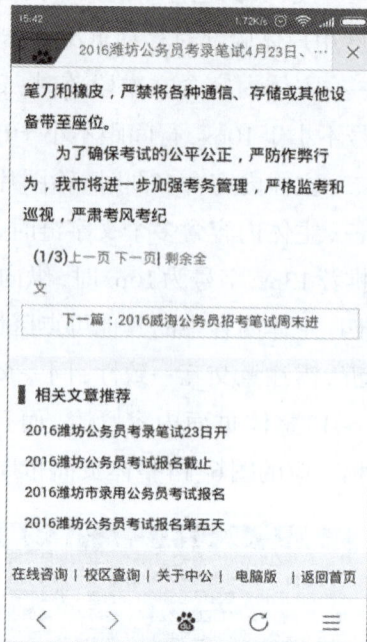

图 6-16　页面浏览体验好（链接及行间距适中）

（2）资源易用性

按照页面主体内容载体的不同，资源易用性的标准会有较大的不同：

● 首页或索引页：页面提供的导航链接应清晰可点，页面推荐的内容应清晰有效。

● 文本页面：页面提供的内容应清晰完整，有精良的排版。文本页面包括文章页、问答页、论坛页等。

● Flash：Flash 是移动设备上不友好的资源形式，应避免使用。

● 音/视频页：音/视频应能够直接播放，且资源清晰优质。百度严厉打击欺诈性下载播放器的行为。

● APP下载：APP应提供直接下载，且下载的为最佳版本；百度严厉打击欺诈性下载手机助手和应用市场的行为。

● 文档页：应提供可直接阅读的文档，且文档阅读体验好；请注意，将文档资源转化为图片资源的方式，不仅影响用户体验，对搜索引擎也不友好，应避免。

（3）功能易用性

按照页面主体功能的不同，功能易用性的考量区别如下：

● 商品页：页面应提供完整的商品信息和有效的购买路径。

● 搜索结果页：页面罗列出的搜索结果应与搜索词密切相关。

● 表单页：页面应提供完整有效的功能。表单页主要指注册页、登录页、信息提交页等。

（4）体验增益性

这个维度属于增益项，只有当页面在可读性和资源及功能易用性上表现较好时，百度排序才会考虑体验增益性，并给予额外的优待：

- 提供访问路径上的增益，页面提供有效的导航，能够去往上一级或下一级页面；

- 生活服务类网站，提供效率上的增益，例如电话可拨打、地址可定位等，如图6-17所示；

- 查询类网站，提供输入方式上的增益，例如支持语音输入、图像输入、扫码功能等；

图6-17　交互效率增益（电话可拨打）

- 阅读体验，提供体验增益，例如夜间模式等。

6.4 移动适配方式解析

移动适配能够提升用户在移动搜索中的检索体验，使得与PC页面对应的手机页面在搜索结果处有更多的展现机会，站点提交主体内容相同的PC页面与移动页面的对应关系，就是移动适配。移动搜索提供"移动适配"服务，如果同时拥有PC站和手机站，且二者能够在内容上对应，即主体内容完全相同，便可以通过移动适配工具进行对应关系提交。移动适配有三种方式：跳转适配、代码适配和自适应。下列以百度为例，分别介绍三种移动适配方式。

（1）跳转适配

跳转适配会利用单独的网址向每种设备提供不同的代码。这种配置会尝试检测用户所使用的设备，然后使用HTTP重定向和Vary HTTP标头重定向到相应的页面。目前让百度发现跳转适配关系的方式主要有三种：百度站长平台工具提交、meta标注和自主适配。

- 百度站长平台工具提交

登录百度站长平台进入"移动专区"选择"移动适配"即可找到提交入口，目前平台支持"URL对应关系"和"pattern对应关系"两种形式，管理员可以通过制作xml文件向百度提供PC与移动页的对应关系。大家普遍认为"URL对应关系"的提交方式更为直观，很多站点在提交时都采用了这种方式，但其实"pattern对应关系"更方便，只要几句话即可把整个站点对应关系描述清楚，最关键的是，方便工程师后续跟进处理，快速发现、解决问题，因此使用pattern方式进行提交更便捷。百度站长平台工具提交是最值得信赖的跳转适配方式，操作难度也相对适中。需要注意的是这种操作的周期为18天。

- meta标注

meta标注是百度推出的一套规范，站点可以在PC页面中做简单标注，百度识别后会实现适配效果。网站管理人员在站点PC页的源代码头部嵌入一行或多行meta信息，由meta信息来指明该PC页对应的手机页的URL，以及该URL对应页面的格式，百度将根据用户终端类型选择最适合展示的页面。这种操作较为简单，但这种操作周期一般要超过18天，它需要从百度蜘蛛爬行后才能够计时。

- 自主适配

终端适配服务是百度基于自身终端适配能力开放给第三方站点的服务，可应用于各类站点及移动产品。站点可依靠服务完成自主适配，移动应用也可使用服务来完成APP下载时的终端版本检测等。使用百度终端适配服务站点，可以较低的开发及维护成本实现自主适配。手机站可获得从PC页适配到手机页的流量，使更多用户接触到手机站，增加站点在移动领域的认知度。同时站点可根据服务提供的用户终端信息及版式建议，更好地为用户呈现适合手机阅读的页面，提升手机站浏览体验。自主适配的好处是在互联网任何一个地方都可以生效，即使抛开移动搜索，用户在移动浏览器输入PC网址时，也能看到适合在移动端浏览的移动页。

（2）代码适配

代码适配使用相同的网址（不考虑用户所使用的设备），但会根据服务器对用户所用浏览器的了解，针对不同设备类型生成不同版本的HTML。不同浏览器的品牌、版本、内核及操作系统环境等均不同，浏览器通常用一串字符串来标识自身信息，这串字符串就是用户代理字符串（User Agent，以下简称UA）。

为了使百度能够知道当页面发生变化时，需要用其他的UA重新抓取一遍，需添加Vary HTTP标头。Vary HTTP标头具有以下两个非常重要且实用的作用：

- 向ISP和其他位置使用的缓存服务器表明：在决定是否通过缓存来提供网页时应考虑用户代理。如果没有使用Vary HTTP标头，缓存可能会错误地向移动设备用户提供PC版HTML网页的缓存。

- 有助于百度蜘蛛更快速地发现针对移动设备进行优化的内容，这是因为在抓取针对移动内容进行过优化的网址时，会将有效的Vary HTTP标头作为抓取信号之一，一般也会提高用其他UA抓取此网页的优先级。

代码示例，如下：

```
GET/page-1 HTTP/1.1
Host:www.example.com

(...rest of HTTP request headers...)
```

```
HTTP/1.1 200 OK
Content–Type:text/html
Vary: User–Agent
Content–Length:5710
(...rest of HTTP response headers...)
```

并且在PC端的响应的head中添加：

```
<meta name="applicable–device" content="pc">
```

在移动端的响应中添加：

```
<meta name="applicable–device" content="mobile">
```

（3）自适应

自适应是指通过同一网址提供相同 HTML 代码的网站设计方法。该方法不考虑用户所使用的设备（PC、平板电脑、移动设备等），但可以根据屏幕尺寸以不同方式呈现（即适应）显示屏。

自适应设计应在head添加以下代码：

```
<meta name="viewpor" content="width=device–width, initial–scale=1.0">
```

另外，为了使页面同时适合在移动设备和PC上进行浏览，自适应页面还应该在head中标识：

```
<meta name="applicable–device"content="pc,mobile">
```

百度平台仅站在搜索引擎角度对跳转适配、代码适配、自适应这三种配置方式做了一些对比和分析，如表6-2，希望能够帮助站点选择更适合自己、性价比最优的方式来进行移动化。

表 6-2　三种配置方式的对比分析

	跳转适配	代码适配	自适应
复杂程度	简单到中等 开发独立网站的速度可以非常快 小型企业可选用多种自动方案，以近乎实时的速度生成移动网站	中到高 取决于网站的复杂程度和需创建的代码库数量 代码适配所需的开发时间可能较长，且要求服务器端编程	中等 需要使用能随屏幕尺寸而变的流体网格从头开始创建 如果网站需求较简单，有许多开源模板可供选择 如要构建包含额外编程的复杂的自适应网站，所需的时间会比较长

	跳转适配	代码适配	自适应
性能	中等 图片和其他网站内容可轻松针对小屏幕优化，但网站重定向经常会导致延迟问题	较高 可以简化为只包含相应设备优化的内容，以实现最佳性能	较高 无任何重定向，但需要有周全的计划才能实现最优的效果。数据量膨胀是最常见的错误
维护需求	中到高 更新主网站后，还必须单独在移动网站上进行更新	如果人工维护，将需要大量的资源。许多网站使用内容管理系统来避免这一问题，并自动在所有模板上发布内容	较低 创建后，更新内容会流向所有设备，维护工作量极低
设备	可专门针对移动用户优化网站	单独的文件和服务器端代码（在向用户传递网页前在服务器上运行）可以提供依设备而定的体验	所有设备上的用户体验保持一致（一些设备专属的选项可通过服务器端程序添加）
是否支持扩展至新平台	不支持 这是智能手机专用的独立移动网站。新平台无法轻松集成到现有架构中	支持 可轻松针对具体的设备（例如智能电视）创建模板，并通过同一个网址投放	支持 使用指定的断点和流体网格，可轻松扩展到新平台和新设备

判断移动适配是否已经生效，可以在站长平台——移动适配工具里，选择主域进行查看，如图6-18中移动量、总量两条线趋近于重合，即适配效果好。

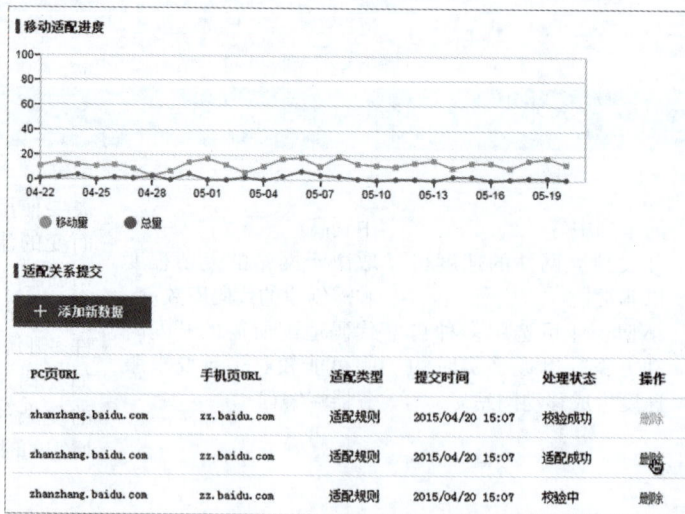

图6-18　移动适配状态

6.5 移动端 SEO 优化方向

通过对移动端SEO的实战分析可对以下方面进行移动端SEO优化：

（1）网站域名

域名是用户对一个网站的第一印象。一个好的移动域名，不仅容易记忆、易于输入，还能方便用户向其他人推荐。

域名应尽量简短易懂，越短的域名记忆成本越低，越容易理解的域名越能让用户更直观了解网站主旨。移动端域名建议多采用m.a.com、3g.a.com、wap.a.com等，避免使用过于复杂或技术性的形式，例如adcbxxx.a.com、html5.a.com等。

（2）网站结构

理想的网站结构是树形扁平结构，从首页到内容页的层级尽量少，这样更有利于搜索引擎进行处理。同时，网站内的链接也应该采用网状结构，网站上每个网页都要有指向上、下级网页以及相关内容的链接，即首页有到频道页的链接，频道页有到首页和普通内容页的链接，普通内容页有到上级频道以及首页的链接，内容相关的网页间互相有链接，避免出现链接孤岛。网站中每一个网页，都应该是网站结构的一部分，都应该能通过其他网页链接到达，这样才能使百度蜘蛛尽可能地遍历网站内容。同时，重要内容应该距离首页更近，有利于价值传递。

（3）URL

具有良好描述性、规范、简单的URL，有利于用户更方便地记忆和直观判断网页内容，也有利于搜索引擎更有效地抓取和理解网页。网站设计之初，就应该有合理的URL规划。

- 对于移动端首页一般采用m.a.com、3g.a.com、wap.a.com等URL；
- 频道页采用m.a.com/n1/、m.a.com/n2/（其对应于PC站点的频道n1.a.com、n2.a.com）等URL，当然，n1、n2直接可读更佳；
- 详情页的URL尽量短，减少无效参数，例如统计参数等，保证同一页面只有一套URL地址，同一页面中其他形式的URL添加301跳转到唯一的URL上；
- robots封禁百度蜘蛛抓取不想展示给用户的URL形式以及不愿被百度抓取的私密数据。

（4）用户体验

移动互联网上，网站的打开速度对用户体验的影响非常大。实验表明一个页面的打开时间过长，绝大部分用户选择关闭。因此，加载速度也是百度移动搜索中一个重要的因素，需要在这方面引起重视。

（5）内容质量

网站的服务对象是用户，搜索引擎只是网站普通用户中的一员，在建设网站内容时要严格从用户的利益出发，不要只针对搜索引擎制造内容，一切从用户角度出发提供用户需要的原创内容，整合系列服务非常重要，每天保持一定数量的原创内容更新，同时可以对优质内容、系列服务进行整合形成专题。但是，鉴于技术的现状，仍然要注意如下几点：

- 不要在希望搜索引擎可读的地方使用ajax技术；
- 不将主要内容创建在iframe框架中；
- 搜索引擎目前无法理解复杂图片，如移动端很多内容需要使用图片，可使用ALT标签进行标记。

（6）善用标签

善用HTML内的标签，如title、meta-description，内容要准确、清晰。title设置建议包含网站内容、主站和频道信息，如：德国24年后再捧大力神杯-体育频道-新浪网；meta-description需要准确描述网页或频道内容，利于搜索引擎展现更相关和更具可读性的摘要。

（7）移动适配

网站最好能适配高端机型和低端机型，保证在不同机器上能有适合的展现形态。如网站(www.ujiuye.com)，适配到高端机的网址为m.ujiuye.com，适配到低端机的网址为wap.ujiuye.com。从发展趋势来看，建议用HTML5和XHTML来建站，根据不同平台进行自动适配。

（8）开放抓取

对正常的网页放开robots.txt限制，允许搜索引擎抓取。放开对百度蜘蛛的robots封禁和屏蔽，以便百度蜘蛛获取PC站与手机站之间的对应关系。

第7章
SEO 职业发展规划

7.1 SEO 前景分析

关于 SEO 的前景，SEO 领域充斥着不同声音，甚至有人认为 SEO 就是通过作弊手段来提高关键词排名，这甚至使得很多业内的 SEO 人员对自己的工作产生不信任，更有一些人认为 SEO 会被淘汰或者最终消失。这是一种悲观的看法，客观来讲，SEO 是任何一个行业不可或缺的手段，特别是面对百度搜索广告位展现的转变，SEO 将成为越来越抢手的职业。

SEO 的最终目标是用户，用户需求的客观变化和搜索引擎的客观进化，必定需要 SEO 对网站做优化，以适应用户和搜索引擎的需求。只要有搜索引擎存在，就会有 SEO 的生存空间。面对互联网高速发展的今天，越来越多的企业进入互联网，企业要想通过互联网赚钱，最大的难题便是如何获取更多用户入口，而搜索便是最直接有效的方法之一。同时，SEO 手段也是搜索渠道中性价比最高的，这也促使各公司越来越重视 SEO。

图 7-1 是 SEO 人员在各地招聘需求量和招聘薪酬排名，可见，目前市场上 SEO 需求量非常大，SEO 人员的薪酬也比较可观。

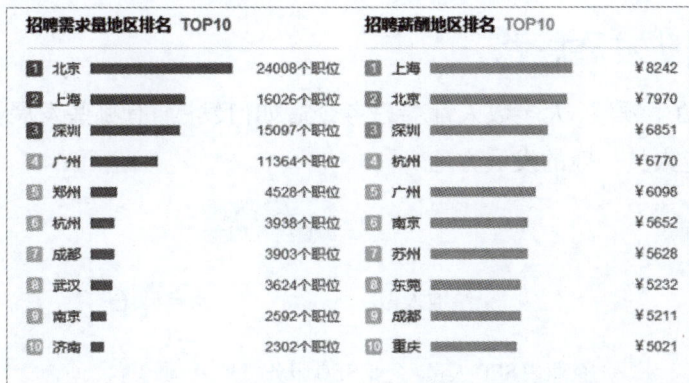

招聘需求量地区排名 TOP10		招聘薪酬地区排名 TOP10	
1 北京	24008个职位	1 上海	¥8242
2 上海	16026个职位	2 北京	¥7970
3 深圳	15097个职位	3 深圳	¥6851
4 广州	11364个职位	4 杭州	¥6770
5 郑州	4528个职位	5 广州	¥6098
6 杭州	3938个职位	6 南京	¥5652
7 成都	3903个职位	7 苏州	¥5628
8 武汉	3624个职位	8 东莞	¥5232
9 南京	2592个职位	9 成都	¥5211
10 济南	2302个职位	10 重庆	¥5021

图 7-1　SEO 各地招聘需求排名和薪酬排名

在 SEO 道路上，要想走得远且走得好，需要树立正确的意识。

首先，通常意义上的 SEO 并非属于作弊行为，它是通过合理的手段使得网站能够被搜索引擎和用户喜欢，把用户需求放在第一位。目前主流搜索引擎也逐步在引导从业者使用正规手法操作网站，为SEO从业者做了相关的政策引导，以促使网站更有利于搜索引擎优化。当然通过作弊的方式实现搜索目的的现象也是存在的，它通过利用搜索引擎算法漏洞、破坏搜索引擎规则的手段达到相应目的，可能给网站带来短期的利益，一旦被搜索引擎发现将面临不同程度的惩罚，对网站的长远发展是不利的。

其次，SEO可能向人工智能优化方向发展。如AlphaGo 4：1完胜李世石。在赛前，许多人预测AlphaGo赢不了，人工智能要在围棋上战胜人类还比较困难。但比赛结果是人工智能赢了人类。另外，人工智能为什么现在发生在谷歌上，而不是在以前IBM的深蓝？在以前，深蓝、微软等企业拥有最强大的计算能力与最高科技，但现在最强大的计算、信息系统及最高水平的科技在搜索引擎上，包括谷歌、百度，它们在人工智能、图像识别、语音识别上有很大的进展。现在谷歌、百度研究了人工智能，一定会将它运用在算法中。

再次，SEO在语义搜索上的进展。语义搜索，简单来说，搜索引擎看一篇文章，会提到一些与语义相关的词汇，而不仅仅是无逻辑地罗列关键词，搜索引擎会自动总结语义以及语义之间的微妙关系，找出与语义相关的词。如果文章是讲减肥的，没提到有氧运动、慢跑，对搜索引擎来说可能会觉得此文章不太相关。这个对未来网站在关键词的分配上、网站的结构上、文案的写作上都会有一些相应的影响。

最后，用户体验将成为SEO的核心，在搜索引擎排名当中的影响可能越来越大，所以后期网站要不断提高用户体验认识，在定位上要学会换位思考，提高用户的满意度，包括网站打开速度、页面的点击率、访问时间、转化率、用户在网站上的互动情况等。同时，在内容上减少垃圾文章、增加可读性高的文章，在界面预设上合乎用户浏览习惯与操作习惯，这都是提高用户体验认识的有效方法。

7.2 SEO 职业发展思路

进入一个陌生领域，大多数人都会思考今后如何发展，有哪些发展方向。如图7-2所示为SEO从业人员一般的发展方向。

图 7-2　SEO 从业人员发展方向

（1）给自己做

给自己做是什么意思呢？顾名思义，就是通过自己运营一个网站来赚钱，不需要去其他公司上班，自己在家就可以工作。一般这种类型有两种，一种是自己仅运营一个网站做流量挂广告，赚取广告费，这种类型如果从新建立一个网站做起，可能难度较大，没有流量就没有收入。另一种就是自己建立一个网站来销售自己的产品或服务，比如自家有产品，可以通过网站来销售自己的产品，或者通过网站宣传自己提供的业务来为其他公司提供SEO服务，这种类型又称之为外包或顾问。不管哪种类型，通过网站售卖自己的产品或服务是最直接，也是利润最高的一种形式。

（2）给他人做

一般给别人做就是进入职场，在职场中一步一个脚印去打拼，这种类型在现今SEO领域占比应该是最多的。那么是不是进入职场，就不如给自己做呢？其实也不尽然。百度、阿里巴巴均发布过年薪50万招聘SEO总监的信息，而在SEO领域有过两三年经验的从业人员年薪十几万的也不在少数。只不过，在职场我们需要遵循职场的发展规律，从执行到管理，从基础执行到高级策略规划，每一步的发展都离不开脚踏实地的学习与总结，离不开潜心思考。

其实，不管哪一种方式都可通往成功，往往在一开始可能会比较难，但只要做好扎实的基本功，善于思考总结，就会越走越平坦。

7.3 优秀 SEO 人员必须具备的素质

在一些人看来，SEO工作很枯燥而无趣，但深入研究后发现SEO也充满了乐趣，会有许多意想不到的收获。由于SEO见效慢，一些网站在进行SEO一段时间后，可能表现不好，甚至排名不升反降，此时，需要拥有最基本的素质——耐心。一名优秀的SEO人员同时需要具备以下的素质。

（1）扎实的专业技能

• 深刻理解搜索引擎工作原理，熟悉搜索引擎工作基本过程。搜索引擎工作原理是大多数SEO技巧的根源，只要搞清楚原理，后续SEO技巧的发现与研究才会更轻松。我们做工作不仅需要知道要做什么，还需要知道为什么这么做。也就是通常所说的，知其然，并知其所以然。可能有许多人认为搜索引擎工作原理都是理论而太枯燥，不愿意去钻研。但这部分才是精华。因此，成为优秀SEO人员，熟悉搜索引擎工作原理并适时钻研，是必不可少的过程。

• 丰富的关键词策略。关键词是SEO的基本核心，如果核心没做好，网站很难有良好的展现。而研究关键词策略不仅要对所在行业有深入研究，还要对网站上的产品有深刻理解，掌握网站产品的特点及规律，了解用户对产品关注点及搜索习惯的变化，同时随时注意用户需求的变化,对关键词做出相应的调整,满足用户需求。根据用户习惯和需求做好关键词,才有利于网站的长久发展。

- 网站数据分析能力。无论是自己网站还是竞争对手的网站,都要时刻关注数据的变化,做到知己知彼。特别是对排名在自己前面的网站多分析、多研究,找出自己网站存在的不足,有针对性地汲取精华来学习和改进。分析了别人的网站之后再来看自己的网站,就能够有针对性、高效率地进行整站优化。如果没有对数据的分析能力,就不会了解自己网站出现的问题及如何去解决问题,不能够保证在同行业中具有竞争力,不能做出实时高效的反应。

- 文案写作能力。文案写作并不是要求 SEO 人员去做编辑的事情,而是文案能力是最基本的工作技能,具有优秀的文案能力,在做诊断分析及优化文案方面都会具有较大优势。

- 良好的交际沟通能力。交际一方面是为了给自己积攒人脉,通过结识新的伙伴,获取更丰富的资源,实时了解行业动向;另一方面,SEO 工作中,许多问题需要其他部门同事配合,良好的交际能力有助于开展 SEO 各部门间的工作。

（2）良好的心态

拥有良好的心态在 SEO 行业中尤为重要,有经验的 SEO 技术人员都知道,SEO 的过程是一个慢火炖汤的过程。要见到一定的效果,往往需要一定时间,而要保持一定的效果,则需要长期投入精力。耐力是必需的,如果一遇到问题或挫折就抱怨、放弃,是做不好 SEO 的。

（3）敏锐的市场洞察力

SEO 从来就不能脱离市场,不能脱离网络这个新兴的虚拟市场,也不能脱离实际市场。对市场的了解可以使 SEO 人员具有敏锐的判断力,及时调整策略应对市场变化,努力争取为公司带来更多效益,这是优秀 SEO 人员所必备的。

SEM.篇

第1章
搜索引擎营销基础

1.1 认识搜索引擎营销

随着互联网的普及和发展,搜索引擎已经逐渐成为人们日常获取信息和服务的主要工具。我国搜索引擎用户在2016年达到了6.02亿,使用率为82.4%。其中作为全球最大的中文搜索引擎——百度,日响应来自138个国家或地区的60亿次搜索请求,在这60亿次的搜索请求中,不仅包含用户大量的生活信息类需求,还包含大量的商业服务类需求。由此可知,搜索技术的革新一方面带来了消费者生活方式的转变,另一方面也带来了营销手段的不断创新。搜索引擎营销的出现,为企业提供了一种全新的营销选择。经过近年来的蓬勃发展,搜索引擎营销已经成为众多企业获得高效产出的重要渠道,品牌传播与效果达成兼顾、结果反馈迅速以及数据化衡量都是搜索引擎营销的优势。如图1-1所示,2016年中国网络广告市场以搜索广告、电商广告、品牌图形广告为主,其中搜索广告占比略有下滑,为26%;电商广告继续上升至30%。从2016年起,信息流广告单独核算,以社交、新闻、视频等为主要载体的信息流广告市场份额达到11%,增速显著。由此可见,搜索引擎营销正处于蓬勃发展的态势。

图 1-1 2012-2019 年中国不同形式网络广告市场份额及预测

1.1.1 什么是搜索引擎

随着互联网的迅速发展，网络用户规模越来越大，搜索引擎为用户提供了便捷的查询服务。当用户需要查找信息，即产生搜索需求时，通过在百度、360等网站的搜索框输入想查询的信息，就会得到很多与搜索信息相关的结果。

从原理上讲，搜索引擎是根据一定的策略、运用特定的计算机程序从互联网上搜集信息，在对信息进行组织和处理后，为用户提供检索服务，将用户检索的相关信息展示给用户的系统。

在日常生活中，人们似乎已经习惯了有问题就搜索一下的生活模式，由此，可以把搜索引擎理解成一本生活的"百科全书"。例如，当我们想要了解"北京天气"的时候，会搜索一下来获取最新的天气资讯；当我们想要"快速提高英语成绩"的时候，会搜索一下英语学习的方法和技巧；当我们想要购买商品或者服务的时候，会搜索一下来辅助购买决策等。

搜索的过程，其实是一个人机交互的过程。当用户提交了某个请求后，搜索引擎会迅速地从自身的数据库查找与之相应的信息进行匹配，经过系统处理分析后，会将与之相关的信息或者结果反馈到用户面前。例如，当用户搜索"中公教育优就业"这个关键词时，搜索引擎会将与"中公教育优就业"相关的内容显示到搜索结果页。

当然，近年来搜索引擎也有了新的发展。由最初单纯的互联网工具逐渐演变成为网民提供多方面服务的搜索平台。比如点开百度首页，可以发现搜索平台提供的众多服务，有百度新闻、百度贴吧、百度知道、百度音乐、百度图片、百度视频、百度地图、百度文库等。从流量占比来看，百度知道、百度百科等小频道的流量大于网页搜索的流量。因此，营销视野也由网页搜索端拓展到更宽的领域。

1.1.2 常见的搜索引擎

搜索引擎几乎是人们每天都会使用到的工具。人们通过搜索引擎获取信息、检索资料、搜索商品或者服务。如图1-2所示，目前，常见的搜索引擎包括Google、百度、搜狗、360、网易有道等。

图1-2 常见的搜索引擎

1.1.3 什么是搜索引擎营销

搜索引擎营销是英文Search Engine Marketing的翻译，通常简称为"SEM"，它是指根据用户使用搜索引擎的方式，利用用户检索信息的机会尽可能地将营销信息传递给目标用户。简单来说，搜索引擎营销就是基于搜索引擎平台的网络营销，利用人们对搜索引擎的依赖和使用习惯,在人们检索信息的时候将信息传递给目标客户。搜索引擎营销的基本思想是让用户发现信息,并通过点击进入网站或网页,进一步了解所需要的信息。

如图1-3所示,搜索引擎营销有四个部分:首先是搜索推广,主要的搜索推广方式有百度搜索推广、360搜索推广和搜狗搜索推广等。其次是网盟推广,网盟推广实际上是搜索推广的延伸,主要有百度网盟推广和谷歌网盟推广等。然后是主流媒体广告,主要有三类,分别是品牌专区、品牌地标、腾讯广点通。最后一部分是营销工具介绍,主要的营销工具有百度统计、流量统计网站(CNZZ)、百度指数、百度风云榜、百度推广客户端、360点睛营销助手、搜狗推广管家等。

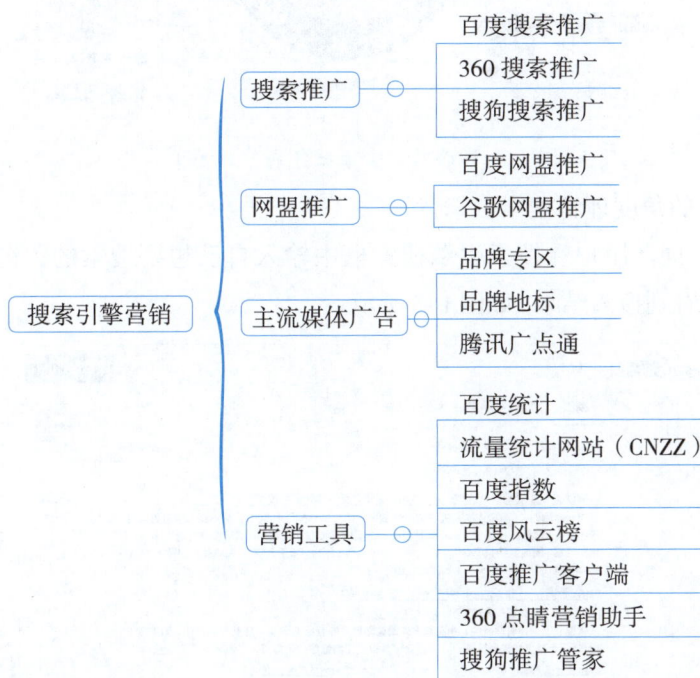

图1-3 搜索引擎营销组成图

1.2 搜索引擎营销全流程

搜索引擎不仅是用户寻找信息或者服务的问题解决平台,也是企业寻找潜在消费者推广产品或服务的有效渠道。营销的本质就是将对的信息或者服务传递给有需求的人。那么,要真正理解搜索引擎营销整个过程,可以从用户和企业这两个视角来理解。

(1)从用户的角度理解搜索引擎营销

如图1-4所示,通过传统的广告宣传以及互联网新媒体方式的广告覆盖宣传,初步激发用户的消费需求,用户通过搜索引擎检索并点击广告,进入企业网站,通过浏览企业网站内容,向企业进行在线咨询或下单,实现最终转化,这是网络营销的全流程。

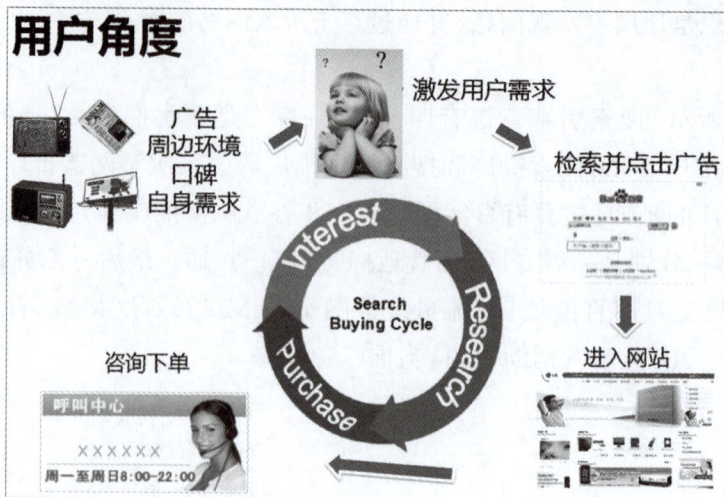

图 1-4 网络营销全流程(用户视角)

(2)从企业的角度理解搜索引擎营销

● 搜索关键词。用户在搜索引擎搜索框中输入自己想要搜索的关键词。例如,输入"SEM",可以看到搜索结果,如图1-5所示。

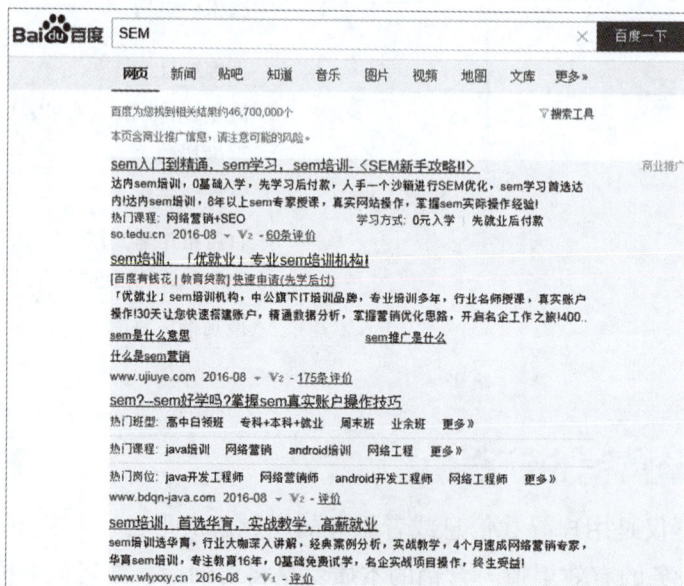

图 1-5 搜索结果页面

● 点击链接。用户在多个搜索结果中选择自己想看的结果,然后点击相关链接。假如想要了解"优就业",就选择与优就业相关的结果点击即可。

● 浏览企业网站。用户通过点击链接,进入企业的网站,进行浏览,如图1-6所示。

图 1-6 浏览企业网站

- 实现转化。在浏览企业网站时,有一部分人对企业的内容产生兴趣,在线咨询问题,即实现转化。

1.3 搜索引擎营销模型

学习搜索引擎营销,掌握一定的营销理论是必不可少的。然而,现在是一个概念过度传播的时代,留心营销类的畅销书会发现,新名词层出不穷。诸如,病毒营销、神经营销、口碑营销、社区营销、新媒体营销等,看得人眼花缭乱,这使得营销学本身变得更加复杂。对于许多初次接触搜索引擎营销的朋友来说,可能不知道如何下手,下面介绍几种最新的营销模型,有助于大家更好地理解什么是搜索引擎营销。

1.3.1 数字时代 AISAS 消费者行为模型

当互联网作为一种全新的媒体介入社会生活时,电视、广播、报纸这些曾经的大众媒体被贴上了"传统"的标签。交互式的新媒体开始解构消费者曾经习以为常的行为习惯,也开始解构原有的营销法则。人们因而乐此不疲地谈论一个全新的消费者行为模型——AISAS。

"AISAS"模型由国际4A广告公司之一的日本电通广告公司在2005年提出,即Attention(注意)、Interest(兴趣)、Search(搜索)、Action(行动)和Share(分享)。这个新模型的提出有其特殊背景,2005年,日本广告市场出现了与以往不同的形态:四大传统广告媒体形式的投入金额与前一年相比出现微幅下降,与此同时,网络广告的投入却暴涨了54.8%。这个变化标志着互联网对生活和产业的影响力已经初具规模。在这个背景下,日本电通广告集团率先提出了AISAS模型,用以解释新媒体环境带来的营销新趋势。图1-7是AISAS模型的一个概念图,消费者的行为模式大致如下:首先,营销推广信息引起消费者的关注,只有关注了才能知道并了解这个产品或服务。其次,消费者对这个信息产生兴趣,搜索信息,通过浏览产品信息以及进行线上或线下咨询。最后,作出是否购买下单的决定，以及完成购买后收货、退换货、进行购物评价的一个电子商务的流程。

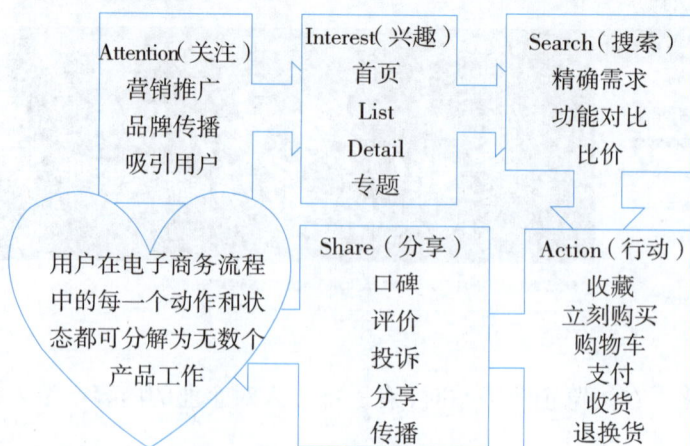

图 1-7　AISAS 步骤解读

　　AISAS模型中新添加了两个来自互联网的典型行为模式——Search（搜索）和Share（分享），这正是Web 2.0时代造成消费者行为变化的主要因素。首先，搜索引擎技术赋予了人们使用信息的权利，人们可以通过网络主动地、精准地获取自己想要的信息。于是，消费者在进行购买决策的过程中，常常会通过互联网搜索产品信息，并与相关产品进行对比，再决定是否购买。中国互联网络信息中心（CNNIC）历次调查数据显示，"对商品、服务等的检索始终是网民使用互联网的主要用途之一"。其次，BBS、博客、SNS等技术平台的普及，还赋予了人们发布信息的权利。于是，在消费者进行消费的过程中，还可以作为发布信息的主体，与更多的消费者分享信息，为其他消费者的决策提供事实依据。

　　消费者行为的改变，使得营销方式也要作出相应的变革。互联网时代的营销者常常喜欢借用美国著名商人约翰·华纳梅克的话来揶揄传统媒体："我知道我的广告费有一半是浪费的，问题是我不知道浪费掉的是哪一半。"而在互联网时代，有了反馈渠道，消费者丰富的个性化意见和需求便能够显现出来，让信息推送有了更精准的可能，相对传统大众媒体来说，这是互联网更吸引广告主的优势。所以，可以看到基于消费者行为习惯研究的搜索引擎优化（SEO）和搜索引擎营销（SEM）正被广泛研究和应用。

1.3.2 用户（消费者）购买决策 SIVA 模型

　　SIVA模型如图1-8所示，其中四个字母分别表示的是：Solution——寻求解决问题的方案；Information——消费者寻求的信息；Value——消费者对解决方案价值的衡量；Access——消费者解决问题的入口。

　　唐·舒尔茨教授说：消费者在表达需求，不断寻找、修正并最终确定自己的解决方案的过程，实际上就是在S-I-V-A构成的网络路径中不断地调整方向、选择新路径并最终找到入口的过程。消费者在这个历程中的每一次驻足和跳转，都是营销者和消费者建立品牌沟通的机会；营销者需要利用和把握好每一次个性化的品牌对话机会，为消费者提供实时信息支持，帮助消费者缩短决策路径，快速到达入口。

SIVA理论认为消费者有了问题以后，需要找到一个解决方案（solution），对解决方案的专业信息（information）进行追问，并在多个方案之间进行权衡（value），最终找到最佳的交换渠道（access）。从某种角度看，SIVA既是消费者解决问题的方法论，也是企业营销活动的方法论。正是消费者在每一个过程中徘徊跳转，使得营销者及时、更多地了解消费者的真实需求，从而帮助消费者快速找到入口，解决问题。

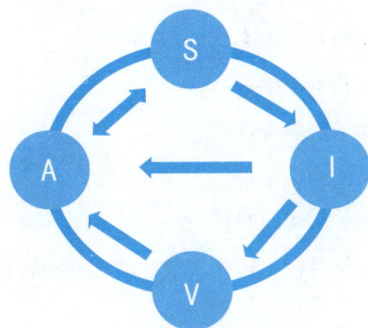

S 是解决方案（solution）
I 是信息（information）
V 是价值衡量（value）
A 是入口（access）
消费者在寻求解决方案时，不断地搜索信息并最终确定自己的解决方案是一个在 SIVA 模型中不断调整方向、选择的过程

图 1-8 SIVA 模型

1.3.3 搜索效果评估营销漏斗模型

漏斗的五个层级对应了企业搜索营销的各个环节，它反映了从展现、点击、访问、咨询，直到生成订单过程中的客户数量及流失的状况。从最大的展现量到最小的订单量，一层层缩小的过程表示不断有客户因为各种原因离开，对企业失去兴趣或放弃购买。如图1-9所示，百度推广的阶段体现在展现量和点击量上，浏览量和转化量则是属于企业网站的阶段，最后订单量则属于线下销售阶段。

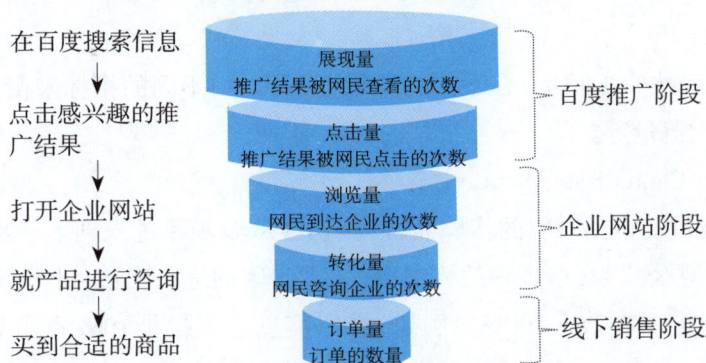

在百度搜索信息
↓
点击感兴趣的推广结果
↓
打开企业网站
↓
就产品进行咨询
↓
买到合适的商品

展现量
推广结果被网民查看的次数

点击量
推广结果被网民点击的次数

浏览量
网民到达企业的次数

转化量
网民咨询企业的次数

订单量
订单的数量

百度推广阶段

企业网站阶段

线下销售阶段

图 1-9 营销漏斗模型

为了更好地提高转化量，就需要让更多的流量从漏斗的下端流出，而要达到这一目

标就需要保证每个环节的顺畅。在营销过程中，必须对这些指标进行持续监测，一旦其中某一环节出现问题，就会清晰地反映在相关指标上，从而被捕捉到。通过进一步定位分析，判断指标异常的原因，并找到有效的应对方法。

1.4 搜索营销常见名词及解释

初学 SEM 的人需要了解并掌握一些专业性较强的名词。下面介绍一些搜索引擎营销的常见词汇以及它们的含义，如图 1-10 所示。

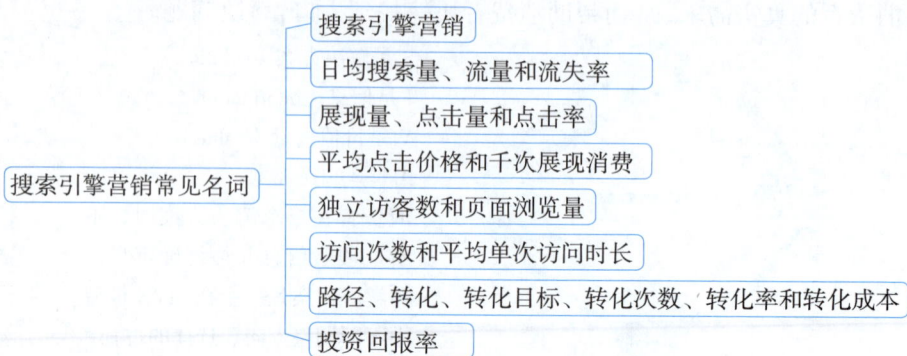

图 1-10 搜索营销常见名词

（1）搜索引擎营销

搜索引擎营销是指以搜索引擎为平台，以调整客户推广信息在搜索结果页上的排名给客户网站带来访问流量的手段。它是针对搜索引擎用户而展开的营销活动，即根据用户使用搜索引擎的习惯，利用其检索信息的机会，尽可能将营销信息传递给目标用户。

（2）日均搜索量（Daily Queries）

日均搜索量指关键词每天在搜索引擎上被搜索请求的总数。反映了某个关键词被网民搜索的情况。比如一天之内，"团购火锅"被搜索了多少次。

（3）流量（Traffic）

流量，泛指网站的访问量，在不同的语境下，可以用不同的指标来衡量，比如访客数、访问次数或浏览量等。

（4）流失率（Churn Rate）

流失率是对指定路径对应的步骤而言，指访客从该步骤进入到下一步骤的过程中流失的比例。计算公式为：本步骤的流失率＝（本步骤的进入次数－下一步骤的进入次数）÷本步骤的进入次数×100%。例如，推广信息展现量是 100，点击量为 50，那么就有 50 的流失量，即 50% 的流失率；点击量为 50，页面浏览量为 20，那么就有 30 的流失量，即 60% 的流失率，以此类推。

（5）展现量（Impressions）

展现量指在一个统计周期内，推广信息被展现在搜索结果页的次数，即一个用户进行搜索的时候，搜索结果里有希望被用户看见的信息，在一定的周期内出现的次数。

（6）点击量（Clicks）

点击量指在一个统计周期内，用户点击推广信息的网址超链接的次数。例如，在百度上搜索某一地名，出来的搜索结果中，选择其中某一个点击进去，该推广信息一天之内被点击多少次即为点击量。

（7）点击率（Click Through Rate，简称CTR）

点击率指在一个统计周期内，推广信息平均每次展现被点击的比率。计算公式为：点击率=（点击量÷展现量）×100%。例如，推广信息的展现量是10，点击量是2，那么点击率则是（2÷10）×100%，即20%。

（8）平均点击价格（Cost Per Click，简称CPC）

平均点击价格指平均每次点击推广信息所产生的消费。计算公式为：平均点击价格=消费金额÷点击次数。例如，企业推广信息费用为500元，在推广的周期里一共被点击查看了250次，那么平均点击价格=500÷250=2元。

（9）千次展现消费（Cost Per Mille，简称CPM）

千次展现消费指推广信息被展现一千次的平均价格。计算公式为：千次展示消费=（消费金额÷展现量）×1000。例如，在百度搜索结果中，某产品的推广信息被展现了200次，推广费用花费了300元，那么千次展现消费=（300÷200）×1000=1500元。当然，千次展现成本是衡量广告展现产生的价值，实际的投放过程中，展现是免费的，只有点击才付费。

（10）独立访客数（Unique Visitor，简称UV）

独立访客数，常被简称为访客数，指在一个统计周期内，访问被统计对象的不重复的访问者之和。同一人在统计周期里的多次访问被统计为一个独立访客。独立访客数相当于带身份证参观展览会的访问人数，这里所说的"身份证"，在网络上就是访客的IP地址或cookie。

（11）页面浏览量（Page View，简称PV）

页面浏览量简称浏览量，指在一个统计周期内，独立访客访问被统计对象时所浏览页面的总和。网站页面被访客的浏览器打开并加载的次数。页面浏览量与点击率不同，它是独立访客打开了访问的网站并且进行了加载的浏览次数，并不是点击进去就算是页面浏览量。

（12）访问次数（Visits）

访问次数指在一个统计周期内，独立访客访问被统计对象的次数之和。例如，如果访客在网站上的不活动时间超过一定时间长度，下次再有活动就算作新的会话，计为两次访问。

（13）平均单次访问时长（Avg. Time Spending）

平均单次访问时长指在一个统计周期内，访客与被统计对象的平均会话时间。计算公式为：平均单次访问时长＝总访问时长÷总访问次数。

（14）路径（Path）

路径指访客在目标网站上按照步骤设置最终抵达商户所设置的目标页面之前需要经过的一系列关键页面。例如，在360影视，点开界面，想看电影，那么点击电影的那个按钮就会出现电影列表。

（15）转化（Convert）

转化指潜在客户完成一次推广商户期望的行动。转化可以指潜在客户做了如下行为：在网站上停留了一定时间；浏览了网站上的特定页面，如注册页面，"联系我们"页面等；在网站上注册或提交订单；通过网站留言或网站在线即时通讯工具进行咨询；通过电话咨询；上门访问、咨询、洽谈；实际付款、成交（特别是对于电子商务类网站而言）等。

（16）转化目标（Goal）

转化目标，也叫作转化目标页面或目标页面，指商户希望访客在网站上完成的任务，如注册、下订单、付款等所需访问的页面。例如，在购物网站，访客浏览购物网站，并且进入了下单购物的网络页面。

（17）转化次数（Conversions）

转化次数也叫作转化页面到达次数，指访客到达转化目标页面的次数。

（18）转化率（Click Value Rate，简称CVR）

转化率指在一个统计周期内，完成转化行为的次数占推广信息总点击次数的比率。计算公式为：转化率＝（转化次数÷点击量）×100%。例如，10名用户看到某个搜索推广的结果，其中5名用户点击了某一推广结果并被跳转到目标URL上，之后，其中2名用户有了后续转化的行为。那么，这条推广结果的转化率就是（2÷5）×100%＝40%。

（19）转化成本（Cost Per Action，简称CPA）

转化成本指每次转化所消耗的推广费用。计算公式为：转化成本＝（推广费用÷转化次数）×100%。比如，企业主推广费用为1000元，推广期间一共发生了800次转化，那么转化成本＝（1000÷800）×100%＝1.25元。

（20）投资回报率（Return On Investment，简称ROI）

投资回报率是指通过投资而应返回的价值，即企业从一项投资活动中得到的经济回报。计算公式为：投资回报率＝销售利润÷投资总额×100%。

例如，企业主花费了3000元进行搜索引擎推广并实现销售收入4500元。那么投资回报率＝（4500−3000）÷3000×100%＝50%。

第2章
搜索推广

2.1 初识搜索推广

随着人们生活水平的不断提高和互联网技术的发展,越来越多的人意识到网络营销和电子商务的重要性,越来越多的企业和个人建立了自己的网站或者网店。但如何让更多的人知道自己的网站,给自己带来更多的潜在客户,带来更大的经济效益,让自己的企业在互联网行业占据一席之地,成为网络营销的时尚先锋,却使很多人伤透了脑筋。在这种情况下,各种广告形式应运而生,其中搜索推广发展迅速,是发展前景比较好的一种广告形式。

2.1.1 什么是搜索推广

搜索推广即利用搜索引擎(百度、360、搜狗、谷歌等)推广产品或服务的总称。搜索推广依附于不同类型的搜索引擎,不同类型的搜索引擎呈现出不同的搜索推广特点。搜索推广的基本模式是利用网民使用搜索引擎的习惯,将企业营销信息传递给网民,满足网民的需求,同时帮助企业实现营销目标,即带来更多的潜在客户和更大的经济效益。

2.1.2 常用搜索推广平台

搜索引擎作为网民检索网络信息的重要入口,是诸多网站流量的重要来源。网站流量来源解析如图2-1所示。

(1)由于有着坚实的用户基础,百度依然是绝大多数网站的流量入口。其中,百度PC端流量占比62.58%,移动端流量占比87.12%。

(2)360目前借助其桌面端与浏览器端的覆盖优势,在各大网站的流量来源中占据了相当的比重。其中,360的PC端流量占比23.79%,移动端流量占比0.39%。

(3)搜狗与搜搜合并之后,整合其自身资源,在国内搜索市场上占据了一定的比重。其中,搜狗PC端流量占比4.27%,移动端流量占比2.57%。

(4)谷歌搜索自2010年退出中国市场后,在中国搜索引擎市场上的份额不断下降。谷歌搜索PC端的流量占比为4.82%。

（5）神马搜索是UC和阿里巴巴于2013年联合推出的移动搜索引擎。目前，神马搜索移动端流量占比为8.95%，在移动搜索领域居于第二位。

图 2-1 2016 年 12 月国内搜索引擎移动端、PC 端市场份额

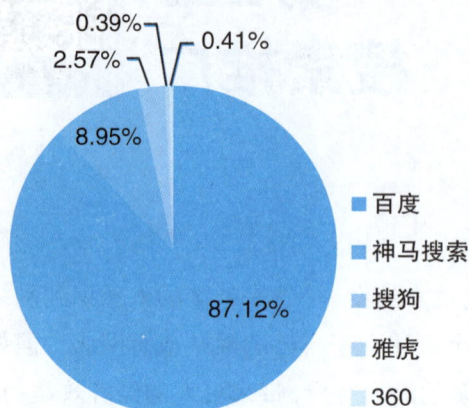

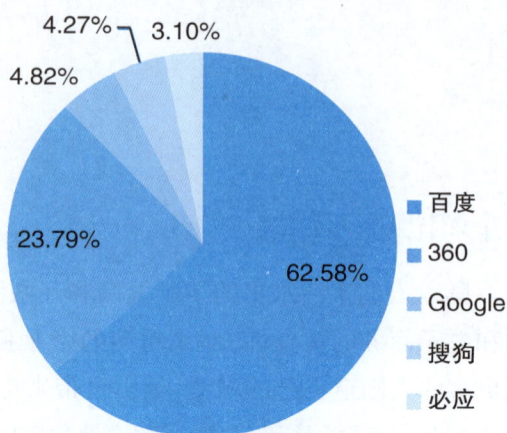

2.2 排名原理与账户规则

2.2.1 寻找关键词

众所周知，大多数人在网上寻找信息都是从搜索引擎开始，且都是通过输入关键词来寻找想要的信息，图2-2为部分关键词的日均检索量。

因此，选择恰当的关键词对于优化网页内容变得越来越重要。关键词决定了搜索者能看到推广的信息种类，所以关键词的选取要基于营销的目标并结合下述技巧进行。

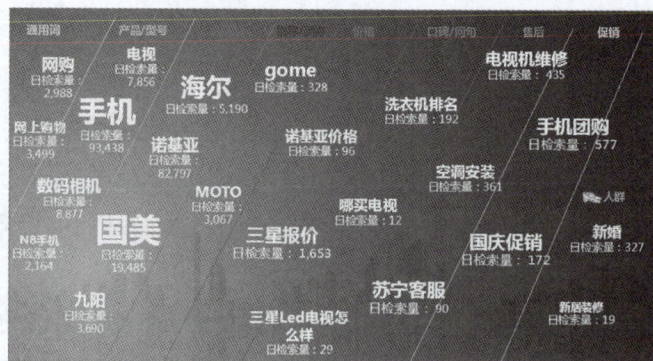

图 2-2 关键词检索量

2.2.1.1 选取原则

关键词对网站的重要性不言而喻，它确立了网站内容扩展的方向。而选取合适的关键词，就相当于选择了一条通往成功的道路。关键词的选取有四个原则，如图2-3所

示,分别是:选择能代表产品或服务的独特优势的关键词;站在潜在受众的角度考虑问题,设想潜在受众会用什么样的词来找寻此类产品或服务;根据企业不同的推广需求,策划适合的关键词;扩展尽可能多的关键词,以便获得更多潜在受众的关注。

图 2-3 关键词选取原则

2.2.1.2 选取范围

关于关键词的选取范围,可以参照图2-4学习了解。关于关键词选取的方法会在方案制作部分详细讲解。

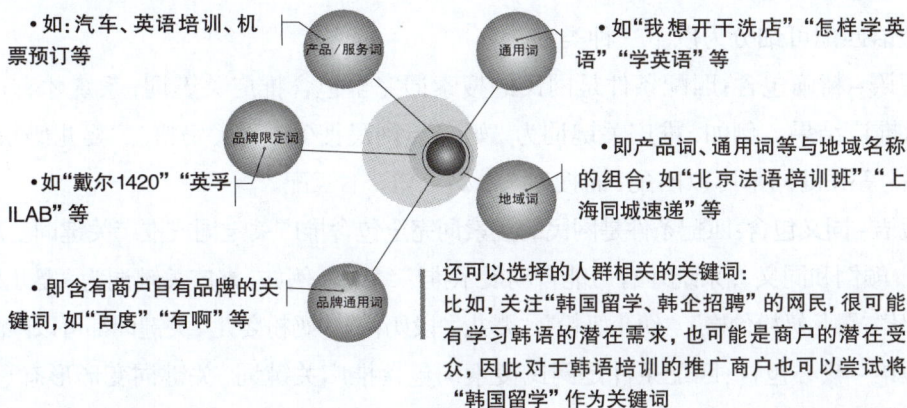

图 2-4 关键词选取范围

2.2.2 匹配方式

当搜索者使用的搜索词与推广账户里设置的关键词匹配条件符合时,推广信息就有可能被触发并出现在搜索结果页上。

百度搜索推广提供精确匹配、短语匹配、广泛匹配和否定匹配四种关键词匹配方式。图2-5是四种匹配方式的关系图。

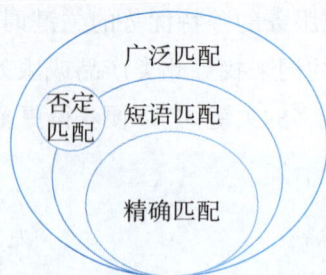

图 2-5 匹配方式

下面简要介绍四种关键词匹配方式的内容，以及各自的优势和劣势，鲜明的优势劣势对比有利于帮助企业更好地选择合适的匹配方式。

（1）精确匹配

匹配条件是在搜索关键词与推广关键词二者字面完全一致时才触发，用于精确严格的匹配限制。例如：精确匹配时，推广关键词"奶粉"与"奶粉价格"或"全脂奶粉"不匹配，仅在有人搜索"奶粉"时推广信息才被触发，这样可以对展现条件进行完全的控制。

• 优势：可获得最具针对性的点击访问，转化率较高。

• 劣势：会降低创意的展示次数，获得潜在客户的范围较窄。

（2）短语匹配

短语匹配可细分为以下三种类型。

短语－精确包含：匹配条件是网民的搜索词完全包含推广关键词，系统才有可能自动展示推广结果。例如，推广关键词为"奶粉"，网民搜索"购买奶粉""婴儿奶粉""奶粉价格"等关键词都可以匹配，而搜索"牛奶米粉"不匹配。

短语－同义包含：匹配条件是网民的搜索词完全包含推广关键词或推广关键词变形形态（插入、颠倒和同义），系统才有可能自动展示推广结果。例如，推广关键词为"婴儿奶粉"，网民搜索"婴儿奶粉价格""幼儿奶粉""婴儿一段奶粉""奶粉婴儿"关键词都可以匹配。

短语－核心包含：匹配条件是网民搜索词包含推广关键词、关键词变形形态（插入、颠倒和同义）或关键词的核心部分、关键词核心部分的变形（插入、颠倒和变形）时，系统才有可能自动展示推广结果。例如，推广关键词为"婴儿奶粉"，除网民搜索"婴儿奶粉价格""幼儿奶粉""婴儿一段奶粉""奶粉婴儿"关键词可以匹配外，搜索"奶粉""二段奶粉"也可以匹配。

• 优势：与精确匹配相比更为灵活且能获得更多的潜在客户访问，与广泛匹配相比则有更强的针对性且可能有更高的转化率。

• 劣势：获得的展示次数介于广泛匹配与精确匹配之间，转化率没有精确匹配高。

（3）广泛匹配

匹配条件是搜索关键词完全包含推广关键词，允许包含部分字面顺序颠倒或有间隔,是最宽泛的匹配方式,也是默认的匹配方式。系统有可能对匹配条件进行延伸,扩展至关键词的同义词、近义词、相关词以及包含关键词的短语等。例如:在广泛匹配情况下,推广关键词"奶粉"可能与"婴儿牛奶米粉"匹配。

- 优势:是一种既进行高针对性的投放,又广泛接触受众群体的有效方法,能够为客户带去更多的潜在用户访问。
- 劣势:点击访问的针对性不足,转化率不如精确匹配和短语匹配高。

（4）否定匹配

否定匹配与短语匹配、广泛匹配相配合使用,对于一些可能被匹配但与推广意图不相符合的关键词,可以添加到否定匹配关键词表中来阻止对应推广信息的触发。通常选择其反面或非经营业务类的词作为否定关键词。例如:商户只做英语培训,不做日语培训,则可以选择"日语"作为否定词。商户还可以在统计报告中的"搜索词报告"找出与业务无关的关键词,将其设置为否定词。

- 优势:使客户在通过广泛匹配和短语匹配获得更多潜在用户访问的同时,滤除不能为客户带去潜在客户访问的不必要展现,降低转化成本,提高投资回报率。
- 劣势:设置否定关键词后,将降低关键词的展现概率,即获得潜在客户关注的概率降低。

不同的匹配方式被展现的概率不同,一般概率大小顺序为广泛匹配>广泛＋否定>短语匹配>短语＋否定>精确匹配。商户可以组合使用多种匹配方式,通常,广泛匹配和短语匹配能够让创意展现在更多潜在受众面前,从而带来更多曝光机会。

2.2.3 展现及排名规则

2.2.3.1 展现样式

图2-6为百度搜索推广在搜索结果页上的展现样式。

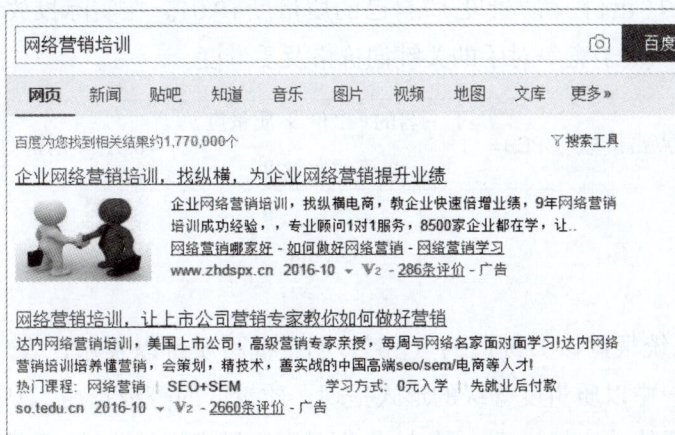

图 2-6 展现样式

2.2.3.2 排名规则

推广排名指企业推广信息在搜索结果页的位次。一般来说,排名越靠前,推广结果就越能吸引网民的关注,也会带来越多的潜在客户访问,同时有助于加深网民对网站、品牌的印象。在预算允许的范围内,建议尽量保持较高排名。可以通过提高质量度和出价来提高排名,但点击价格并不一定随着排名提高而提高。质量度的优化,可以使企业在节省推广费用的同时获得更好的排名,从而提高投资回报率。

(1)排名

排名由关键词质量度和出价(质量度×出价)共同决定,并由系统实时调整,如图2-7所示。在关键词质量度相同的情况下,出价越高,排名就越靠前;在出价相同的情况下,质量度越高,排名就越靠前。

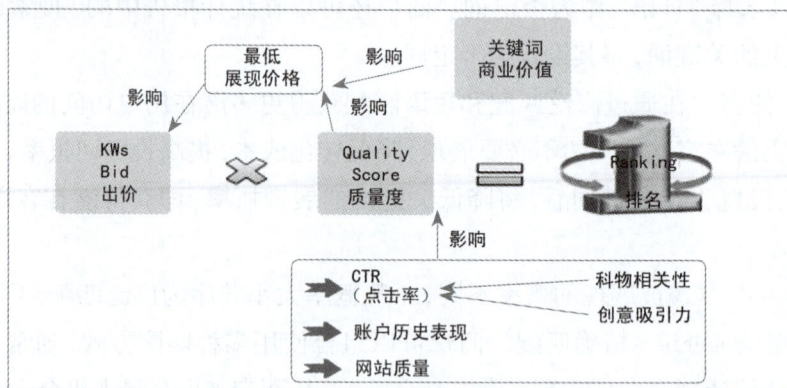

图 2-7 排名、质量度、出价关系图

(2)价格计费

推广的点击价格与排名、质量度相关,如图2-8所示为点击价格计费方式。点击价格的计算方式是以下一名的出价乘它的质量度,除以自身质量度,再加上0.01元。计算公式为:下一名的(出价×质量度)/自己的质量度+0.01。在实际投放中,自身点击价格在很大程度上取决于竞争对手的关键词价格及质量度。

$$点击价格(CPC) = \frac{下一名的(出价 \times 质量度)}{自己的质量度} + 0.01 \leq 出价$$

图 2-8 点击价格计费方式

2.2.4 质量度

质量度是系统根据该关键词的点击率、创意撰写质量以及账户表现等多个因素计算出来的,在账户中以质量度等级的形式呈现。质量度的等级越高,意味着推广质量越高,越能得到网民的关注与认可。同时,作为对高质量推广的奖励,质量度越高,需要支付的点击价格就越低,或以同一出价获得的推广排名就越高。此外,质量度还会对以下三方面产生影响：

（1）关键词能否展现在左侧推广区域。只有质量度和出价均达到一定标准的推广结果，才有机会展现在左侧推广区域。

（2）相关性。其中包含关键词与创意的相关性以及关键词与链接页面的相关性。

（3）关键词的最低展现价格。质量度越高，该关键词获得上线展现机会所需的出价就越低。

2.2.5 创意

创意是商户展现在搜索用户面前的推广内容，包括标题、描述、访问 URL 和显示 URL。如图 2-9 所示，展示的是创意需要填写的基本内容。

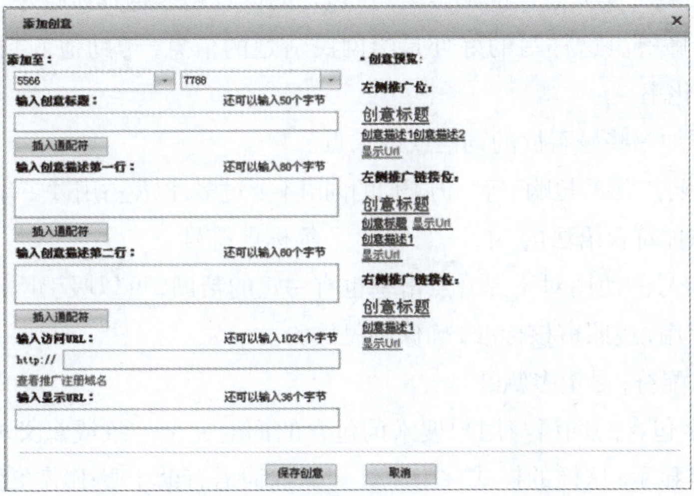

图 2-9 创意的内容

关键词可以帮助覆盖尽可能多的潜在受众，而创意就决定了是否能将这些潜在受众吸引到商户的网站中，从而采取行动促成转化。因此，有必要了解创意的撰写要求并且掌握一些撰写技巧。

2.2.5.1 标准创意样式

标题：最多 50 字符。

描述 1：最多 80 字符。

描述 2：最多 80 字符。

访问 URL：限制字符数 1017 字节。

显示 URL：限制字符数 36 字节。

创意撰写原则：

（1）创意需要简明精练，言简意赅。

（2）创意需要体现所在推广单元的主题（围绕该单元核心关键词进行撰写）。

（3）强调提供的产品或服务的优势、独特性、专业性。

（4）撰写符合相关标准（合法性、字符长度、特殊标点等）。

2.2.5.2 创意撰写技巧

创意撰写并不是简单地写一个方案，而是应当巧妙地利用一些技巧让写出的创意更具创新性和吸引力，简单概括为以下几个撰写技巧：

（1）突出产品或服务特点、公司优势

例：教育培训类商户，标题可以突出地域性标志、产品服务特点、价格等，描述可以突出产品服务特点、公司承诺等。

（2）涵盖价格、促销或承诺的内容

尽量避免一些无实质意义的形容语句，包含的信息越多越具体越好。

例：质优价廉等。这样写的好处是给网民清楚的信息，帮助他们判断是否应该点击，从而提高转化率。

（3）适当添加一些号召性的词语或诉求点

例："欢迎抢购""限时抢购"等。但类似的词语不要过多，以免占用过多有限的字符位置。

（4）适当添加符合语法的"！""、""？"等标点符号

正常标点符号的使用对于提升点击率也有一定的帮助，可以吸引网民的关注，但注意一定要合理使用，遵照审核标准，确保网民体验。

（5）插入通配符，尽量多飘红

当创意文字包含的词语与用户搜索词包含的词语完全一致或意义相近时，在展现时将以红色字体显示，这样的样式称为飘红。飘红词语有助于吸引潜在受众的关注，并使潜在受众对创意信息的感知更为准确，更容易判断创意是否满足了自己的搜索需求。良好的飘红效果有助于提升创意的点击率和转化率，从而提高投资回报率。

2.2.5.3 附加创意

附加创意是对传统搜索推广样式的补充。使用附加创意，可以在原推广位或推广链接的创意描述下方添加多种形式的推广信息（如蹊径子链、网页回呼、APP下载等），如图2-10、图2-11、图2-12所示。为商家提供更加全面而个性化的展示方式，并提高推广链接的点击率。

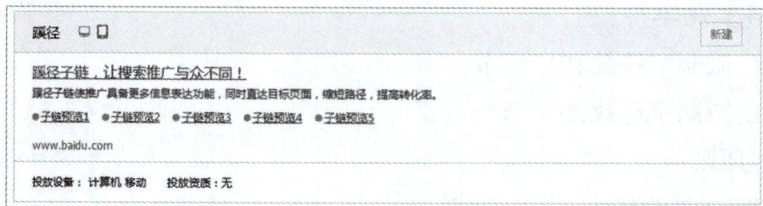

图 2-10 蹊径

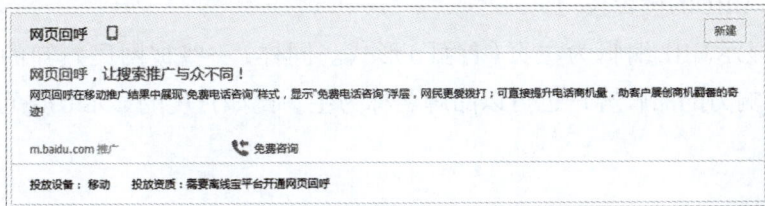

图 2-11 网页回呼

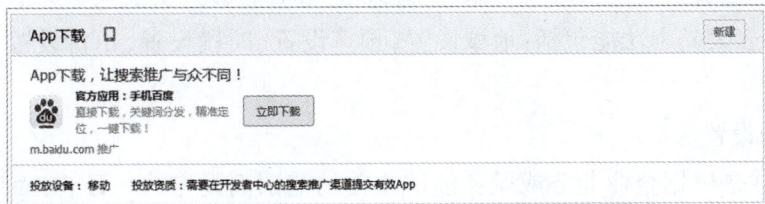

图 2-12 APP 下载

2.2.6 URL

URL分为访问URL和显示URL。访问URL是潜在受众点击商户的推广结果后进入的第一个页面,也是潜在受众对网站形成第一印象的页面。显示URL是指推广结果中最后一行网址。

访问URL是否提供了与潜在受众的搜索词直接相关的内容、其呈现方式如何,潜在受众都将在几秒钟内作出判断,从而决定去留。此外,好的访问URL不仅可以吸引并留住潜在受众,还有助于提升关键词的质量度,从而进一步影响出价和排名情况。可见,URL的设置占据了相当重要的位置。

(1)访问URL设置技巧

• 对于产品类关键词,可直接将访问者带到创意中提到的产品页面。

• 若创意中提到价格或促销信息,则访问URL的页面也应显示此信息。最好在页面首屏位置明示产品价格和促销活动的详情,否则可能会使潜在受众产生被欺骗感。

• 不同阶段受众访问URL的设置方法,如表2-1所示。

表 2-1　不同阶段受众访问 URL 的设置方法

受众购买阶段	受众关注点和行为	可考虑的访问 URL
兴趣阶段	注意信息,产生需求	多信息页面,有多种同类型产品信息
对比阶段	收集信息,对比评估	介绍产品优势的页面,结合市场情况,说明该产品的突出特点
购买 / 定点购买阶段	购买决定,关注评价	详细标注产品市场价格、网页优惠价格、产品关键指标的页面

（2）显示URL的设置技巧

可以将显示URL编辑为主页（首页）形式。同样，一些被网民熟知的、简单易记的、有一定影响力的品牌客户也可以品牌名称为主。比如百度的显示URL可写成：www.baidu.com。

2.2.7 账户设置

优质的账户设置建立在清晰的账户结构设计和各种账户功能模块灵活运用的基础之上，账户的五大基本功能包括：地域设置、预算设置、时段设置、出价设置和创意展现方式设置。

（1）地域设置

投放地域是根据企业业务或服务能够覆盖的范围而设定的。目前，百度推广平台的投放地域可设置到省、直辖市和二级地市。地域设置包括账户地域设置和推广计划地域设置。账户和推广计划的推广地域可以不同。如果为某一推广计划设置了推广地域，则该计划投放地域以这一设置为准。如果未针对某一推广计划设置推广地域，则以账户级别的设置为准。

例如，你为整个账户设置的推广地域为中国地区，为"重点市场"这一推广计划设置的推广地域为北京、天津，而另一计划"其他市场"没有设置推广地域，那么，"重点市场"这一推广计划仅面向北京和天津这两个地区推广，而"其他市场"这一推广计划将面向全国范围推广。

（2）预算设置

预算设置包括日预算和不限定预算。日预算就是根据企业的预算情况，以及后期的转化情况来对整个账户或者各个计划进行消费上的控制。当预算有限时，通过消费限额的设置可以更加精准地控制消费情况。日预算包括账户预算和推广计划预算。不限定预算即指不限定消费限额的设置。

（3）时段设置

企业可以根据自己的预算情况，以及客服群体上网时间，灵活设置投放时间段。时段设置不仅能为企业获取高价值流量，还能为企业节约推广费用。

（4）出价设置

出价即愿意为一次点击所支付的最高费用。出价包括推广单元出价和关键词出价。将意义相近、结构相同的关键词划分到同一推广单元，这就意味着这些关键词的商业价值大致相同，可以方便地为该推广单元设定统一的出价。如果希望为某些关键词设定出价，可以在关键词/创意列表页面设定关键词出价。在为关键词和其所在的推广单元同时设定出价的情况下，以关键词的出价为准。

（5）创意展现方式设置

搜索推广提供了两种不同的创意展现方式：优选和轮替。可以在推广计划中的"修改设置"中进行选择。轮替展现方式意味着每条创意都有一定的概率得到展现，优选展现方式意味着系统将选择与搜索词、关键词相关程度更高，表现更优，网民更认可的创意予以更多的展现，自动优化推广效果。

除了基本的设置之外，还有一些辅助设置，比如否定关键词、暂停、URL设置。不同层级的功能设置不同。如图2-13所示，账户有日预算设置功能和推广地域设置功能；推广计划这一层级与账户不同的是有否定关键词设置和普通暂停、时段暂停设置；推广单元中的出价设置是上面两个层级所没有的；关键词这一层级与上述不同的设置是访问URL设置。

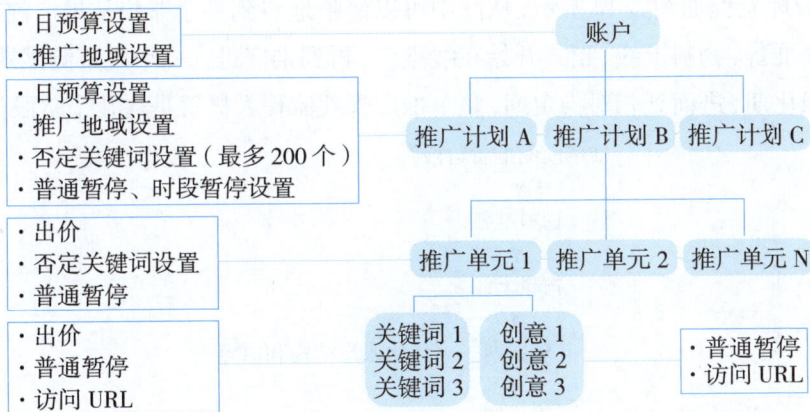

图 2-13 账户各层级功能设置

账户各层级功能执行规则如表2-2所示，可以清楚地看出不同层级功能的执行规则是不同的。例如：分地域投放，账户和推广计划都有功能设置，那么根据低级别优先的执行原则，推广计划优先执行；同理，出价就按关键词为优先层级执行。

表 2-2　账户各层级功能执行规则

搜索推广	消费限额	分地域投放	出价	否定关键词	普通暂停	时段暂停	访问URL
执行规则		低级别优先	低级别优先	执行相加	高级别优先	—	关键词优先
账户	·	·					
推广计划	·	·		·	·	·	
推广单元			·	·	·	·	
关键词			·				·
创意					·		·

如表2-2所示，账户各层级级别为：账户＞推广计划＞推广单元＞关键词＝创意。表

中"·"表示该层级具有此功能。消费限额在账户层级和推广计划层级可以设置,此功能没有优先级,哪个层级先达到限额就会触发消费限额功能。

2.3 方案制作

想要实现预期的推广效果,就需要制作优质的方案,以及熟悉推广管理流程的每一个环节,如:推广前的准备阶段,包括资质准备和物料装备;物料上线阶段,包括物料状态的检查、推广位置的检查;物料测试阶段,包括物料观察优化、物料强化;稳定期阶段,包括日常报告观测、异常问题定位、新推广机会寻找等。

2.3.1 推广管理流程

推广管理流程如图2-14所示,从图中可以清晰地看到一个账户从推广前期的准备阶段到物料准备、物料上线、正式开始在线推广,再到推广进入一个观察测试期,之后是一个调整强化期,进而到相对稳定期,整个推广管理流程大概就是这几个阶段。

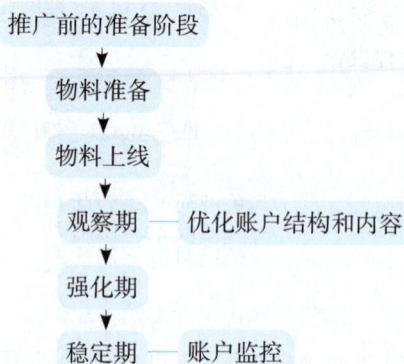

推广前的准备阶段
↓
物料准备
↓
物料上线
↓
观察期 —— 优化账户结构和内容
↓
强化期
↓
稳定期 —— 账户监控

图 2-14 推广管理流程

下面分别介绍每一个流程的具体内容,以及需要注意的问题。

2.3.1.1 推广前的资质准备

一个账户在正式开始推广的前期,需要进行相应的准备工作。

(1)销售体系及地域政策

推广人员需要了解当地的销售体系和地域政策,包括首次预存款、服务费收费标准,不同地区根据当地不同经济水平有所差距。另外,需要特别注意的是不能跨地域开户。例如上海地区的企业(一般以营业执照注册所在地为准),不能找山东地区的百度代理商开户。

(2)开户资质

如要进行搜索推广必须具备开户资质,用户需要提交有效的营业执照照片、推广网站的ICP备案(部分行业的推广网站要求ICP备案,例如网购,能在线下单的网站)以及个人身份证信息。特殊行业还需要所处行业的特殊资质。

（3）注册申请

注册开户可以通过搜索引擎网站的销售人员或者通过在线的方式进行注册申请。

（4）信息审核

以百度为例，开户之后，百度要对账户的基本信息进行审核，审核通过之后才能开始进行推广。审核的内容包括营业执照、公司主体、从业资质、ICP备案、公司所在地、联系人信息、网站URL和网站内容等。特殊行业的特殊资质也需要审核，例如食品保健品行业、医疗行业。

关于注册商标的问题：企业可以通过提供注册商标的资质来申请注册商标保护。这样其他企业在创意中就不能包含注册商标的内容，如果包含的话会被系统拦截，拒绝上线推广。

2.3.1.2 推广前的物料准备

推广前的物料准备包含以下几个部分：

（1）方案制作

推广方案的制作需要包含以下内容：构思搭建出合理的账户结构；关键词的选择和拓展、匹配方式、出价的设置、否定关键词的添加和合理清晰的分组；创意的撰写；账户预算、推广地域、推广时段的设置和商盾IP排除设置等。

（2）物料上传

将准备好的物料上传到账户中。如果账户是小型的账户，账户层级不那么复杂庞大，关键词数量较少，可以直接在系统中进行操作；如果账户是大型的账户，一般都先将推广物料在Excel中编辑好，再将物料批量上传至推广客户端。

（3）审核

物料上传到后台之后，就进入到审核的步骤。审核包括系统审核和人工审核两个环节。

所有的物料都需要经过系统的审核，系统会设置一个敏感层，包括黑名单和一些不宜推广的非法内容。如果关键词和创意不触碰这些敏感内容，系统就会让它们直接上线生效（虽然是直接，但是实际也要几分钟乃至几小时）。如关键词和创意触碰到敏感层，就会进入人工审核。正常情况下，审核时间为1~2个工作日。

但是有些账户可能物料比较多，关键词和创意的数量都比较庞大，上传和审核的时间可能就会相对长一些。所以对于大型账户，为了避免偶尔可能会发生的系统拥堵，上传速度慢的情况，建议提前进行上传工作，把时间安排得充裕一些，上传之后耐心等待系统审核，审核通过之后就可以正常上线推广了。

2.3.1.3 推广物料上线

在物料上线当天或第二天,需要确认方案按预设目标正常上线,这里要进行相关内容的检查,包括物料状态检查和推广位置检查。

（1）物料状态检查

物料状态内容包括以下三个方面:

- 推广相关设置检查

推广相关设置包括账户和各计划的预算设置、推广地域设置、推广时段设置和IP排除设置等。

- 关键词状态检查

关键词无法上线主要有五种情形:搜索无效、待激活、审核中、不宜推广和暂停推广。

- 创意状态检查

导致创意无法正常在线推广的常见原因有:待激活、审核中和不宜推广。

待激活、审核中情况类似于关键词检查状态。创意不宜推广主要是指创意中可能包含了黑名单词汇、注册商标或涉及一些不好的内容等。另外推广URL打不开或非法跳转也会导致不宜推广。

（2）推广位置检查

关于推广位置的检查,主要有以下两种方法:

- 前台搜索或利用推广实况工具

如果查看的是本地的投放情况,可以通过前台搜索来进行查看,也可以通过推广实况查看;如果是查看外地的排名情况,只能通过推广实况查看。

- 关键词报告

在关键词报告中可以看到关键词的展现量、点击量、点击率、消费和CPC状态等信息。在推广的初期需要频繁查看报告,尤其是账户中消费和点击量排在前面的关键词,查看整体情况是否正常。

（3）关于"有效点击"

有效点击是指用户点击推广信息进入网站,待页面100%被加载展示,这样的点击算一次有效点击。

无效点击主要有以下几种情况:

- 网站打开速度慢

实验数据表明:一个用户能够忍耐的页面打开时间为6~8秒,如果一个页面8秒内还打不开,多数用户就会失去耐心,直接关闭页面。如果着陆页制作得很炫,采用了Flash等形式,由于页面太大,不便于打开,打开的速度就很慢,会导致页面不能够100%展示。所以在推广的同时,一定要注意检查着陆页的连通性和打开速度。注意,如果网民点击了广告,网站打不开还是会扣费。

- **● URL出错**

点击广告,页面打不开、404页面等错误页面,属于无效点击。注意,虽然系统会自动巡查推广URL的连通性,但是系统并不是非常智能,也没有每时每刻巡查,所以一定要注意URL的打开情况。

- **● 恶意点击**

一般而言,采取手动或利用计算机程序的方式模仿正常用户点击广告时,恶意点击便发生了。例如百度有反作弊系统,会屏蔽由于各种原因引起的无效点击,只对有效点击收取费用,过滤详情可见商盾无效点击过滤报告。

2.3.1.4 测试期管理

测试期的管理是指推广上线一周后,需要观察账户的表现情况,对账户进行调整和优化,以便达到预期的效果水平。

搜索推广其实是一个不断优化的过程,并不是说一开始整理好关键词、写好创意上线之后就高枕无忧,一成不变了。它并不像展现类的推广形式,可优化的空间较小,搜索推广可优化的空间非常大,需要通过不停观察和调整,让整个账户健康运行下去。所谓的健康运行,就是它能够达到企业预期的效果,并且效果越来越好。

2.3.1.5 稳定期管理

经过测试期之后,账户投放进入相对稳定期,在账户上线投放一个月左右后,账户的各项数据表现基本稳定,基本达到了预设的投放目标。在这个阶段,需要做以下三个方面的事情:

（1）对投放趋势的观察

在稳定管理阶段,如果各项指标都非常稳定,基本达到预期目标,就可以对账户投放趋势进行观察。可以结合一些工具（例如百度指数、百度司南等）查看投放后的效果。对于突增突降的情况,要分析其原因。每日进行关键词和创意的展现、点击、消费、转化等数据监控,对每一次的账户优化做好记录备份。对于数据的波动异常及时对比分析,定位波动原因。

（2）对异常问题的定位及分析

如果发现账户数据有异常情况,例如转化的突增或突降,首先看历史操作记录的影响,查看某次优化对账户效果是有提升还是下降,根据操作记录定位出所在的关键词、搜索词、创意、着陆页方面是否存在问题。针对关键词异常,可以从以下方面进行分析:

- **● 展现量变化**

首先,查看关键词的展现量是否发生了突变,展现量变化如:外界环境发生了变化,一些新闻或政策导致大的环境发生骤变，引起检索量变化，看看百度指数的情况，是否跟关键词的变化呈现出一致的变化趋势。如果这些情况都没有，再去看一下搜索词报告，看看哪些搜索词触发了账户中的关键词，是否需要调整某些关键词的匹配方式。也有可能是搜索引擎的策略调整，导致关键词展现异常。

- 推广位置及排名变化

如果展现没有问题，点击突变，查看重点关键词的排名是否发生了比较大的变化，是否排名降低，是否变成不宜推广的状态，是否质量度降低，是否参加推广的竞争对手增多导致竞争更加激烈。

（3）匹配模式的扩展及关键词拓展

在账户的稳定期，还需要根据账户数据对部分关键词的匹配方式进行调整，同时对转化好、表现好的关键词进行词量上的拓展。

参考做法：筛选出效果好的关键词，进行关键词拓展及匹配方式拓宽，拓展更多的优质关键词；及时获取搜索词报告，拓展相关性高的优质关键词；注意季节投放及网民热点，把握相关性高的热点关键词。

2.3.2 方案制作思路

制定一份完整的搜索推广方案包含四个方面，如图2-15所示：投放目标确定，关键词选择及分析，创意撰写与优化，账户搭建及各层级设置。

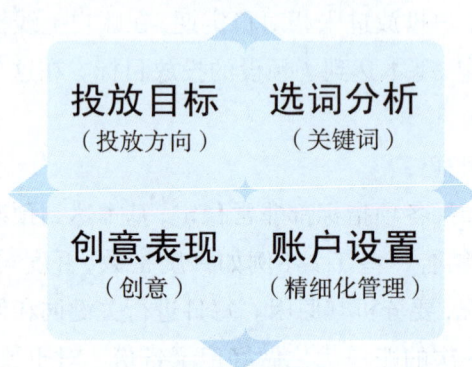

| 投放目标 | 选词分析 |
| （投放方向） | （关键词） |

| 创意表现 | 账户设置 |
| （创意） | （精细化管理） |

图 2-15 方案制作四方面

2.3.2.1 投放目标确定

分析投放目标是一切营销活动的前提。只有定准目标，了解受众以及洞察市场情况，才能制定出有针对性的投放方案。进行投放目标分析就是要在推广之前，与企业主进行深入沟通，具体可能涉及以下几个方面的内容：

- 企业产品定位以及产品卖点是什么；
- 企业投放预算是多少；

- 投放哪些地域，是否有时间限制；
- 企业为不同渠道产品分配的预算比例大概是多少；
- 企业投放效果KPI怎样进行考核；
- 企业所处行业是否存在淡旺季；
- 企业的主要竞争对手有哪些，竞争力如何。

在以上基础上确认核心目标，并展开整个方案的策划。

2.3.2.2 关键词选词分析

制作出一份完整的关键词方案大致需要如下几步：

（1）寻找核心词

寻找核心词是指找到跟业务相关的一些概况性通用词，这些词的特点是能够覆盖所有相关的业务内容。具体寻找核心关键词的方法可以通过访问企业网站去寻找。

作为品牌企业，比如京东，如图2-16所示，京东官网首页有全部商品分类，可以通过整个产品分类明确产品线，每条产品线下面的关键词都可以作为核心产品词进行添加。

图 2-16 京东购物页面

（2）拓展关键词

仅仅找到核心关键词还远远不能满足推广的需求，在获取核心词之后，还需要拓展更多的关键词，进而捕捉更多的潜在用户。具体可使用"关键词规划师"工具来拓展关键词，如图2-17所示。

在工具中可以输入核心词来进行关键词拓展。系统还会提供这些关键词的日均检索量、竞争激烈程度等信息供选词参考。

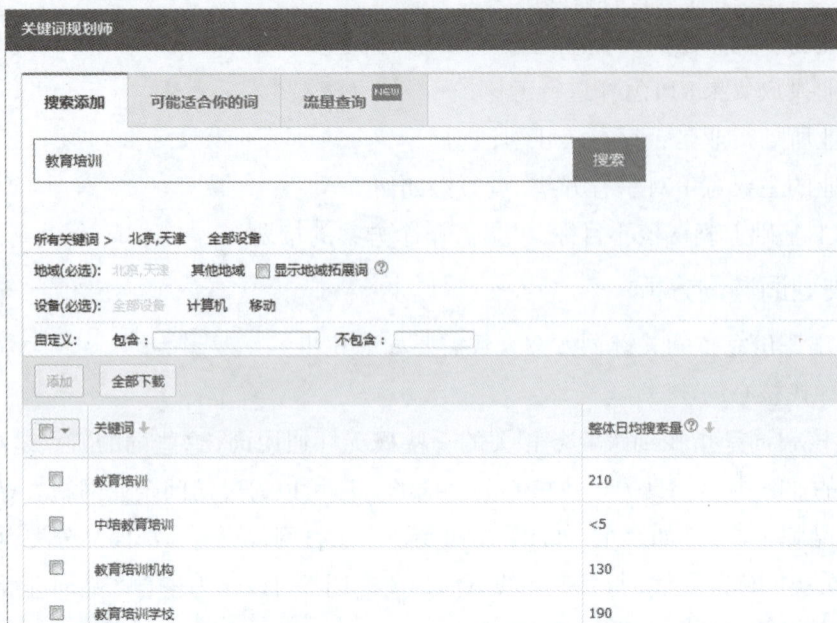

图 2-17 关键词规划师工具

（3）筛选关键词

不同的关键词达到的营销目的与它覆盖的受众范围都是不同的，可以根据推广需求来进行筛选。通常情况下，品牌词、产品词、通用词、人群词在受众范围上是逐渐扩大的，它们所能实现的营销目标也是逐渐提升的，图2-18所示为佳能相机的关键词分析。

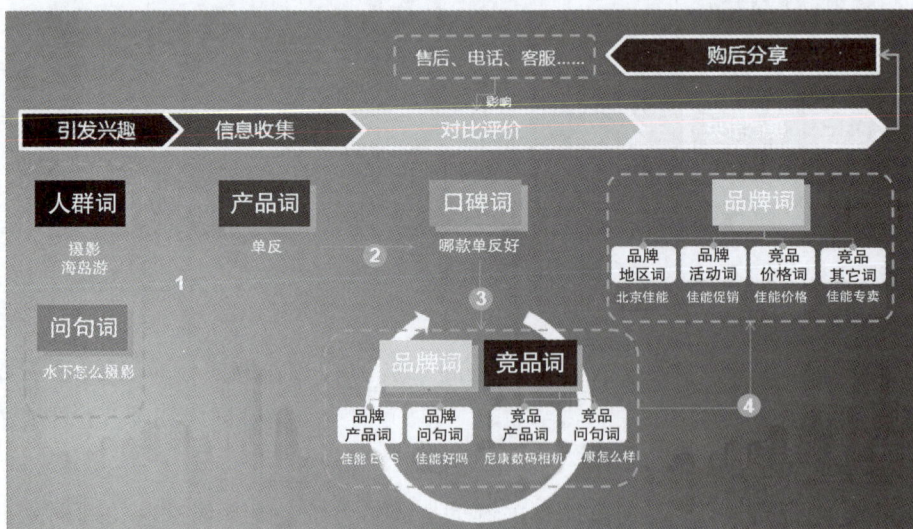

图 2-18 关键词分析

品牌词：公司的品牌名称（如百度、淘宝），选用这类关键词，针对的是企业的核心人群（老客户或者对品牌有一定了解的客户）。一般而言，有一定品牌知名度的企业应该重点投放此类关键词。如果企业的品牌词没有申请商标专利,那最好先申请后再推广,避免同行抢注。

产品词:是企业做推广的首选,这类关键词体现出网民明确的需求,是优质的目标人群。

通用词:如单车、自行车就是通用词,这类词百度检索量比较大,搜索这类关键词的网民有部分是可以争取的潜在客户,但也有相当一部分网民无购买意向,例如只单纯了解相关信息。所以在选择通用词时需要多从网民搜索意图进行分析。

人群词:潜在客户(人群)会搜索的词,同时这些词又不是业务直接相关的词,可以称为人群词。是目标客户所表现出的主流兴趣点,如雅思托福培训的账户,人群词就是"出国留学""出国留学需办理的手续"这样的词。人群词的针对性不强,甚至其中很大一部分是无需求的人群。

竞品词:就是竞争对手的企业品牌关键词,之前很多企业做推广的时候都不重视竞品词,其实竞品词很多情况下甚至比大多数产品词有着更高的转化率。中小型企业可以把知名品牌的名字添加为关键词试试。如"大众汽车"的竞品词是"丰田汽车"。当然,因为牵涉商标保护的问题,如果选用竞品词做推广,还是有很多限制,例如不能放到创意里面,更不能插入通配符,但允许作为关键词购买。

如图2-19所示,纵轴是企业主追求的效果或目标,可以总结为从效果取向到品牌取向的提升;横轴是对目标受众特征的概况。

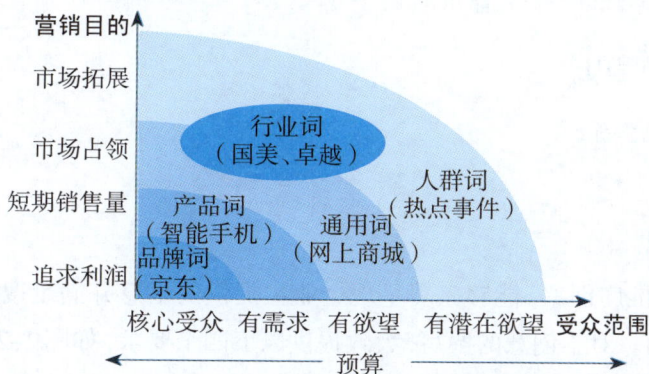

图 2-19 基于营销目标选词分析图

(4)分组关键词

分组关键词直接关系账户的表现和后期管理优化的便捷程度,是至关重要的。常见的分组方式为按照关键词的不同类型划分。如果一个关键词同时包含好几个分类,可以根据词性、词根、句式等,把一级分类划分为更为细致的二级分类。如图2-20所示,可以大致了解关键词分组方式。

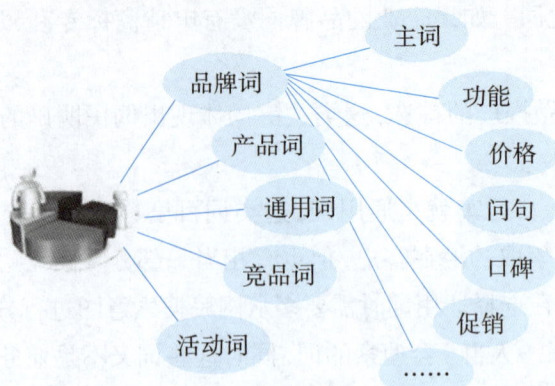

图 2-20 关键词分组方式

如图 2-21 所示，新品手机的品牌词下有品牌、品牌产品、品牌相关等品牌词；通用词下有产品通用、产品价格等通用词；竞品词有竞品产品词；活动词下有活动相关词等。

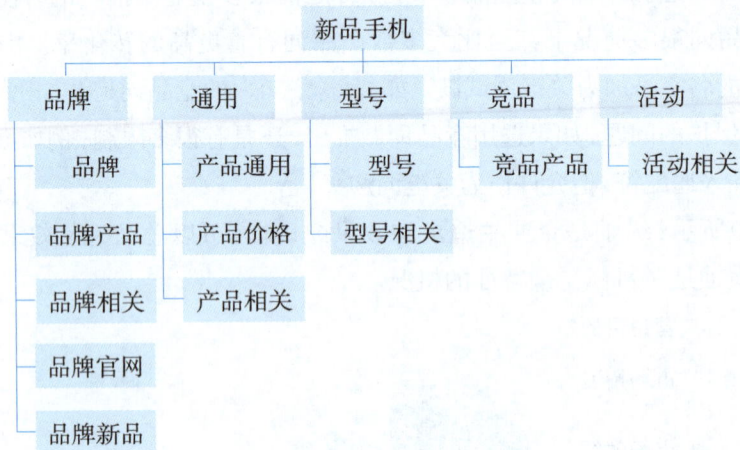

图 2-21 手机类账户结构

2.3.2.3 创意表现

一条优质的推广创意，能够完美呈现企业主提供的信息并满足搜索者对信息的需要，达到推广目的。对于创意的撰写，大致提供以下四个要求，如图 2-22 所示。

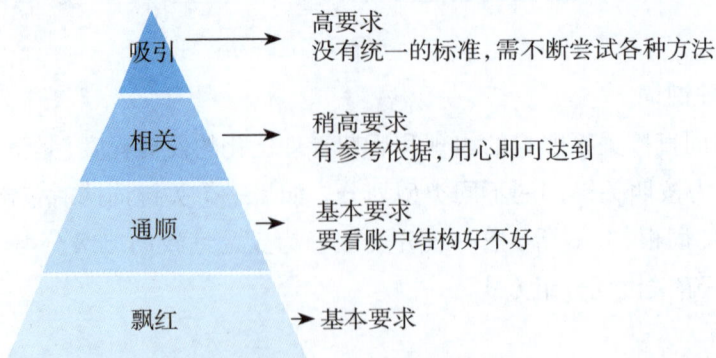

图 2-22 创意表现要求

（1）飘红

飘红即创意中文字显示为红色，有两种情况会出现飘红现象。

当创意中有与搜索词一致（或意义相近）的部分时，会飘红。所以多使用通配符，可以把通配符里面的词替换为单元内与搜索词一致或意思最为接近的词，可增加创意飘红的概率。

如果创意标题或描述中含一个国内地名（省级或市级），当网民提交的检索词中不含地名、但网民所在地（以系统机制识别的IP地址为准）包含在上述地名辖区内时，该地名就会飘红。如图2-23所示，在北京地区搜索"教育培训"，创意中出现"北京"飘红。

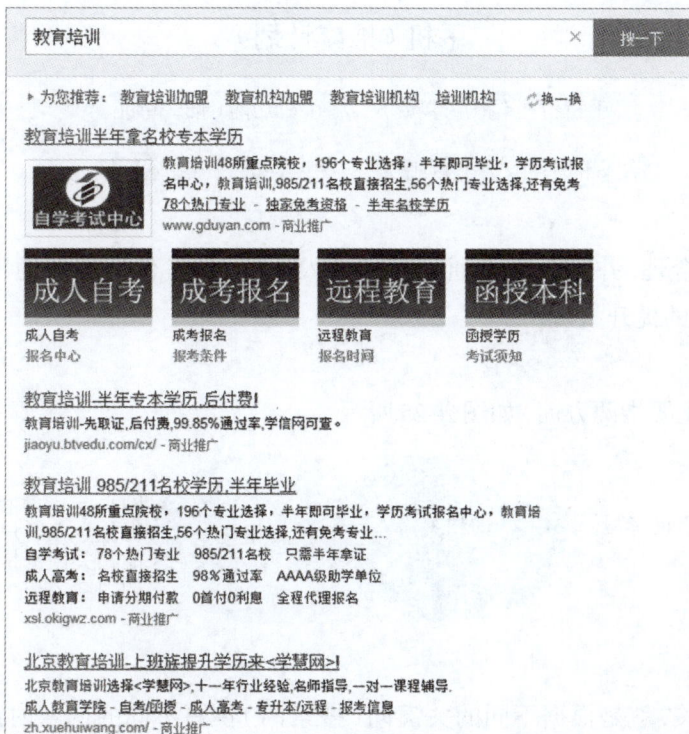

图 2-23 飘红

飘红有以下几个小技巧需要注意：飘红数量合理，适当飘红效果好。通配符不是越多越好，通常建议三个左右为宜；标题飘红，提升整体点击率。标题比创意描述更引人注意，保证标题有飘红效果最佳；选择单元内最长关键词。这样可以保证创意展现在任何位置时，能够更有效地显红，同时可避免触发关键词代入后超长，导致截断不合理。

（2）通顺

创意通顺是保障网民阅读体验的基础。通顺的创意点击率更高，质量度得分也更高。造成创意不通顺的两个原因，如表2-3所示，双管齐下，才能保证创意通顺。

表 2-3　创意不通顺原因

滥用通配符	账户结构有问题
连续不断嵌入多个通配符； 多个通配符之间没有"有连续语义的"语句	不同结构的词在同一单元中，共用创意时，有可能会造成创意不通顺

由于一个单元内的关键词共用创意，因此要保证创意通顺，首先需搭建合理的账户结构。合理的账户结构中，单元搭建遵循两个原则，如图 2-24 所示。

意义相近　　　+　　　结构相同
如客户 X 销售电子产品，建立凤巢账户"客户 X"进行推广，按产品线划分推广计划，以下为其中一个推广计划"手机"的机构

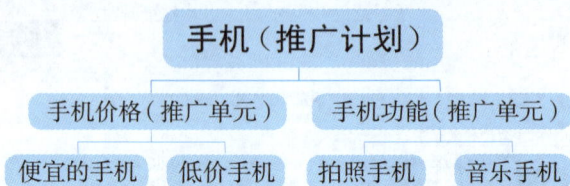

图 2-24　单元搭建两原则

账户结构合理，并结合以上通配符的插入技巧，就可保证创意通顺，获取更多点击，实现质量度的提升。

（3）相关

创意相关主要指两方面，如图 2-25 所示。

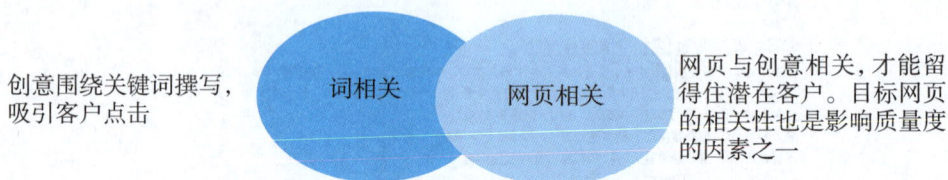

创意围绕关键词撰写，吸引客户点击

词相关　网页相关

网页与创意相关，才能留得住潜在客户。目标网页的相关性也是影响质量度的因素之一

图 2-25　创意相关的两方面

做到词相关，就是根据不同的关键词（搜索词）撰写不同的创意内容，满足网民的搜索需求，提升点击率。

● 较宽泛的搜索（搜索意图不明确）

网民搜索此类关键词可能包含多种目的，无法具体判断其需求。这种情况下，若在创意中给出的具体信息与网民的目标不一致，可能影响推广效果。因此，建议给出整体性的推广内容，而无需细化至某一细节，如表 2-4 所示。

表 2-4　按整体性优化对比

搜索词	优化前	优化后
手机	超值 XX 手机，双卡双待，超高性价比，就在 XX 网！	手机——XX 网千余热销机型，全方位手机服务。

分析:优化后减少过于具体化的信息,不给出具体的某一品牌,而是整体告知手机售卖,并突出服务优势,更可能满足网民对获取丰富信息的期许。

- 信息需求的搜索

当网民搜索目的是获取信息时,建议着力点为满足信息获取,撰写内容应包含网民真正需要的信息点。同时避免给出太强的商业信息,隐藏商业属性,让网民心理上更易接受。优化前后对比如表2-5所示。

表2-5　按信息需求优化对比

搜索词	优化前	优化后
如何使用网盘	百度——网盘新注册用户免半年年费,立刻拥有15G空间!	百度网盘——简单易用,一键关联账号,轻松上手!

分析:优化后去掉了网盘售卖的内容,突出网盘的使用信息,符合网民预期,相关性较高。但要注意在跳转目标页上提供相应内容,保持与推广内容的一致性。避免网民用户体验不佳,影响后续推广效果。

- 消费决策的搜索(精准搜索)

在网民经过信息获取阶段,发展到有较强的购买意向时,搜索意图非常明确。为了找寻某个商品,会出现较明确的搜索词。这时,需注意跳转目标页的设置,应与该商品相关,避免造成与网民预期不符,影响用户体验。对该类需求,若为该商品官网可进行明示,大力推广。若非官网,不具有品牌优势,可从以下两方面入手:

第一,充分提供影响消费者购买决策的信息,如价格、优惠等,如表2-6所示。

表2-6　价格信息优化对比

搜索词	优化前	优化后
买百度手机	百度手机,就上XX网!	百度手机,XX网现货发售,低至2099元!

分析:优化后丰富了展现内容,并突出价格优惠信息,符合网民对买手机的搜索需求。

第二,突出特殊卖点,特别是在不具有特别的知名度时,应强调具体的优势或差异点,如表2-7所示。

表2-7　优势信息优化对比

搜索词	优化前	优化后
好的网盘	百度网盘,随时提供文件备份!	百度网盘,空间大、速度快,支持手机端!

分析:优化后突出"空间大""速度快""支持手机端"等卖点,具有强烈的吸引力。

网页相关就是网页与创意相关,当用户搜索的结果页面的内容与创意相关性较大时,可引导用户继续访问,甚至会产生转化;当点击后的页面与创意不相关时,用户通常都是采取关闭页面的做法,造成"无效点击",自然也就无转化的可能。

（4）吸引

吸引力是创意的最高要求，是帮助推广结果在众多竞争中脱颖而出的最佳途径。而网民的搜索行为习惯往往是会变化的，因此创意的吸引力也是相对的、不断变化的。必须不断尝试、持续优化，才能保持优势。提升创意吸引力可以从创意形式和创意内容两方面考虑。

- 创意形式

优化语句结构组织精练的语言，同时要注意避免无意义的冗余信息。可采用短句式提升易读性，疑问句、感叹句丰富展现形式，并注意断句符的合理使用。如表2-8所示。

表2-8 短句式优化对比

搜索词	优化前	优化后
组织行为学	图书《组织行为学》- 行为主义 - 促销仅售 52.5 元 7.7 折	买正版《组织行为学》到XX网，7.7折货到付款！

分析：优化后调整语句结构，去除冗余信息，增加品牌"XX网"信息，重点内容一目了然。

规范标点符号的使用，注意创意撰写中标点符号的规范性，合理运用符合书写规范的标点。使用有意义的符号、数字、字母、空格符。例如产品型号中必须包含的符号、数字或字母。避免在创意中使用特殊符号，包括但不限于○△▲◎☆★◇◆□■▽▼☉¤ 等。如表2-9所示。

表2-9 规范符号优化对比

搜索词	优化前	优化后
格林童话	买格林童话，促销30元！	买《格林童话》，六一儿童节，满200返60，快来XX网！

分析：对书名"格林童话"使用书名号，符合网民阅读习惯，突出重点。同时强调了节日促销、网站品牌。

- 创意内容

合理运用品牌影响力，如表2-10所示。

表2-10 根据不同品牌实力优化对比

具有明显的品牌优势时			平台聚合类用户			品牌实力较弱		
建议突出品牌名称			借助商品品牌的影响力进行推广			弱化具体品牌信息的宣传		
搜索词	优化前	优化后	搜索词	优化前	优化后	搜索词	优化前	优化后
爱奇艺	海量视频，精彩呈现	爱奇艺，高清影视剧在线观看	金百万团购	美团团购代金券任您选择	金百万烤鸭团购仅6.6折！	XX牌粉底	XX牌粉底独家销售，古传秘方	纯天然质地，国货精品，高效成就完美裸妆

不同行业有不同的行业属性，考虑行业特殊性，突出网民关注的侧重点。如表

2-11所示,优化后突出3C(即电脑、通讯和消费性电子的统称)行业的重要属性,如手机是"100%正品行货""全国联保",并有明显的相关性。

表 2-11　突出行业特点优化对比

搜索词	优化前	优化后
2017 年手机	手机网购,就上 XX 网	2017 年手机,超高配置,100% 正品行货,全国联保,送货上门!

提升内容丰富程度:对信息进行充分表述,避免过短而缺乏有效信息,网民认可度低。如表2-12所示,优化后丰富了"注册""15GB"等具体信息,寻求认可,吸引网民点击查看。

表 2-12　描述程度优化对比

搜索词	优化前	优化后
网盘	找网盘,用百度网盘!	百度网盘,免费注册,15GB 超大空间!

展示产品、服务的独有优势,如某品牌化妆品的主打宣传语是"纯天然无刺激"。

2.3.2.4 账户结构搭建及设置

（1）账户结构搭建

图2-26是账户结构搭建图,百度搜索推广账户中设有推广计划,推广计划下设置了推广单元,推广单元下设置了关键词和创意。

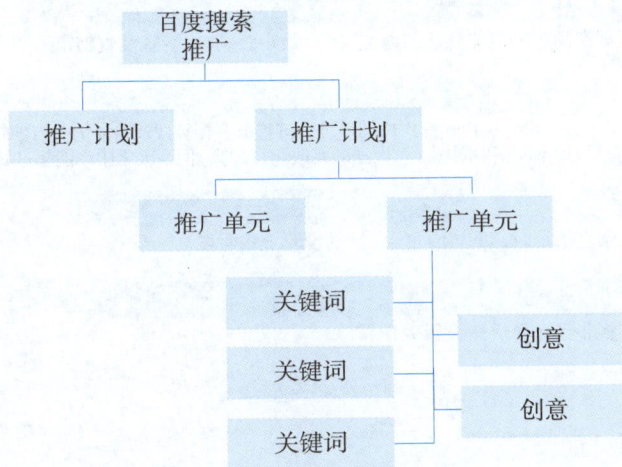

图 2-26　账户结构搭建图

不同类型账户适用的账户结构是不同的,这是在设置账户结构时首先要考虑的维度。

● 对于普通多业务账户的推广设置方法

可以根据产品/服务、推广预算、推广地域等维度划分多个计划;对特殊事件,如促销、活动等可以单独建立一个计划。

拥有多种业务的企业主,可以根据产品推广预算或地域,划分多个计划,对于特殊的事件可以单独建立一个计划,比如电商双十一促销活动等。

- 对于单一业务账户的推广计划设置方法

可以在一个计划下管理,也可按照关键词类型划分为多个不同的计划。

- 对于大型多业务账户的推广计划设置方法

按照推广产品或业务的种类、推广地域、推广预算等具体情况划分。例如,可以将效果好、转化率高的关键词划分到一个推广计划中,分配较高的预算重点推广。或者用户想尝试一批流量较大的关键词,又担心这批词汇拉高总体消费,就可以为其建立单独的推广计划,并分配一定的预算。

另外,可根据网站结构、转化目标等要素划分,如果有多重推广目标,如获得更多的注册量、获得更多的电话和订单、吸引更多人参与线上活动等,那么可以将计划划分为注册类、销售类、在线活动类等不同计划。

(2)账户设置

账户结构搭建完成之后,还要进行相应的设置。很多用户在后续的推广过程中常常会发现,同样的账户基本设置,但是在不同的账户中,流量和效果的具体表现差异很大。因此,优质的账户设置对于提升后端转化效果有很重要的作用。账户的基本功能设置如图2-27所示,下面针对一些具体技巧进行讲解。

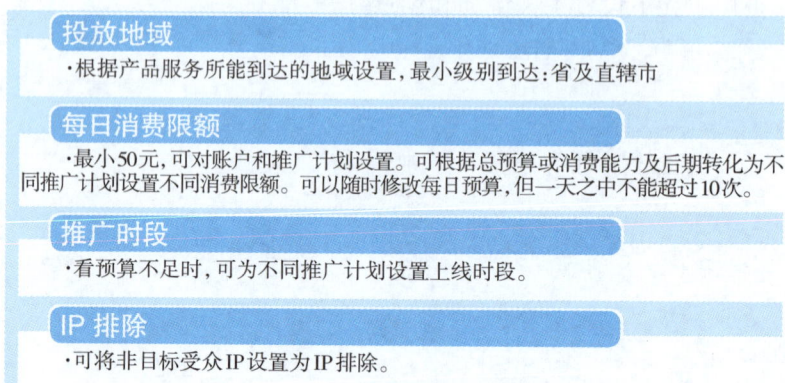

投放地域
·根据产品服务所能到达的地域设置,最小级别到达:省及直辖市

每日消费限额
·最小50元,可对账户和推广计划设置。可根据总预算或消费能力及后期转化为不同推广计划设置不同消费限额。可以随时修改每日预算,但一天之中不能超过10次。

推广时段
·看预算不足时,可为不同推广计划设置上线时段。

IP 排除
·可将非目标受众IP设置为IP排除。

图 2-27 账户设置四功能

- 地域设置

投放地域就是指产品或服务能够到达的地区,目前百度账户的投放地域可以设置为省、直辖市和二级地市。可根据以下情况进行投放地域的设置:

第一种情况:由于市场地域的限制,根据整个市场运营或投资策略,可能需要针对不同地区设置不同的推广预算。重点投放地区要给予更多的预算分配,非重点地区给予相对少一些的预算分配。

第二种情况:运营地域的限制,比如某公司销售一种产品,这种产品只面向河北省售卖,那么这时就要在投放地域上设置为河北省。

第三种情况:不同的受众细分,如一个培训学校,它的招生范围仅限于北京地区,那么,这时就要在投放地域上设置为北京市。

- （日）预算设置

每日消费限额就是根据企业的预算情况,以及后期的转化情况来对整个账户或者各个计划进行消费上的控制。当预算有限时,通过消费限额的设置可以更加精准地控制消费情况。这样所设置的金额就是整个账户或计划消费的一个封顶数值,如给账户的每日消费限额设置为一天600元,就是说这个账户每天最高的消费金额就是600元。但因为账户系统的计费有一个延迟,所以实际上产生的消费金额会比设置的上限高出一点点,但不会高出太多。

- 时段设置

对于大多数推广企业来说,建议尽可能地保证长时间在线,因为不同企业的目标受众群体上网搜索的时间可能不固定,长时间在线推广可以最大限度覆盖尽可能多的目标用户。

但是在实际的推广中,有些情况下不需要24小时在线推广,或者有些情况没有办法保障24小时在线推广。

如根据目标受众的搜索习惯,他们在进行搜索并产生转化的时间可能是中午休息,以及20点~22点这个时段,那么可以将推广时间设置为这两个时段。

如企业的总预算或消费能力有限,这种情况下就要针对网站流量高或者转化好的时段来进行有针对性的投放。

再比如说,企业运营的工作时间有一定限制,现在很多企业网站都有在线客服,他们可以接待用户的时间可能是8点~20点,其他时段电话或者在线沟通方式都无法响应,那么这种情况就必须要进行推广时段的设置,否则就会对推广预算造成不必要的浪费。

所以,根据不同企业的情况,还需要在工作中具体问题具体分析。一般情况下,一个企业在初期推广时,建议企业尽量先不要设置推广时段,前期尽量长时间在线推广,通过一段时间的测试期,分析系统提供的数据,确认哪些时段是网站访问或者转化的高峰期,哪些是低谷期,这样就可以作为后期优化推广时段的依据。

- IP排除设置

IP排除在推广工具“商盾”里进行设置,主要目的是屏蔽非目标受众,使推广结果只出现在目标受众面前,特别是屏蔽恶意点击用户。

2.4 账户优化

有效的账户优化可以提高关键词的质量度,以更低的点击价格获得更靠前的排名,从而降低整体推广费用,提高投资回报率。

2.4.1 优化指标

搜索推广中的一个重要环节就是优化。在优化之前,需要对一些概念指标有一定了解。

首先是网站分析,如图2-28所示,任何一个企业主进行广告投放,都需要知道四个问题:我的用户从哪儿来? 去了哪儿? 在我的网页上做了什么? 是否实现转化? 这四个问题的答案要通过对网站进行检测才能看到,所以在开展优化工作之前,进行网站的监控是十分必要的。

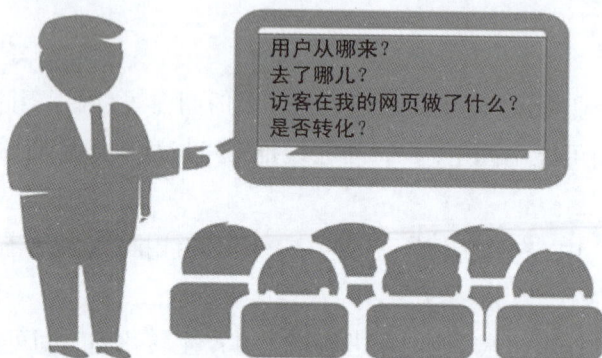

图 2-28 网站分析

分析用户从哪儿来,主要是分析进入网站的流量。一般来说,网站的流量有几种,一种是自然流量,另一种是付费流量。自然流量有两种,包括用户直接通过URL地址访问网站和通过自然搜索排名进入网站。付费的推广方式有搜索推广、网盟推广等。

用户到网站之后是离开了,还是进入了产品的着陆页? 在网页都做了什么? 浏览了哪些产品? 访问的深度有多少? 这些用户是否在网站上完成了购买、购买了什么东西、单价是多少、是否产生利润等。只有通过数据对网站有一个清晰完整的认识,才能够支撑网站持续的经营。

其次是使用监测分析工具,监测分析工具可以真实全面地反映网站的效果。现阶段的分析工具有多种,包括百度统计、GA(Google analytics,谷歌分析,简称GA)等,其可监测各方面的数据情况,如图2-29所示。

如果是效果类的企业主,需要做网站监测才可以持续转化。否则,仅进行账户优化是浮于表面的,没有对后续的交易数据进行优化,就不能全面分析,发现可能存在的问题,最终目标就无法达成。所有效果类的企业主,如果对效果要求比较高的话,建议进行网站数据分析。

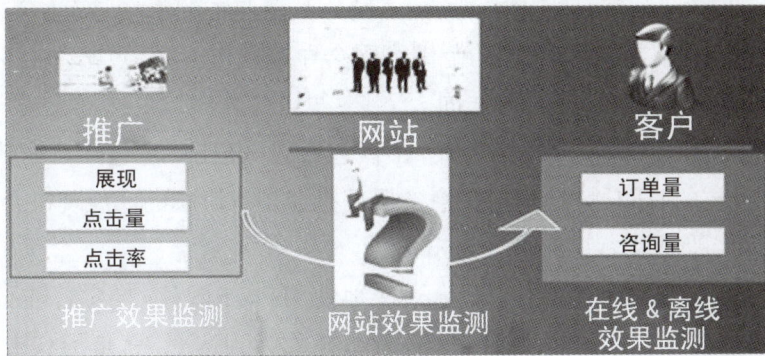

图 2-29 分析工具

回顾整个搜索过程,如图2-30所示,潜在用户会通过搜索引擎搜索相应的关键词,搜索关键词以后,可以看到各个企业主展现的信息。网民再根据提供的创意内容、品牌、品牌情况或是排名选择点击某一条推广内容,到达产品着陆页,浏览网站,之后或是离开,或是产生消费,或是产生转化。

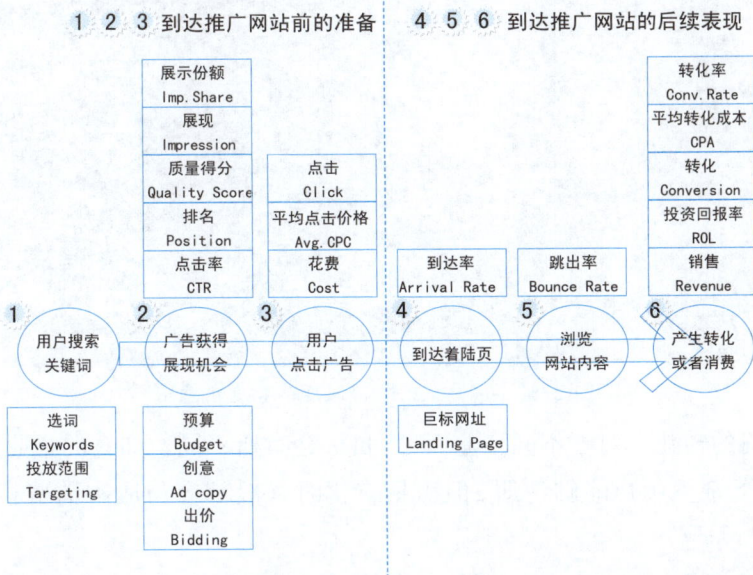

图 2-30 搜索引擎营销流程及效果优化指标全图

网民通过搜索触发广告主投放的关键词,搜索引擎展现广告主的创意,网民通过点击有吸引力的创意,到达广告主网站,根据自身需求,了解产品后,达成消费或转化。企业主可以通过网民在各个阶段的反应,找出各层级出现的问题,通过数据分析,优化各项指标及素材,达到最高的投入产出比,提升转化,降低成本,扩大营业额。

这个流程中各个环节关注的指标各有不同:

(1)选词。前面也强调过需要对用户行为进行一定的预估,所谓的预估,就是预计潜在用户或者目标用户会在搜索引擎上做什么,会搜索哪些词,或者搜索哪些词的用户是潜在用户。这些词存在日均检索量，量多量少对企业主的消费是有影响的。日均检索量的多少与选词范围有关，选词的范围不同会导致点击不同，点击率会不一样，所以可参考关键词的日均检索量来进行选词。

（2）展现机会。这跟投放范围有关，不仅包括地域范围，也包括时间范围，即在什么地方投放、投放的时间段，这些对创意的展现机会是有影响的。展现机会对应的指标有排名、质量度、展现量、点击次数、点击率。

（3）目标网址。目标网址不太适合过多地使用Flash图片，推广着陆页的大小、配色都是有要求的。到着陆页之后有一个重要指标称为到达率，就是指点击后的访问有多少真正能够载入整个页面。一般来说，只有页面监测代码被完全载入之后，才算产生一个有意义的独立访客（UV），或者是页面浏览（PV）。

（4）继续浏览和跳出。用户浏览网站一般会产生这两种行为，继续浏览或跳出，所以会有跳出率的概念，跳出率意味着页面对用户的吸引度到底有多深，是衡量用户黏度的重要指标，如图2-31所示。

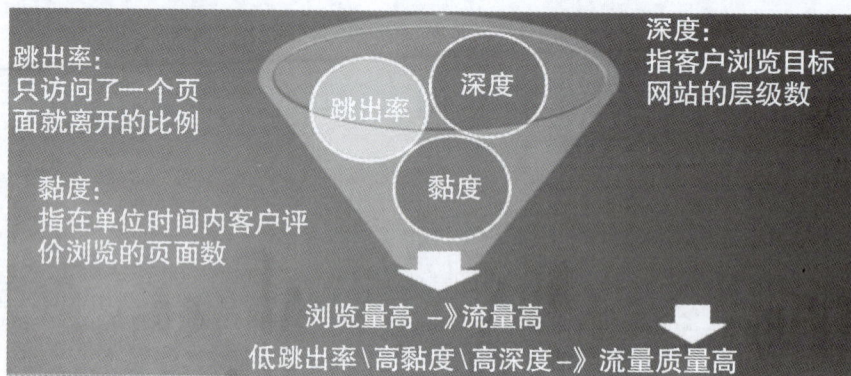

图2-31　用户跳出率、深度、黏度示意图

（5）最终的转化。对于不同企业而言，目标会有所不同。如有的企业主注重销量，有的企业主更希望用户能够注册，但衡量转化时一般都会与成本消费相结合进行整合判断。

这几个重要的流程，形成一个漏斗，如图2-32所示。首先是检索量，针对的是其目标用户或潜在用户在搜哪些词，这些词不能百分之百地捕捉到，即使完全地捕捉到，也不太可能百分之百地展现，所以首先进入漏斗的是检索量。不是所有的展现都会变成点击，因为这与创意有关，与自身品牌的影响力有关、与展现的位置有关。所以展现有一个点击率的指标。部分展现能够转化成点击，点击之后会根据页面的一些情况，有一些访问的设置，不是所有的点击都能变成有效访问。最后是浏览网站，实现购买。所以与之相应的这几个指标是网民指标、推广指标、网站指标、销售指标，都是一一对应的关系。

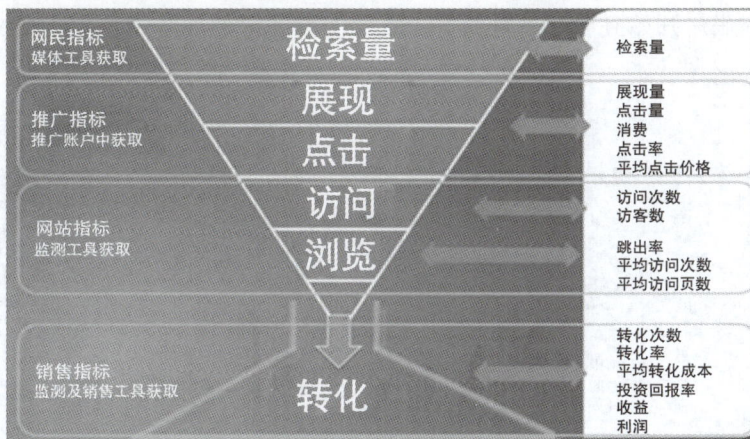

图 2-32 营销漏斗图

从图2-33可以看出:

● 图中每一个指向关系:由第一项数据指标乘过程数据指标等于结果数据指标。计算关系如:展现量 × 点击率 = 点击量。

● 长方形框是一级指标,椭圆框是二级指标,箭头指向的一端除以箭头起始的一端等于中间的二级指标。

● 隐藏公式:投入产出比 = 单均额/转化成本。

● 转化量根据行业不同,企业经营目标的不同,由企业自定义,有的是咨询量、有的是注册量、有的是订单量。

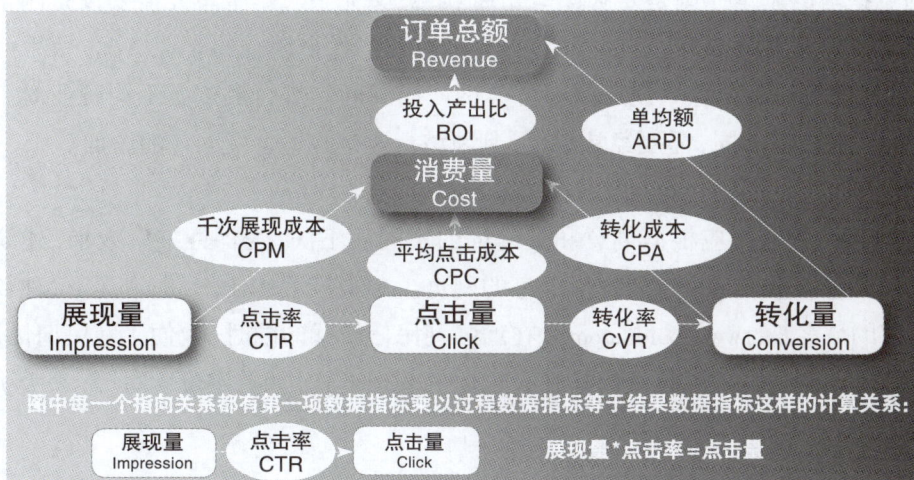

图 2-33 各指标关系图

2.4.2 优化内容

账户的优化内容主要包括:关键词判断与调整;词的设置(匹配、出价与排名);创意编辑(创意撰写、显示 URL 和访问 URL);账户设置等内容,如图2-34所示。优化过程则是从检查账户开始到找出优化样本,最后根据确定的问题指标,运用数据交叉分析的方法进行优化。

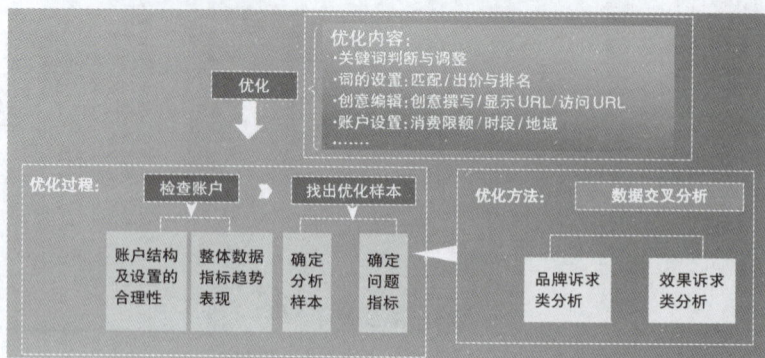

图 2-34 优化内容

（1）关键词优化

不同网民在使用同一搜索词时,搜索需求可能是多种多样的。如搜索"英语"的网民可能是在寻找专业的英语培训机构,也可能只是想了解关于英语的基本常识。相对来说,搜索"英语培训""英语培训暑期班"的网民明确地表达了对英语培训的需求,会更关注和重视相关的推广结果,也更有可能访问培训机构网站做进一步的了解。因此,更具体、商业意图更明显的关键词往往点击率也是相对更高的。

（2）创意优化

创意撰写的基本原则是要确保语句通顺、意义完整。一个单元需要设置两个以上与关键词密切相关的创意。至少需要一周时间观察各个创意的表现情况,留下好的创意,修改表现不好的创意。创意撰写可尝试使用疑问句进行测试。不同行业对于疑问句产生的优势会有不同,需要经常观察,判断该行业是否适合疑问句的添加。

（3）着陆页 URL 优化

访问 URL 的选择应根据创意和关键词的不同而不同,为保证推广效果,建议将网民直接带到包含推广结果中所提供信息的网页。对于显示 URL,一般情况下,建议直接使用完整的域名（如 www.baidu.com）,在增强网民信任感的同时,也便于网民记忆,加深其对网站的印象。也可以尝试调整显示 URL 的表现形式,如首字母大写等,来吸引网民的关注。

（4）账户结构优化

审视每个推广计划和推广单元,查看是否有可以优化的空间。建议从推广目的出发,为实现不同的推广目标建立不同的推广计划,并将意义相近、结构相同的关键词划分到同一推广单元。针对关键词撰写创意,并控制每个推广单元内关键词的数量,以保证这些关键词与创意之间具有较高的相关性,特别是尽量保证在每条创意中都使用通配符。

（5）匹配方式优化

建议按照"由宽到窄"的策略来选择匹配方式，即新提交的关键词可以设置为"短语"匹配，并保持至少两至三周的时间用以观察效果。在此期间，可以通过搜索词报告来查看关键词匹配到了哪些搜索词。如发现不相关的关键词，并通过百度统计或者其他转化统计工具发现不能带来转化，可以添加否定关键词来优化匹配结果。如搜索词报告表现仍然不理想，也可以使用更具体、商业意图更明显的关键词，或尝试精确匹配。

（6）出价优化

根据关键词的效果和预算情况，对推广单元或关键词的出价进行调整。

（7）账户其他设置

结合分地域报告来评估在各推广地域的投资回报率，调整在各地域的推广方案。例如，为推广效果较好的地域增加预算，重点投放。建议在评估效果、衡量投入产出比的基础上，结合推广下线时间，定期对每日预算进行调整。

账户优化是一个不断尝试的过程，建议持续关注账户表现，在观察、总结的基础上摸索更符合推广目标的优化方法。

2.4.3 优化过程

2.4.3.1 对不同类型账户进行不同优化

对于小型账户：越精细越好，以关键词为单位一个一个进行数据考察，然后进行相关的优化调整。

对于大型账户，需要抓住主要矛盾：

- 样本来源：推广计划、单元层级或关键词类型。
- 样本数量获取：消费占比80%的样本。

大型账户由于数据量比较大，需要针对重点内容进行重点分析，通常按照消费进行排序，首先将消费高的计划找出来，再把消费高的计划中的重点单元找出来，然后再把重点单元中的关键词找到，通过这样一个逐层寻找的过程，确定优化的方向。

重点样本数据遵循二八原则，就是80%的消费往往集中在账户中20%的关键词上，这20%的关键词就是优化的重点。

2.4.3.2 确定问题指标

首先确定的是优化样本评估维度，如表2-13所示。

表 2-13　评估维度

企业主分类	推广价值	推广成本
品牌类	推广的曝光、用户对推广的点击	消费量
效果类	用户点击推广进入网站后，产生的对企业主有价值的行为，如浏览页面、注册用户、下单交易等	消费量

评估指标如表 2-14 所示，在选取出分析样本之后，需要做的是确定问题指标。对于问题指标的确定，一定要根据企业主分类考量；如对于效果类的企业主，主要考虑的指标是网站的注册、页面浏览（PV）、浏览量、订单、成交金额等。

表 2-14　评估指标

企业主分类	推广价值	价值指标	推广成本	成本指标
品牌类	推广的曝光	IMP	消费量	COST/CPM
	用户对推广的点击	Click	消费量	COST/CPC
效果类	订单	CONV	消费量	COST/CPA
	页面浏览	PV		
	独立访客	UV		
	注册	Register		
	订单额	Revenue	消费量	COST

针对不同的考核指标，有不同的优化方法，下面通过象限法对转化率（CVR）和点击率（CTR）两个维度指标进行分析，如图 2-35 所示，分析出推广环节中可能存在的问题。

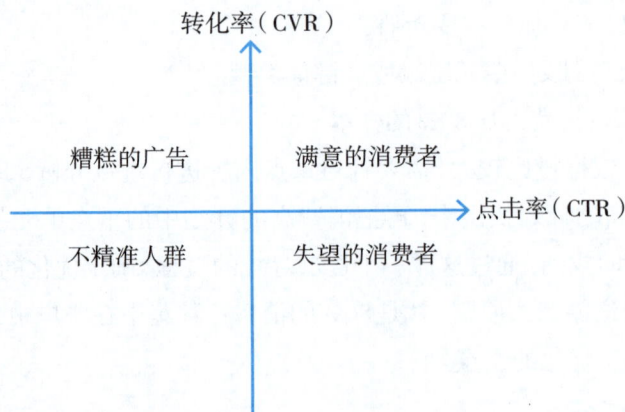

图 2-35　象限法分析图

（1）第 I 象限：转化率高，点击率高

满意的消费者，可以简单地理解为有很多人点击广告，有很多人咨询。说明网民比较容易看到广告，也比较愿意点击这条广告，加上咨询的人比较多，进一步说明"对的信息传递给了对的人,对的人找到了他要的信息"。

优化方向:扩大优质流量,提升广告点击率(CTR)。优化创意,保留高CTR创意,优化低CTR创意;拓展出同类关键词,找出同类词的共性进行拓展,如包含某词根的词;分析搜索词报告,添加价值高的搜索词为关键词。

(2)第Ⅳ象限:点击率高,转化率差

失望的消费者,可以简单理解为点击广告的人很多,但产生咨询的人较少。这说明可能是广告创意夸大诱导网民点击。另外,转化率差的矛盾应该指向网站和产品(服务)本身,例如网站打开速度慢,着陆页建设差,自身产品毫无优势等。

优化方向分为两个层面进行:

账户层面:创意描述如果过于夸大则需要注意撰写时先把握准确再考虑吸引;选词方面如果背离业务方向太多,如提交了人群词或匹配方式过于宽泛,可以通过否定词和调整匹配方式优化。

网站层面:着陆页制作保证吸引力,有突出卖点,循序渐进地引导;检查南方北方网络打开速度,有时因网站空间服务器问题,导致南方北方的打开速度差距巨大,会影响访客浏览;转化流程的优化,结合工具统计实时访客,结合IP、识别码、跳出率、访问深度、访客停留时间来判断点击是否为恶意点击,发现恶意点击可借助商盾策略屏蔽;最后看自身产品的各要素是否占据市场优势地位,自身营销活动促销方式是否在同行中占据优势地位。

(3)第Ⅱ象限:转化率高,点击率低

糟糕的广告,可以简单理解为很少人点击广告,但是点击广告的人中,有不少人产生了咨询。说明广告信息传播准确,网站层级也不会有多大问题,主要问题应该是出现在广告投放层级,例如排名不好或创意不够吸引人。

优化方向:提升广告点击率。优化排名,提高出价;优化创意,保持一定的吸引力。

(4)第Ⅲ象限:转化率低,点击率低

不精确人群,可以理解为几乎很少有人点击广告,自然转化率也就比较低。说明可能是广告本身创意并没有针对性,广告本身也不吸引人。

优化方向:可以考虑重新建立推广计划,重新撰写创意。

第3章
网盟推广

随着互联网受众碎片化时代的到来，网民获取信息的渠道呈现多样化的趋势，集中在某个媒体上的注意力持续时间缩短，对媒体的忠诚度大大下降。如何在复杂的互联网环境下寻找到目标受众，成为越来越多企业的难题。网盟推广就是在这种互联网背景下诞生的，它是搜索推广的补充和延伸，突破了在网民搜索行为中的影响范围，同时在网民浏览行为中全面影响目标受众。

3.1 网盟产品概念

3.1.1 定义

网盟通常指网络广告联盟，即集合中小网络媒体资源（又称联盟会员，如中小网站、个人网站、WAP站点等）组成的联盟，通过联盟平台帮助广告主实现广告投放，并进行广告投放数据监测统计，广告主则按照网络广告的实际效果向联盟会员支付广告费用的网络广告组织投放形式。同时，网盟也是精准投放广告的一种，主要是把企业广告挂到相应的行业网站上。主要的网站可以由企业自己来选取，可以采用文字图片的广告形式投放，一般按点击收费。网盟会根据企业所在行业，分析互联网用户的cookies，判断是不是该企业的目标客户。

网络广告联盟包括三要素：广告主、联盟会员和联盟平台。

广告主：指通过网络广告联盟投放广告，并按照网络广告的实际效果（如销售额、引导数、点击数和展示次数等）支付广告费用的用户。

相较网络广告代理而言，通过网络广告联盟投放广告的广告主多为中小型企业或者是互联网网站，品牌广告主投放的广告费用相对较少，通过广告联盟投放广告能节约营销开支，提高营销质量，同时节约大量的网络广告销售费用。

联盟会员：注册加入网络广告联盟平台通过审核，并至少投放过一次联盟广告并获得收益的站点。

联盟平台：通过联结上游广告主和下游加入联盟的中小网站，通过自身的广告匹配方式为广告主提供高效的网络广告推广，同时为众多中小站点提供广告收入的平台。

3.1.2 网盟分类

网盟主要分为两大类，其中一类是靠中小会员网站来发布广告。例如Google联盟、搜狗、百度以及雅虎等广告联盟，其本身没有广告发布站，靠的就是庞大的中小型网站来展示广告并且消耗点击，进而挣取佣金。现在中国信誉和实力比较好的广告联盟有：百度广告联盟、Google广告联盟、阿里妈妈联盟。

（1）百度广告联盟

百度广告联盟是中国有名的广告联盟，能通过这个联盟的认证，也证明网站达到了一定的成功，不是所有的网站都可以通过百度联盟的，它有其自身很严格的评价及通过申请的标准。

优点：广告覆盖面广，成本低，企业品牌曝光率高。四大定向技术能够更加精准地匹配潜在客户。

缺点：相对于搜索推广，匹配的流量质量较差，转化率不高。

（2）Google广告联盟

Google广告联盟是世界知名的广告联盟主，也是广告联盟的鼻祖。世界占有率近80%，以美金结算。

优点：广告收入非常高，广告效果好，算法精确，并以美金结算。100美金后结算，不用收税。

缺点：申请比较困难，对网站的要求很高，不容易申请通过。

（3）阿里妈妈联盟

阿里妈妈是阿里巴巴旗下的互联网广告联盟平台，当然，他们的平台，优先投放他们自己的联盟产品。如：淘宝、阿里巴巴、支付宝等广告，或者一些淘宝用户自己的广告。他们的广告以点击、购物返点类广告较多。

优点：网站申请比较简单，容易通过。

缺点：收入较低，交税较多。

另外一类就是大型门户站的广告联盟。例如新浪竞价，他们的广告都是在新浪站上进行发布，广告联盟下面没有中小网站。广告主按照网络广告的实际效果（如销售额、引导数等）向网站主支付合理的广告费用，节约营销开支，提高知名度，扩大企业产品的影响，提高营销质量。网站主则通过广告联盟平台选择合适的广告主并通过播放广告主的广告提高收益，同时节约大量的网络广告销售费用，轻松地把网站访问量变成收益。

3.1.3 网盟的营销价值

广告主对网盟推广青睐有加，与网盟自身的营销价值分不开。网盟的营销价值，主要包括以下方面：

（1）低营销成本保障广告效果

联盟营销是按效果付费，因此与购买广告位不同，它可以有效地控制广告费，实现广告费用与广告效果挂钩。广告主通过在具有潜在目标顾客的联盟会员网站上投放广告，诱导用户访问广告主网站及购买商品。只有当购买行为或注册会员等实际效果发生时广告主才支付费用，因此，广告主以最小的营销费用得到了最好的广告效果。

（2）选择广泛

无论对广告主或是联盟会员来说，在一个公共联盟营销管理系统平台上进行广告投放交易，都会扩大自己的选择余地。广告主可以根据联盟会员的网站排名和拥有的潜在受众选择适合自己广告的网站；联盟会员也可根据自己网站的风格选择适合的网络广告。

（3）更广的网络覆盖面以及品牌强化

如果广告主的网站在Google或百度等搜索结果中的排名较低，而联盟会员网站却在排名较高的位置中占据了一半，甚至排在前三位，那么，广告主无需特别对自身网站进行网站优化或排名等方面的建设，可以直接凭借在联盟会员网站上的链接和旗帜广告吸引目标市场的大部分潜在用户。

（4）集中精力进行产品开发和销售服务，提高工作效率

由于这种广告投放形式完全将广告投放交给中间的联盟营销服务商，对于广告双方（联盟会员和广告主）来说，既可以解决网站访问量问题，又可以从繁杂的营销问题中解脱出来，商家可以集中精力进行产品开发、客户服务等主营活动，从而大大提高工作效率。

（5）结果可计算

联盟网络营销"按效果付费"的广告支付方式相比传统方式最大的优势是：客户的每一个点击行为和在线活动都可以被管理软件记录下来，从而可以让广告主了解广告费用的用途，使其支付的每一分钱都用在刀刃上。

另外，强大的联盟营销管理平台具有跟踪记录、分析记录，并使用这些记录分析来为产品开发和营销策略提供科学决策的依据。

（6）准确、可靠的费用结算

资费行为是建立在准确的数据记录基础上的，所有费用都是在联盟营销管理平台上统一结算，无须人工操作。

传统的合作营销体系是广告主与多家合作单位进行一一结算，这样就为广告主带来了很多不便。而采用中间管理平台后，一方面，中间管理平台按照各个联盟会员网站给广告主带来的效果统一进行结算，广告主最后只需要确认总的营销效果是否与广告费用相一致，即可解决与多数联盟会员网站的结算问题，为广告主减少了不必要的工

作，节省了大量时间；另一方面，准确、可靠的费用结算系统也为联盟会员提供了佣金保障，由中间服务商定期预付给联盟会员佣金的信用金保证制度可以确保佣金收入安全，保障了联盟会员的权利。

（7）额外的增值服务

提供中间联盟营销管理平台的服务商可以为广告双方提供许多额外的增值服务，包括：

● 有价值的市场营销报告。广告主开展营销活动时，中间服务商可以根据公共联盟营销管理平台上的统计数字为广告主提供业绩报告。报告内容可以包括根据广告条件发生的购买数、购买额、代理费等，还可以按不同时间段、不同网站以及购买的详细信息等来评价客户网上行为的信息，以及其他广告主管理联盟网站所需要的有效资料。

● 其他营销活动支持服务。中间服务商还可以为网站促销活动提供策划及运作、E-mail营销支持、与联盟网站进行交流及宣传活动等支持服务，提高广告主的营销活动效果。

3.2 网盟推广规则

3.2.1 平台运行机制

网盟推广作为精准展示网络推广的平台，一方面利用平台精准的定向技术分析找到企业主的目标受众，然后在正确的时间、地点将企业的推广信息展现给正确的人；另一方面，通过与联盟站点的合作展示推广信息，当网民点击这些网站的推广信息时，网盟推广从中赚取佣金，这些网站也会从中获得收入分成。

3.2.2 受众定向原理

网盟最根本的内容就是要掌握网盟是如何帮助企业主找到目标受众，并影响目标受众的。以下是网盟的几种定向技术：

（1）基于受众的自然属性（地域定向）

地域定向是指企业的推广组投放的地域设置。设置地域定向后，企业的推广信息（物料）只会在它选择的地域范围展现。比如企业的业务只在上海和江浙地区，就可以只选择相应的地域。地域定向可以使定位更精准，不浪费推广费用。

系统提供了一级、二级地域设置，企业主不仅可以投放到省、直辖市，还可以进一步精准定位到省下面的地级市、直辖市下面的区，如图3-1所示。这为企业主的投放提供了更为灵活和精准的选择。

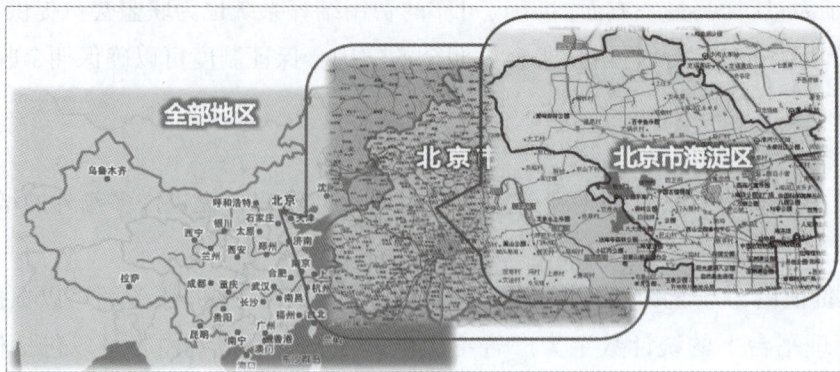

图 3-1 地域设置

（2）基于受众的长期兴趣爱好（兴趣定向）

企业主一般会基于目标受众的兴趣来进行媒体选择与投放。在网民行为碎片化的互联网时代，聚合受众成了影响目标受众十分关键的一步。网盟兴趣定向就将数亿的网民聚合成了一个个清晰的受众画像。例如喜欢购物的年轻妈妈、热爱体育的大学生、酷爱运动的年轻男士等。兴趣定向具体到网盟系统中，则是通过选择目标受众的性别、兴趣点等来实现。目前网盟可提供多个一级兴趣点供选择，如图3-2所示，同时也可以选择"白领""学生""网购"等虚拟分类人群，网盟的兴趣点体系会不断地完善与更新，以更好地满足不同企业的推广需求。

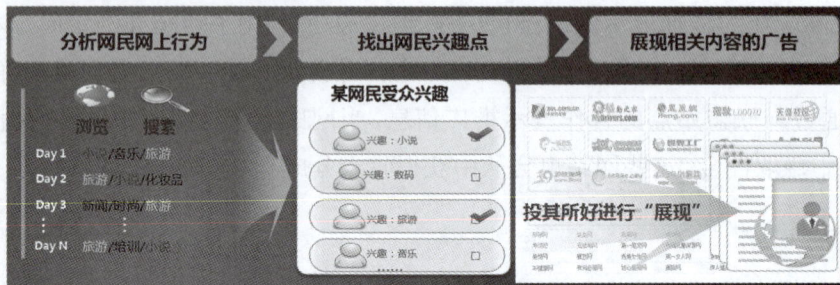

图 3-2 兴趣定向分析

（3）基于受众的短期特定行为

● 关键词定向（图3-3）

每一个关键词背后都反映了网民的强烈需求，也是企业主开展营销攻势的最好时机。网盟关键词定向基于网民的搜索和浏览行为锁定目标受众。

基于搜索行为定向是指对于在百度搜索过指定关键词的人，在其浏览企业主指定的投放网站时展示推广信息。例如，某电商企业为某电子产品设定了"智能""益智""超长待机"等关键词，当网民在百度上搜过这些关键词之后，系统则会锁定这些网民，在其浏览企业主指定的投放网站时展示推广信息。

基于浏览行为定向是指网盟会根据企业主所指定的关键词，在联盟网站中分析匹配出与关键词内容最相关的网页进行推广信息展现。这里可以选择基于当前浏览页面内容展示推广信息，或者基于历史浏览页面内容来展示企业主的推广信息，如某电商企业为在其电子产品的相关网页上展示该企业的推广信息，将对此内容感兴趣的目标人群进行锁定。推广信息和网页内容高度相关，自然会被潜在目标客户注意。

搜索过某个指定的关键词或者浏览过相关页面内容，说明网民对此产品有着强烈的兴趣和迫切的需求，把握网民的需求，在对的时机展示推广信息必将加大成交的概率。同时，网盟也会提供关键词规划师工具，帮助企业选择更符合企业推广需求的关键词，从而更加精准地锁定目标人群。

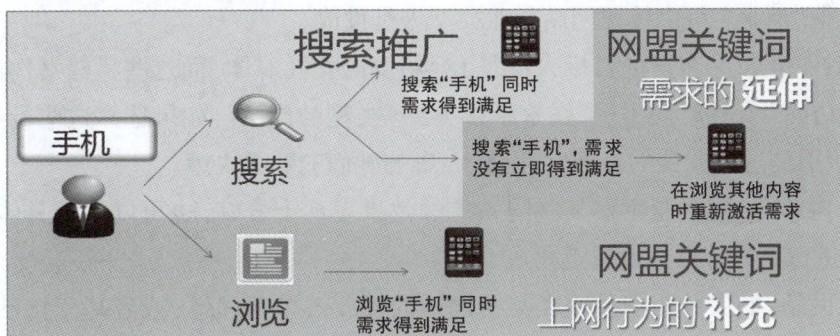

图 3-3 百度网盟关键词定向

● 到访定向

企业主往往会花大量的金钱在推广宣传上，尤其是对互联网或者传统媒体的投入惊人。但当大量的网民涌入企业网站时，点击购买的人却非常少，而企业主的忠诚老会员更是寥寥无几。如何挽回流水客户？如何再次影响来过网站的人？如何开展会员营销培养自己的忠实用户？这些问题都成为企业主面临的重要挑战。

网盟的到访定向则解决了这些问题。到访定向包括两种方式：一是指点击过搜索推广链接，二是指到访过特定网页。

点击过搜索推广链接的到访定向方式是网盟在搜索推广基础上增加的一种附加功能，只要企业主进行了百度搜索推广，并且关联到相关的推广计划，就可以快速实现。作为搜索推广的补充和延伸，这种定向方式影响的是和搜索推广同样的人群，也能获得同样精准的效果。在点击率、平均停留时长、转化等方面表现十分优异。

到访过特定页面方式是针对曾经到访过企业网站某一页面的访客（如到达"购物车"页面），百度可以通过联盟网站对这些人群再次推广企业信息，吸引这些更有购买意愿的优质客户重新"回头"访问网站，完成交易。比如想购买太阳镜的用户访问某个在线商店，查看可供选择的各种太阳镜，该网站可以借助到访特定页面锁定这些用户，并在这些用户浏览其他联盟网站时向他们展示相关产品的推广信息，例如，该网站可以向他们展示一个太阳镜特惠促销的信息。这样的推广信息可能会吸引用户重新返回网站购买太阳镜。同时，网盟系统提供"人群设置工具"来帮助企业主锁定指定人群，对指定人群进行持续、深度的影响，提升推广效果。

企业的投放经验表明：到访定向是一个投资回报率极高的定向方式。只要企业自身页面有充足的访问量，且留住的回头客有营销需求，均适合投放，尤其适合电商、团购、在线预订、分类信息、金融服务、教育培训、网络招商、网络招聘等行业客户。

（4）媒体环境选择

企业主有时候对推广信息所展示的媒体环境有一定的要求，那么网盟推广可实现企业主选择不同该行业网站的需求。网盟将海量联盟网站划分为25个一级行业、115个二级行业，企业主可以按照网站行业类型进行投放。

比如，某化妆品客户的目标人群是18~40岁的女性群体，而这些目标女性群体通常会较多地访问"女性时尚类""娱乐影视类"等类型的网站。如果选择这些行业进行投放，就能吸引到这些爱美的目标女性群体，影响她们的购买决策。

优选网站：如果企业主在某些网站上的效果表现十分好，也可以指定具体的网站，单独出价进行更有针对性地重点投放。

排除网站：如果企业主发现在某些网站的投放效果不理想，或者基于自己的经验，觉得某类网站不适合，可以进行排除设置。设置后，企业主的推广信息将不会在这些站点上展示。

3.2.3 展现计费原理

（1）创意展现形式

网盟的创意展现形式，主要以固定、悬浮及贴片三大展现形式为主。

● 固定形式

固定形式是指显示于正文区域内，在页面中有固定位置的展现形式，如图3-4、图3-5、图3-6所示，用图片、文字、图文混排等多种形式潜移默化地影响目标用户群。

其中文字展现简洁明了，能兼容搜索推广创意的风格。

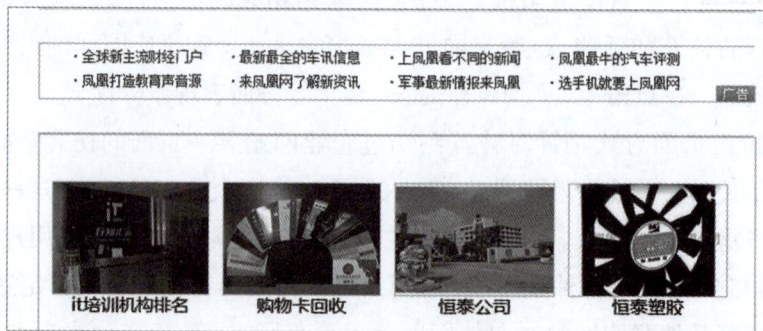

图 3-4 图片形式

图 3-5 文字形式

图 3-6 图文混排

● 悬浮形式

如图 3-7 所示,显示在网页正文内容之外,且能够随着滚动条与浏览器保持绝对垂直的位置,这种随滚动条滚动的方式就是悬浮形式,它能让悬浮的图片或 Flash 永远处在"第一屏"的位置。悬浮是目前互联网中最具影响力的展现形式。

图 3-7 悬浮形式

●贴片形式

如图3-8所示，贴片形式主要用在游戏、视频等内容加载前或者暂停时，在窗口中央用图片或者动画的形式展现企业的品牌或产品，独占5~10秒的时间段。贴片是最受关注的展现形式。

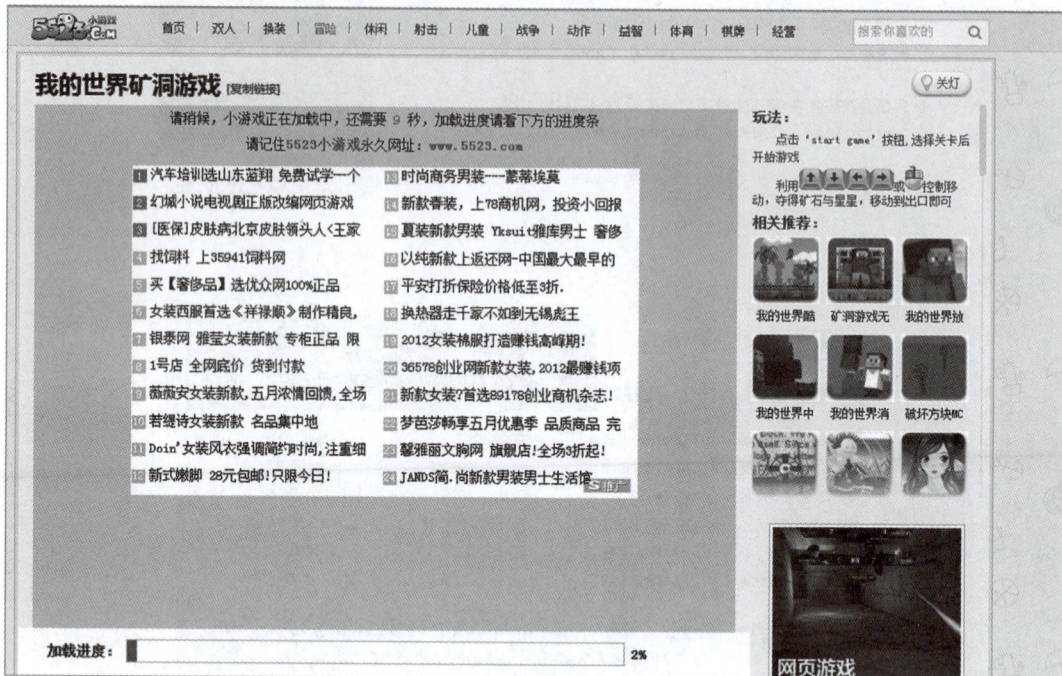

图 3-8 贴片形式

（2）计费方式

网盟主要是按平均点击价格（CPC）计费。收费金额＝平均点击价格 × 创意被点击的次数。只有当企业主的推广信息被感兴趣的潜在客户点击后才付费，没有点击不付费，同时在联盟网站上获得的海量展现是免费的。企业的推广信息能否展现主要取决于推广组的竞争力，竞争力＝出价 × 创意物料的质量度。同时，网盟推广还受展现范围的限制与影响。

如图3-9所示，网盟的计费方式是只有推广信息被感兴趣的潜在客户点击后才付费，没有点击不付费，因此可以从图中得知：

●竞争力＝点击价格，其会受到质量度的影响，点击率是影响创意质量度的重要因素。

●网盟的展现还受企业提词数量的多少、关键词质量的好坏、兴趣点的选择是否准确、覆盖地域的大小等因素的影响，进而影响企业推广信息的展现机会。

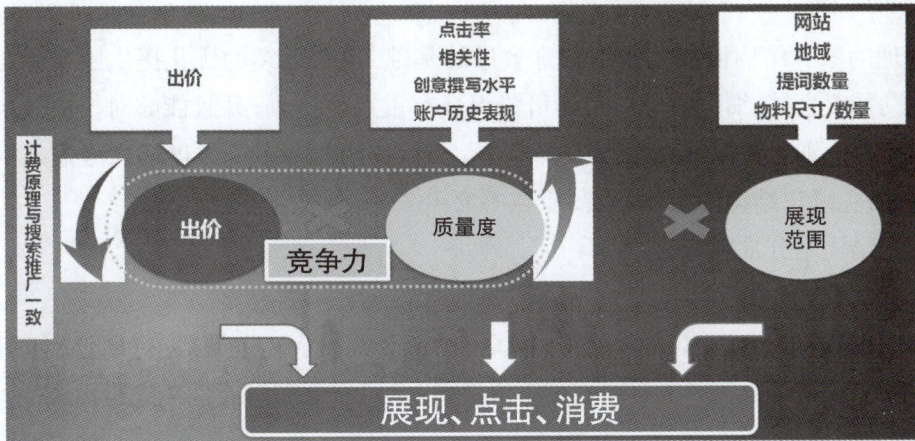

图 3-9 计费方式

3.3 网盟账户结构与账户优化

3.3.1 网盟账户基本结构

网盟的账户结构可以分为推广账户、推广计划、推广组、创意四个层级，如图3-10所示。

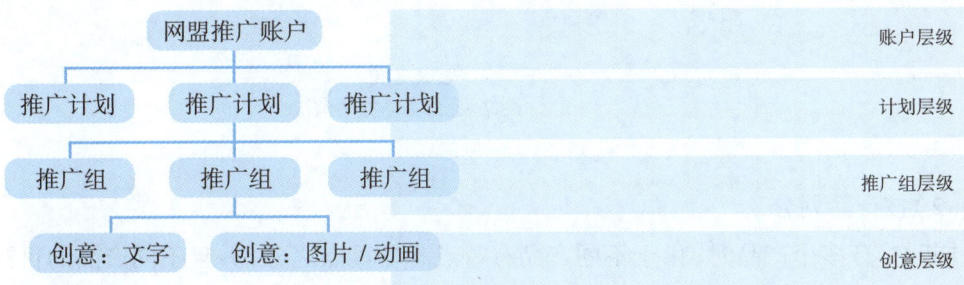

图 3-10 网盟账户结构图

各账户层级可设置的内容：

（1）账户层级：可使用网盟工具和报告定制功能。

（2）推广计划层级：可进行投放预算限额设定，并可设定投放时间、投放日程以及投放设备和移动出价比例。

（3）推广组层级：可进行投放地域、附加信息、受众描述（兴趣或行为）、投放出价、展示类型等操作，并可进行分网站出价和IP过滤设置。

（4）创意层级：新建、修改或替换创意内容，并可进行URL链接修改操作。

3.3.2 网盟账户搭建思路

合理的账户结构设置是获得良好效果的基础,也给后续的优化提供了空间。账户结构的设置理念是:细化投放。这样可以保证有重点地投放,并且能够对投放效果进行更好地把控。细化投放就是根据人群、产品、网站、物料等多个维度综合考虑来划分账户结构,避免账户结构中层次不清、重点不突出。

账户结构划分常用方法:

（1）按人群划分

按照网盟受众树三类人群（品牌受众、品类受众、行业受众）进行划分,如图3-11所示。因为不同的受众带来不同的营销价值,因此可以更有针对性地进行投放。

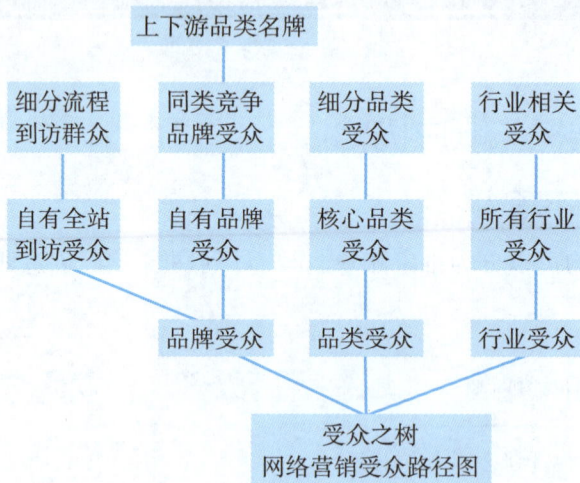

图 3-11 网盟受众树

（2）按产品划分

同时推广多个产品时,由于不同产品有重点和非重点之分,并且不同产品的目标人群不同,在网站选取和物料撰写上均需要区别对待。因而可以依据产品不同,为每类产品设置不同的推广方案。

（3）按网站划分

推广选取多个行业网站,不同行业的人群特征不同,带来的效果也就存在差异,区别投放可以区分出哪些行业更加适合投放,为后续优化打下铺垫。

（4）按物料划分

推广同时选用多种物料——文字、图片、Flash,不同类型物料需要不同出价以获得最佳展示机会,所以需要区别投放。

（5）按地域划分

推广不同地域,不同地域重点不同,重点地域重点投放。

3.3.3 网盟账户优化方法

经常有很多客户说自己网盟推广效果很差,在经过分析之后,发现很多客户网盟的基础优化没有做到位,谈何效果呢?虽然网盟推广较搜索推广的流量精准性差,但流量成本相对较低,对于大部分行业来说还是很适合的。如果真正去做精、做细的话,效果也会稳定起来。

以下是账户表现的三个方面对应的优化方法,如图3-12所示。

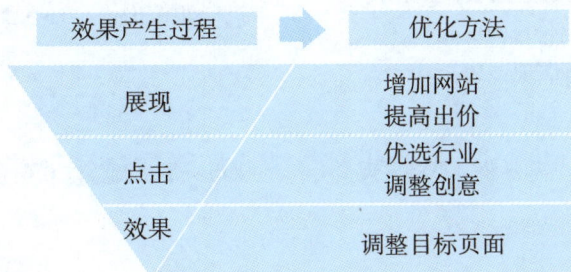

图 3-12 优化方法

(1)展现优化(图3-13)

展现优化分为两种,分别是网站数量优化和出价优化。

图 3-13 展现优化

网站数量优化:网站数量是保证展现量的基础,足够的网站数量才能够发挥网盟推广广覆盖的优势。

建议:可以在投放时,保持足够数量的网站(6个行业以上),如图3-14所示为某美容整形行业账户优化方法的示例。

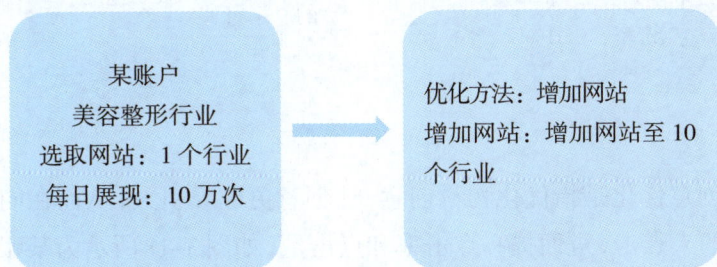

图 3-14 网站数量优化示例

出价优化:价格也是提升展现机会的有效方式,当不再扩展网站数量而又需要增加展现时,可以采取提高单价的方式。

建议:价格区间定为0.3~1元,如图3-15所示为某账户的出价优化示例。

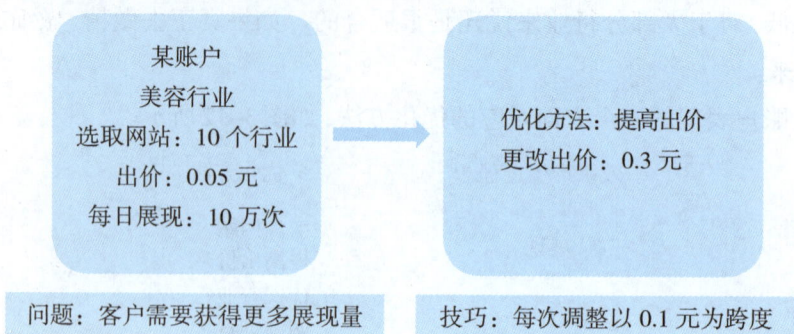

某账户
美容行业
选取网站:10 个行业
出价:0.05 元
每日展现:10 万次

→

优化方法:提高出价
更改出价:0.3 元

问题:客户需要获得更多展现量

技巧:每次调整以 0.1 元为跨度

图 3-15 出价优化示例

(2)点击优化(图3-16)

点击优化分为网站行业优化和创意优化两种。

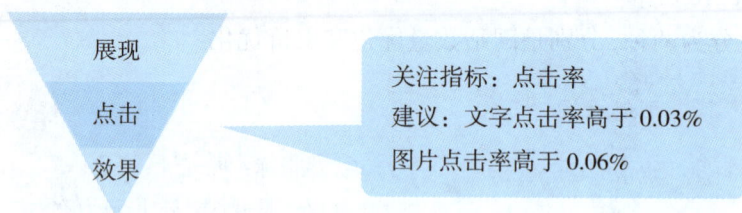

展现

点击

效果

关注指标:点击率
建议:文字点击率高于 0.03%
图片点击率高于 0.06%

图 3-16 点击优化

网站行业优化:不同的站点行业,有不同的用户群。精选高点击率站点,能够帮助客户进行有效的点击优化,如图3-17所示为某账户的网站行业优化示例。

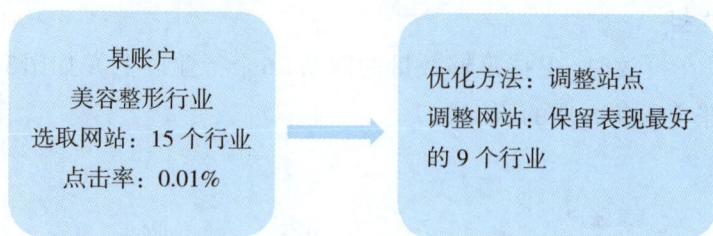

某账户
美容整形行业
选取网站:15 个行业
点击率:0.01%

→

优化方法:调整站点
调整网站:保留表现最好
的 9 个行业

图 3-17 网站行业优化示例

创意优化:创意优化是指优化物料创意,让创意更加吸引人,从而在同样展现的情况下,吸引更多的人点击,进而提高点击率和点击量,如图3-18所示为某账户的创意优化示例。

某账户
美容整形行业
投放创意：1条文字
点击率：0.01%

→

优化方法：增加创意
调整创意：
1）提交3条以上、不同类型的文字创意
2）增加图片创意（18种尺寸提全）

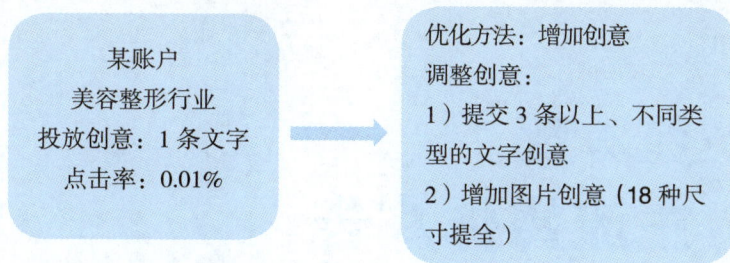

图 3-18 创意优化示例

（3）效果优化（对目标页面的优化，如图3-19所示）

展现
点击
效果

关注指标：注册/咨询量

图 3-19 效果优化

目标页面优化：方便的用户操作和简明扼要的信息能够帮助减少潜在客户的流失；简化注册、购买、留言咨询等流程，优化目标页面，一切为用户考虑。

第4章
主流媒体广告

本章介绍的主流媒体广告主要有：网页搜索品牌推广类和腾讯广点通。

4.1 网页搜索品牌推广类

目前比较常用的网页搜索品牌推广主要有以下几种，如图4-1所示。

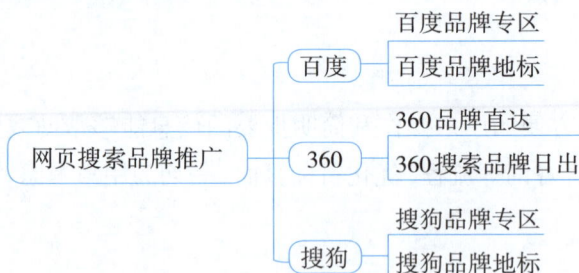

图 4-1 网页搜索品牌推广分类

4.1.1 百度品牌专区

4.1.1.1 百度品牌专区简介

百度品牌专区位于搜索结果首页上方（占据首页2/3位置），是为品牌量身定制的资讯发布平台，是为提升网民品牌搜索体验而整合文字、图片、视频等多种展现结果的创新搜索模式。

在品牌展示区上，如图4-2所示，企业官网的丰富资讯可以精选和更为直接的方式展现在网民面前，能够打通线上、线下传播通路，推动受众对品牌的认知，提升企业营销推广效能。众多网民也能更便捷地了解品牌官网信息，更方便地获取所需企业资讯。

品牌专区针对的是特定的品牌词，当网民在搜索特定品牌词、产品词、活动相关词时，才会出现相关品牌专区推广，即品牌专区按关键词精准触发。例如品牌专区的售卖方式和关键词推广不同，不是按点击收费，而是根据关键词的搜索量定价，进行包月收费。包月期间价格不随搜索展现量变化而变化，每个行业的品牌专区的底价不同。

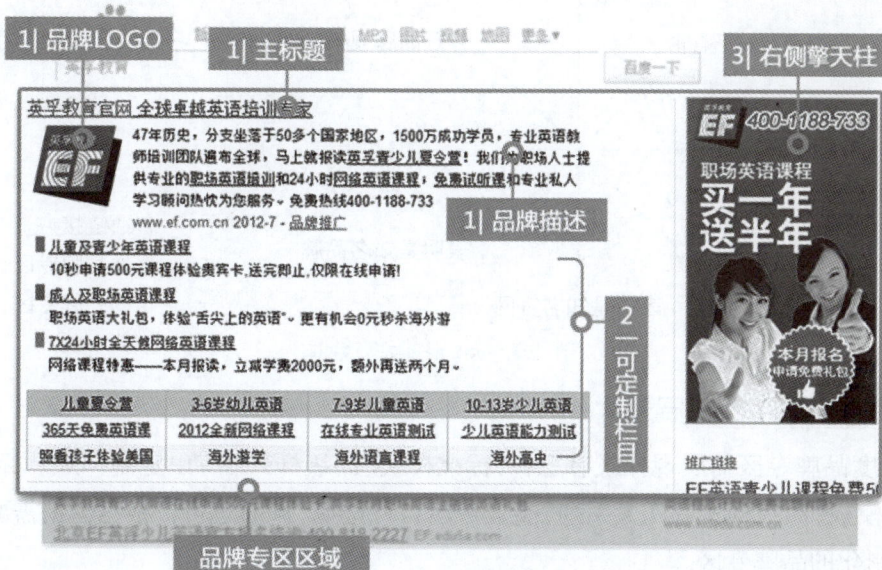

图 4-2 百度品牌专区

通过搜索引擎的不断创新,品牌专区已经成为越来越重要的企业品牌形象展示通道。如图4-3所示,从八个维度对比普通链接、普通品牌专区和定制品牌专区的优劣。通过对比不难看出,品牌专区对于企业而言有着十分特殊的意义,它实现了在搜索引擎上的品牌传播效能最大化,其营销价值主要体现在以下几个方面:

（1）品牌专区位于首页首屏黄金位置,约占首页2/3的面积,能够获得更多关注,给受众留下最佳的第一印象。

（2）品牌专区内容和企业密切相关,往往也都是用户关注的内容,这对企业树立品牌形象、增强信任感有不错的帮助。

（3）品牌专区内容丰富,图文并茂,这种形式能够很好地缩短信息到达路径,为企业提供便捷的销售道路。品牌专区可以将网民所找的信息,以最短的路径传递到网民面前,减少因信息传播途径增多而带来的衰减。企业可以通过品牌专区,全面展现营销活动详情。

（4）品牌专区作为互联网时代企业重要的沟通渠道,让官方信息的传递变得更加直达。

（5）品牌专区可以说是距离网民最近、最直接的企业信息发布平台。在企业的危急时刻,能够及时发布企业信息,做好正面引导,起到危机公关的作用。

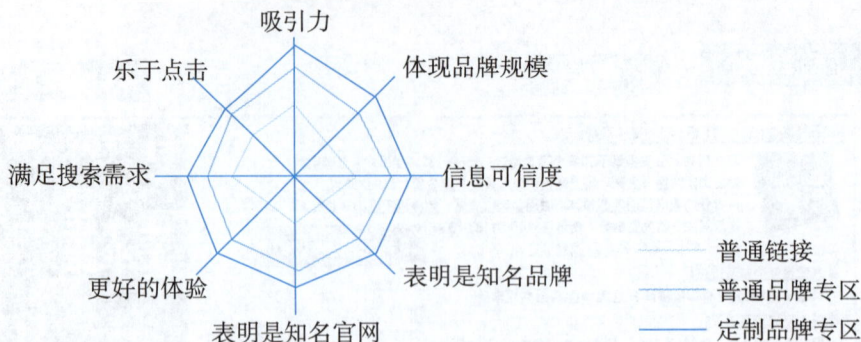

图 4-3 品牌专区类型特征

4.1.1.2 百度品牌专区展现样式

百度品牌专区的展现样式有三种：标准样式、高级样式和VIP定制样式。标准样式有固定模板，高级样式有四大系列，企业可以自行选择，同时也可以根据营销需要，申请VIP定制化的品牌专区。

（1）标准样式

品牌专区标准样式由左侧文字和右侧擎天柱组成，左侧文字区域由于排版不同，共有四款样式可选，分别为：仅栏目、仅表格、栏目+表格、栏目+按钮。四种形式的示例如下：

• 仅栏目，如图4-4所示。

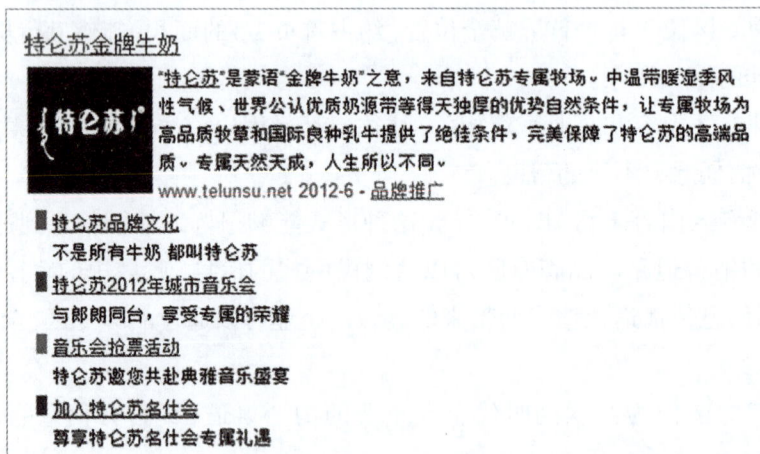

图 4-4 仅栏目样式

特点：多栏目进行展示，条理清晰，能够将品牌活动或产品的信息第一时间传递给潜在目标用户。

应用：适用于大多数客户。

• 仅表格，如图4-5所示。

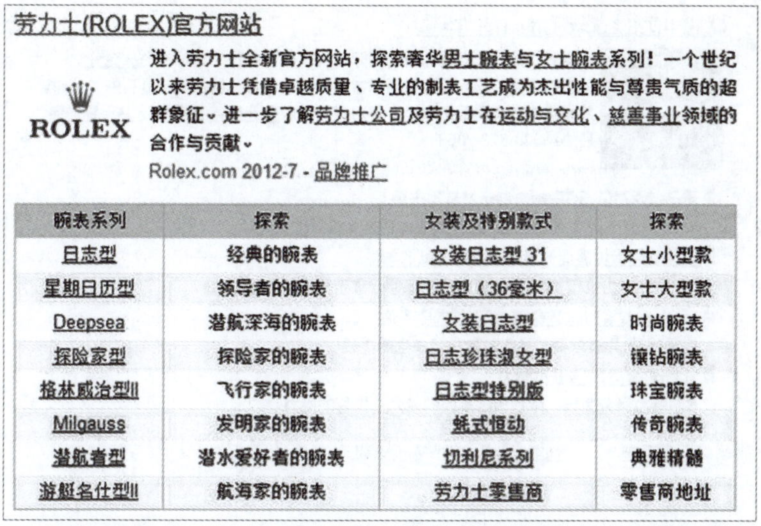

劳力士(ROLEX)官方网站

ROLEX

进入劳力士全新官方网站，探索奢华男士腕表与女士腕表系列！一个世纪以来劳力士凭借卓越质量、专业的制表工艺成为杰出性能与尊贵气质的超群象征。进一步了解劳力士公司及劳力士在运动与文化、慈善事业领域的合作与贡献。

Rolex.com 2012-7 - 品牌推广

腕表系列	探索	女装及特别款式	探索
日志型	经典的腕表	女装日志型 31	女士小型款
星期日历型	领导者的腕表	日志型（36毫米）	女士大型款
Deepsea	潜航深海的腕表	女装日志型	时尚腕表
探险家型	探险家的腕表	日志珍珠淑女型	镶钻腕表
格林威治型II	飞行家的腕表	日志型特别版	珠宝腕表
Milgauss	发明家的腕表	蚝式恒动	传奇腕表
潜航者型	潜水爱好者的腕表	切利尼系列	典雅精髓
游艇名仕型II	航海家的腕表	劳力士零售商	零售商地址

图 4-5 仅表格样式

特点：可以展示产品配置单或分类展示具体的推广产品，能够更加直观完整地将信息展示出来，也更能吸引细分潜在用户的关注。

应用：适合产品细分类别多或产品参数繁多的客户。

● 栏目 + 表格，如图 4-6 所示。

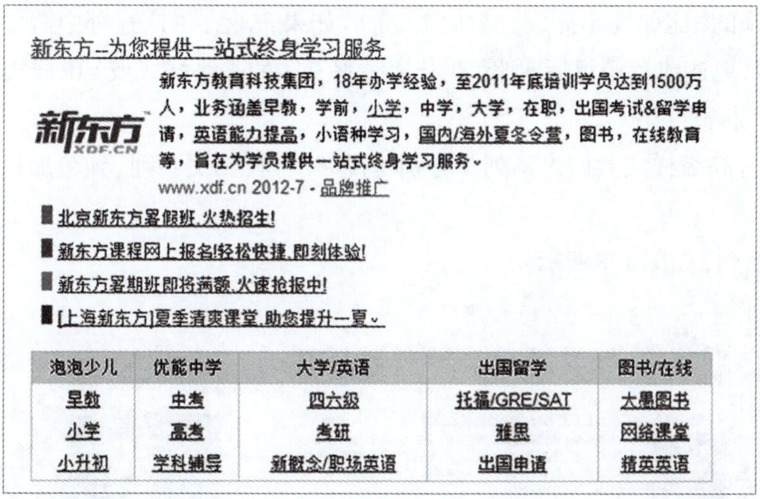

新东方--为您提供一站式终身学习服务

新东方 XDF.CN

新东方教育科技集团，18年办学经验，至2011年底培训学员达到1500万人，业务涵盖早教，学前，小学，中学，大学，在职，出国考试&留学申请，英语能力提高，小语种学习，国内/海外夏冬令营，图书，在线教育等，旨在为学员提供一站式终身学习服务。

www.xdf.cn 2012-7 - 品牌推广

- 北京新东方暑假班,火热招生!
- 新东方课程网上报名!轻松快捷,即刻体验!
- 新东方暑期班即将满额,火速抢报中!
- [上海新东方]夏季清爽课堂,助您提升一夏。

泡泡少儿	优能中学	大学/英语	出国留学	图书/在线
早教	中考	四六级	托福/GRE/SAT	大愚图书
小学	高考	考研	雅思	网络课堂
小升初	学科辅导	新概念/职场英语	出国申请	精英英语

图 4-6 栏目 + 表格样式

特点：栏目与表格并用，表现形式更丰富，展现内容更全面。

应用：适用于大多数客户。

● 栏目 + 按钮，如图 4-7 所示。

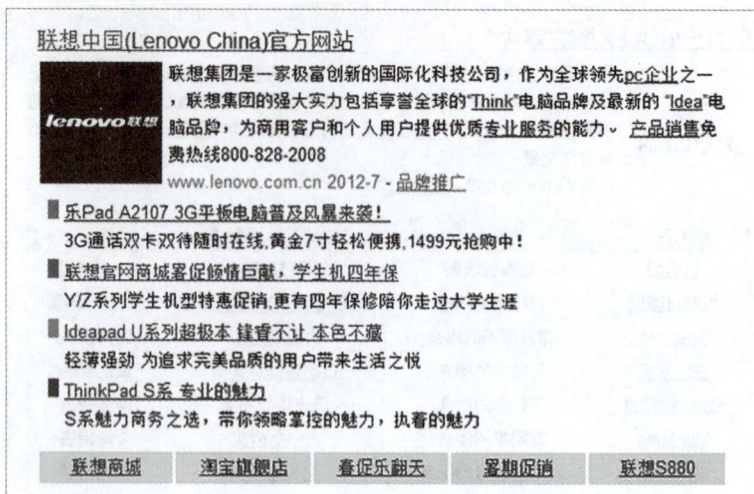

图 4-7 栏目 + 按钮样式

特点:按钮样式可以将网站热点导航栏前置,减少用户浏览路径,通过将亮点或重点突出,引导用户关注。

应用:适用于大多数客户。

通常四种标准模式已经基本满足品牌企业的推广需求,企业可以根据自身产品线特征或促销活动内容选择最美观且合适的表达格式。但在标准模式下,同样有一些功能是无法实现的,比如视频播放、微博植入等。如果企业在推广过程中需要添加类似的功能以便更好地达成营销目标,则需要开通品牌专区的高级样式或VIP样式。

（2）高级样式

品牌专区高级样式共四大系列。分别是视频系列、图文系列、纯色加冕系列和互动体验系列。

● 视频系列, 如图4-8所示。

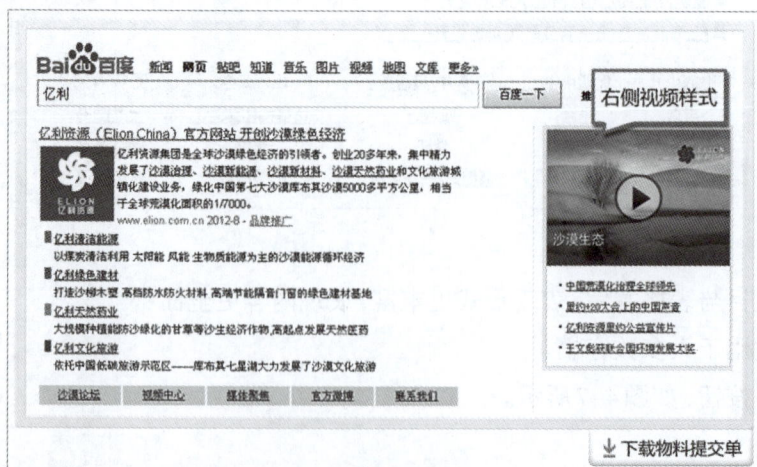

图 4-8 视频系列

特点:视频系列满足广告主视频传播需求,可无缝集成电视广告。

应用:受到强调视频推广的广告主青睐。右侧视频样式下方集成的链接,可以很好地诠释视频中出现的内容。

- 图文系列

多标签页展示样式,如图4-9所示。

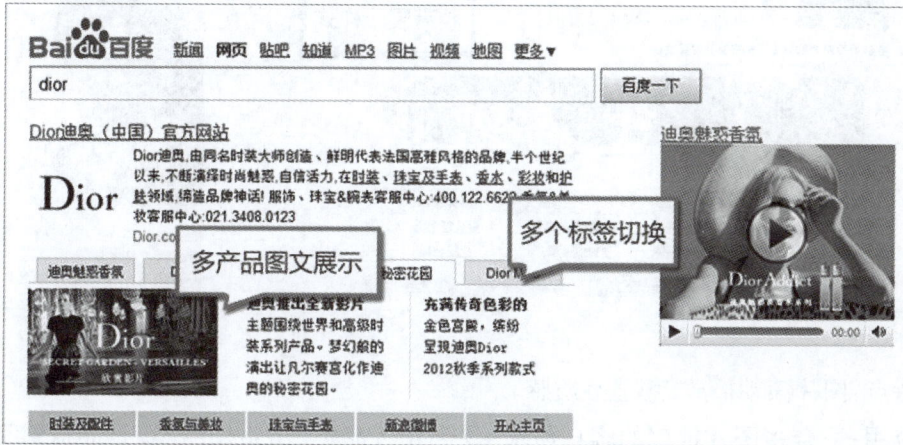

图 4-9 多标签页展示样式

特点:可提供多产品的图文展示。产品图片、产品卖点一目了然。

应用:受到汽车、化妆品、IT类客户青睐。

图文展示样式,如图4-10所示。

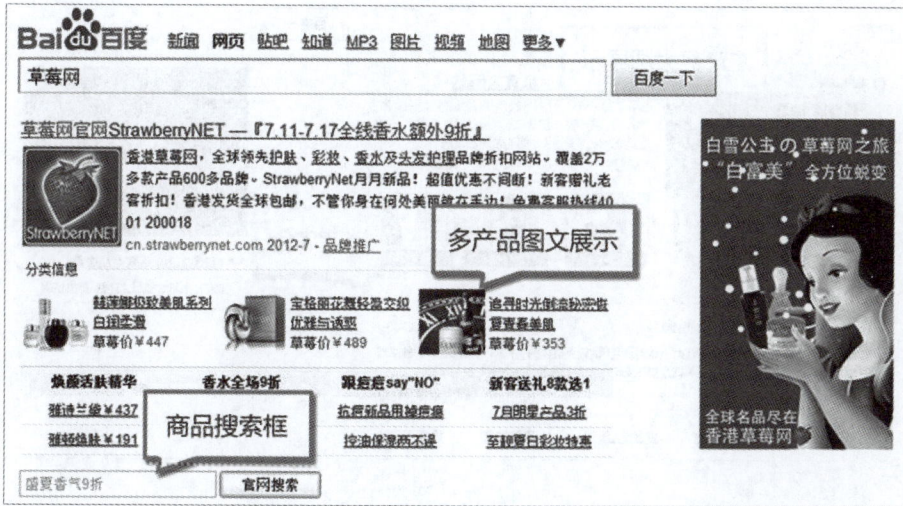

图 4-10 图文展示样式

特点:图文并茂,热情展现。下部可集成广告主站内搜索,点击直达。

应用:受到电子商务客户青睐,适合促销。

胶带展示样式,如图4-11所示。

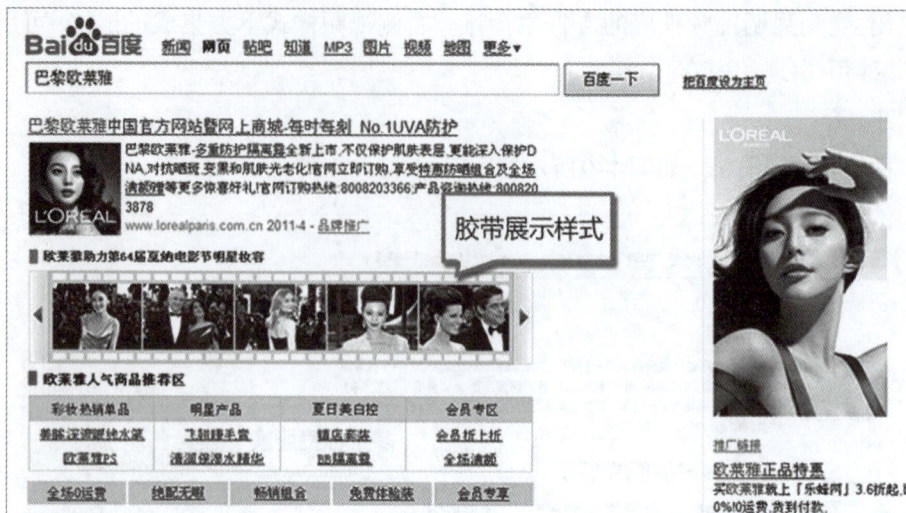

图 4-11 胶带展示样式

特点:图片滚动播放,彰显品质感。

应用:适合多图片推广的客户需求,受到化妆品类、浴室用品类、食品饮料类等客户的青睐。

- 纯色加冕系列

纯色加冕样式,如图4-12所示。

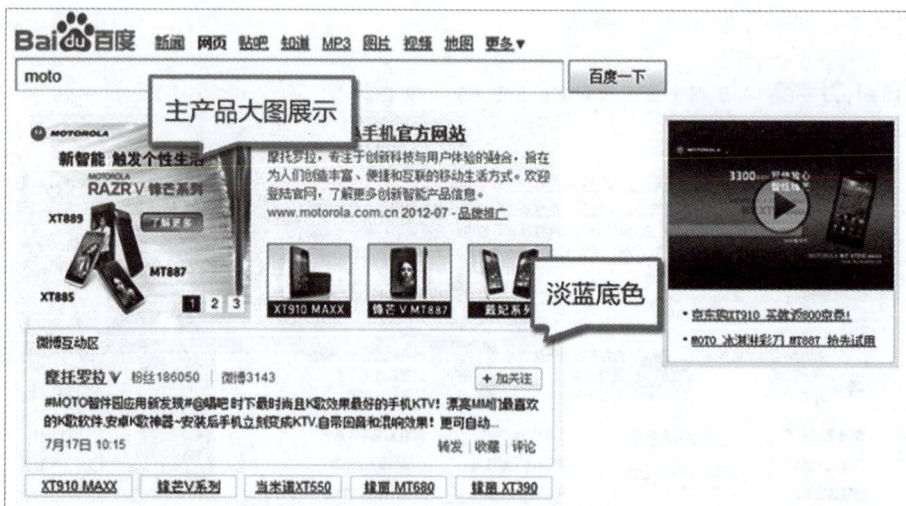

图 4-12 纯色加冕样式

特点:个性色彩底纹,大图展现。

应用:受到汽车、奢侈品、化妆品类客户青睐。

普天同庆样式,如图4-13所示。

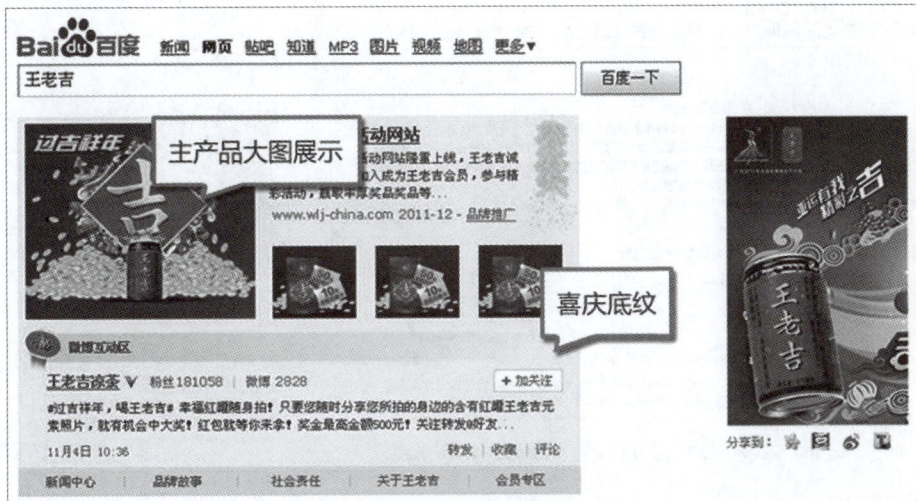

图 4-13 普天同庆样式

特点:喜庆底纹,民族风。

应用:适合节日促销。

● 互动体验系列

快速入口样式,如图4-14所示。

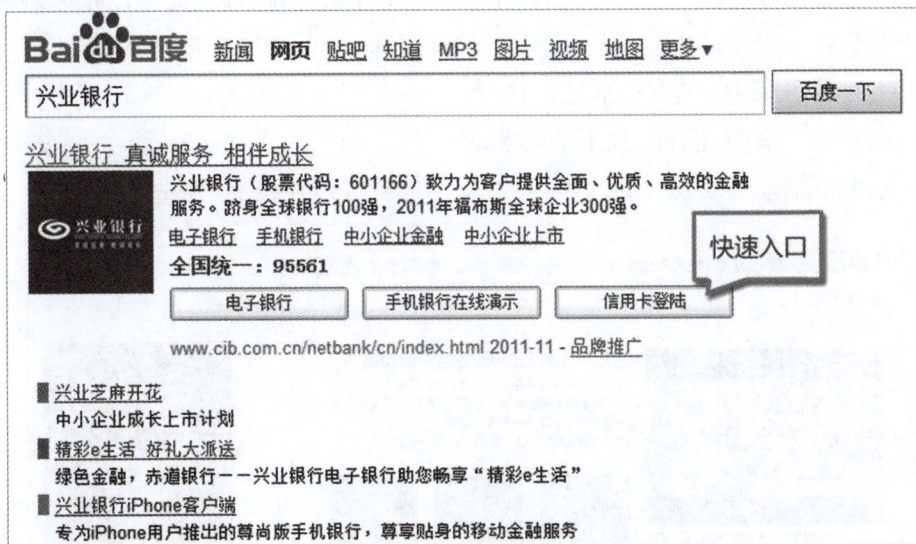

图 4-14 快速入口样式

特点:大按钮设计,常用于业务直达。

应用:受到金融、通信、网游类客户青睐。

标准微博样式，如图4-15所示。

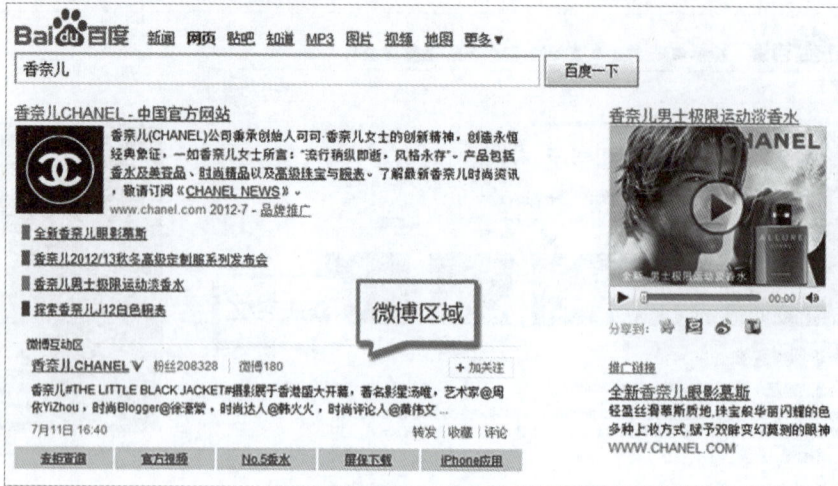

图 4-15 标准微博样式

特点：可同时集成多家微博，多通道传播。

应用：满足客户SNS传播需求。

（3）VIP定制样式

品牌专区的VIP定制样式打破已有样式限制，基于企业品牌及所在行业的需求，定制品牌专区独特的展现形式。VIP定制品牌专区没有固定的形式，完全以企业需求为出发点，以起到帮助受众形成品牌的区分度、加深品牌印象、增加交互效果的作用。

案例：可口可乐定制专区，如图4-16所示。

样式：集成了视频、图片、线下活动互动专用模块。

特点：线下活动互动模块的加入，让线下活动更好地在线上承接。

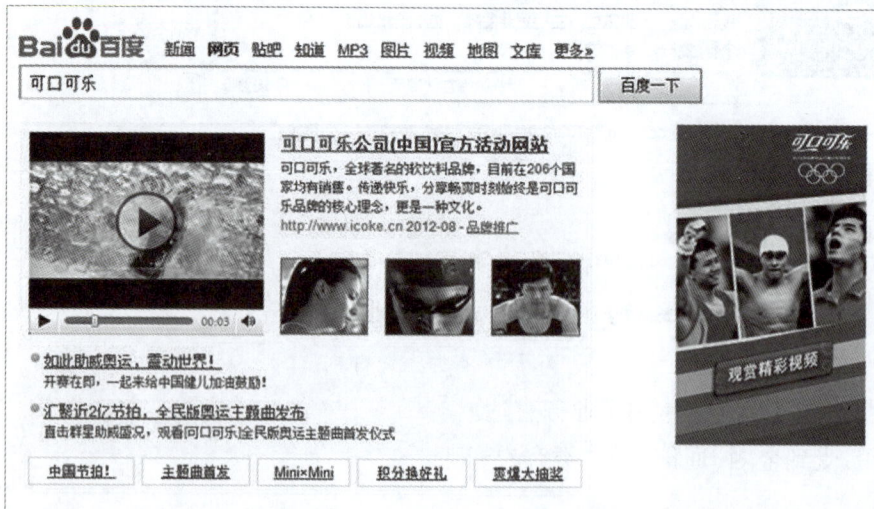

图 4-16 可口可乐定制展现样式

品牌专区在吸引力、体现品牌规模、表明是知名品牌官网等方面,明显优于普通链接。定制品牌专区在各个维度都比普通品牌专区效果更优。

4.1.2 360 品牌直达

（1）360品牌直达介绍

360品牌直达即基于360搜索平台的海量展现资源,在网民搜索结果页的最上方为企业量身定制的精准品牌展示推广形式。

品牌直达位于搜索结果页的首屏顶部左侧的黄金位置,图文并茂的展现形式具有强烈的视觉冲击力,如图4-17所示;可用于发布企业动态、产品信息、促销活动等各类资讯,全方位立体地传达企业的品牌信息,使用户更便捷地了解企业品牌及产品活动,显著提升营销效果。

另外,有多种大尺寸、富有视觉冲击力的展现样式供企业选择,全面满足企业的高级定制需求,可以融合文字、图片、视频等内容的品牌Mini官网,使企业的品牌展现既精准又精彩,彰显企业品牌价值。

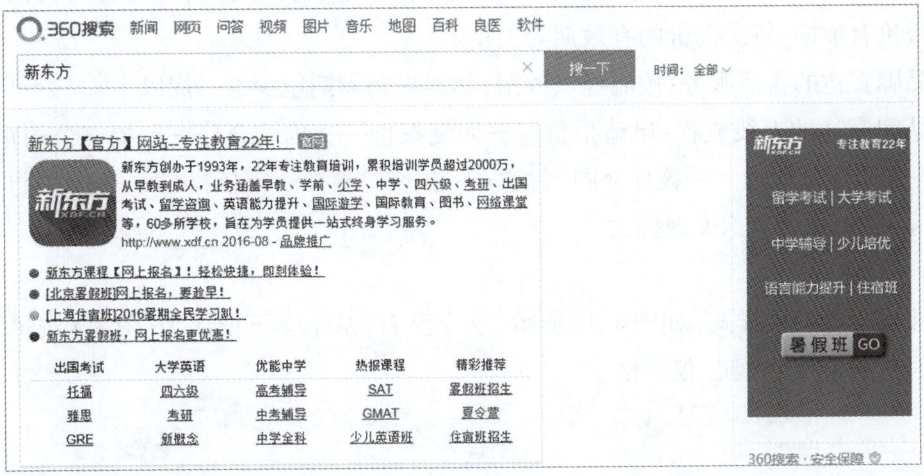

图 4-17 360 品牌直达

（2）360品牌直达价值

360品牌直达展现占据首屏4/5的位置,据数据统计,品牌专区的平均点击率高达70%。假设在没有品牌直达展现时,搜索排名第一位是品牌官网,点击率为20%~30%。试想,如果建立品牌专区,而品牌专区下方第一条是官网结果,那基本等同于100%地获得了目标用户的信息引导权。

品牌专区可自定义推广信息,并可定期更换物料,改变推广重点,自主把握目标消费者的消费行为。

（3）360品牌直达计费模式（如表4-1所示）

表4-1　计费模式

计费模式					
单位	刊例	实际	内容	流程	周期
CPT	月刊例5万/月起	Various（变化的，视具体情况而定）	品牌词 产品词 活动词	• 关键词审核 • 物料准备 • 物料审核 • 合同 • 上线	3~5个工作日

品牌直达的价格是按照CPT（Cost Per Time）收费，5万/月起，一个月起签，最长签三个月（合同周期不跨年）。

CPT计费方式：CPT是一种以时间来计费的方式，国内很多网站都是按照"一个月多少钱"这种固定收费模式来收费的，这种广告收费形式很粗糙，无法保障客户的利益。但是CPT的确是一种很省心的广告收费方式，能给客户网站、博客带来稳定的收入。阿里妈妈的按周计费广告和门户网站的包月广告的收费方式都属于这种CPT广告收费方式。

报价原则：按照所有投放关键词在360的总搜索量、每千人成本（CPM）报价。

报价有效期：每次询价的有效期为2个月。

品牌直达的售后服务：按周提供数据，物料更新周期至少为一周以上。

品牌直达的上线流程：申请报价——回复报价——确认合作——提交公司审核资质——资质审核通过——签订合同、付款——提交物料——审核物料——上线推广。

（4）360品牌直达展现样式

● 常规版

常规版有四种样式，如图4-18所示，从左至右，从上至下依次为：图片+按钮、长链接+表格、长链接+按钮、仅表格。

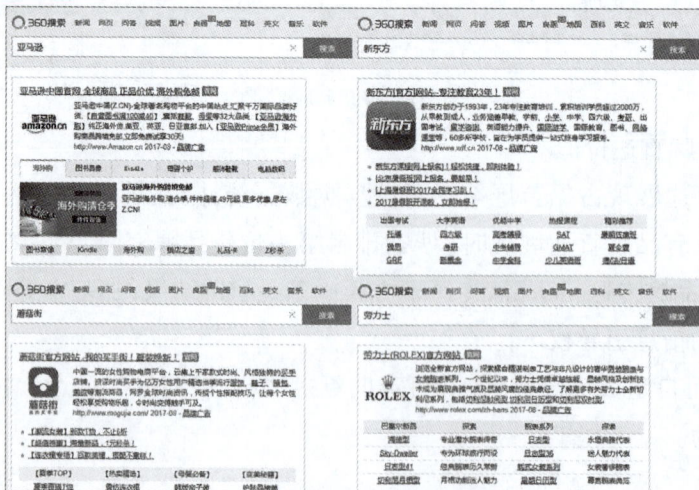

图4-18 常规版

• 定制版

如图4-19所示，360品牌直达展现样式定制版中有：活动海报模块；活动文字链模块；Tab展示模块；右侧擎天柱定制版。右侧擎天柱定制版包括Flash模块+文字链。

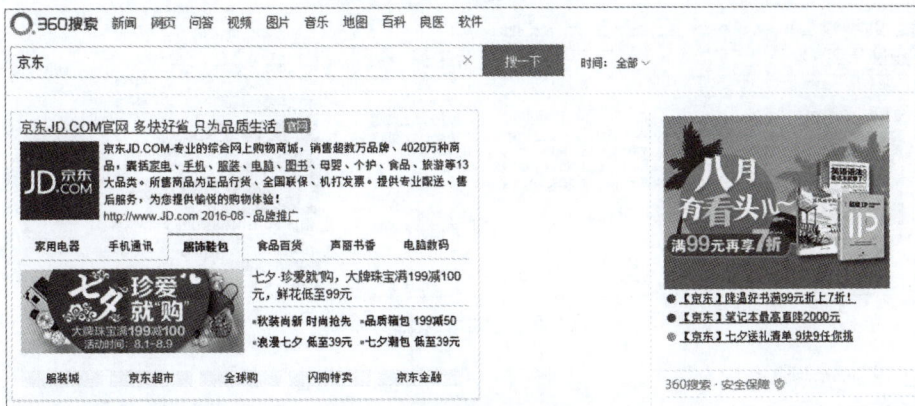

图 4-19 定制版展现样式

4.1.3 搜狗品牌专区

如图4-20所示，搜狗品牌专区出现在网页搜索结果页首页最上方，包括左侧上方的品牌展示专区，以及右侧显著的擎天柱图片，覆盖大于屏幕60%的空间，带给网民强烈的视觉冲击。

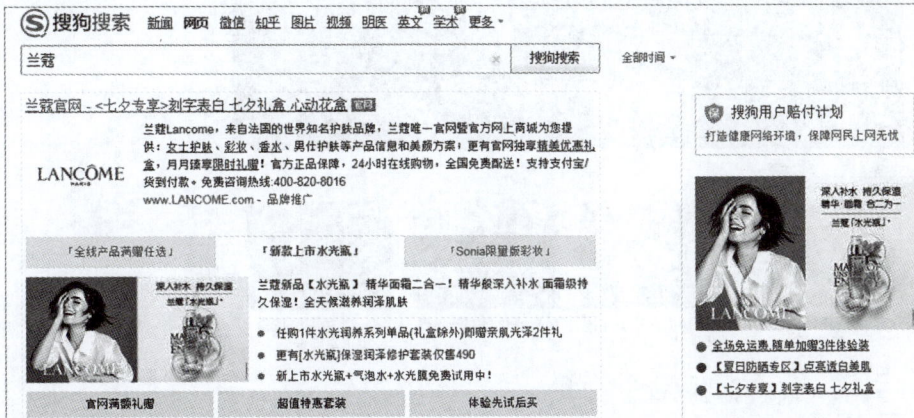

图 4-20 搜狗品牌专区

搜狗品牌专区具有以下特点：

• 覆盖首屏60%以上页面；
• 用户搜索第一入口；
• 打造强势品牌形象；
• 点击率高达50%以上。

（1）明星品牌专区

如图4-21所示，只要输入某明星代言人的名字，搜索代言人即可展现。通过品牌植入展示，拓展品牌曝光渠道。

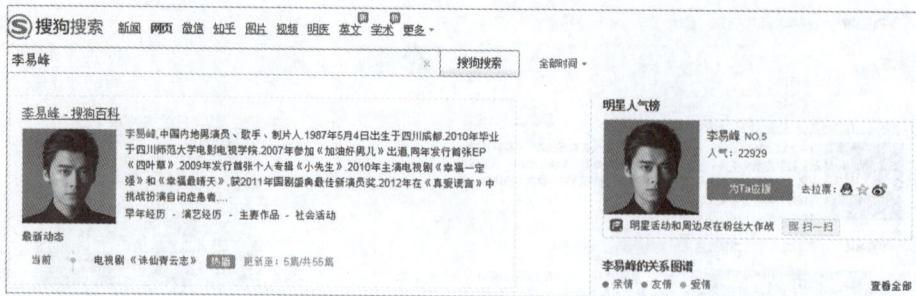

图 4-21 明星品牌专区

（2）综艺品牌专区

如图4-22所示，通过输入"全员加速中"，点击搜索即可看到相关视频及文字信息。

图 4-22 综艺品牌专区

（3）电视剧品牌专区

如图4-23所示，通过输入电视剧名称的方式进行搜索，即可看到所输入电视剧的视频。如输入"醉玲珑"，可看到相应的搜索结果页面。

图 4-23 电视剧品牌专区

（4）微信品牌专区

如图4-24所示，利用微信互动区，进行品牌推广，通过微信扫一扫等方式，即可看到自己想要的页面。

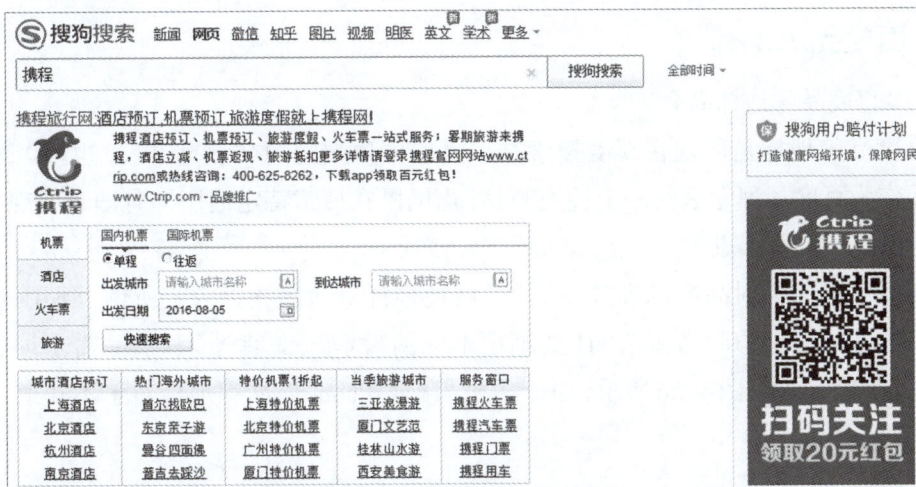

图 4-24 微信品牌专区

（5）PC搜索品牌专区展现样式

如图4-25所示，PC搜索品牌专区有多种展现样式：

- 仅栏目样式；
- 栏目+Button样式；
- 栏目+表格样式；
- 栏目+表格+视频样式；
- 栏目+微博互动样式；
- 多Tab+Button样式。

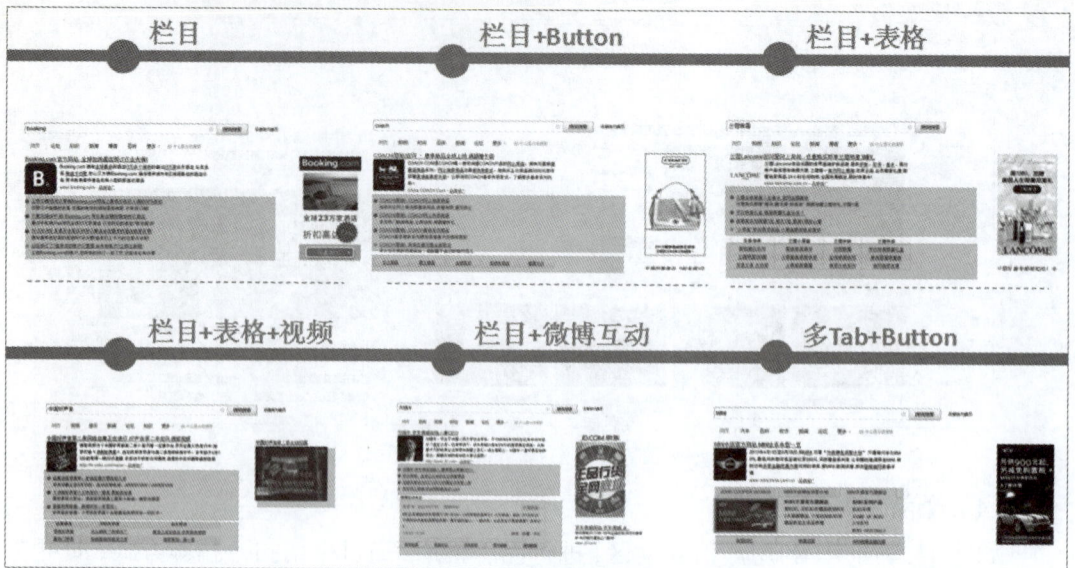

图 4-25 PC搜索品牌专区展现样式

4.1.4 百度品牌地标

（1）百度品牌地标简介

百度品牌地标是展现在百度搜索结果页右侧顶端的图文混排推广，也叫"百度小专区"，作为百度品牌专区的一个补充产品，当网民在搜索特定通用词时即时展现，能够帮助企业提升品牌认知。

和品牌专区针对品牌词投放不同，品牌地标针对通用词投放。所谓"通用词"，就是不包含品牌信息的商品概括词（如笔记本电脑、汽车、女装等）和商品需求词（如买房、手机报价等），如图4-26所示，对于手机品牌"iPhone"，品牌地标对于不知道iPhone的用户进行覆盖。

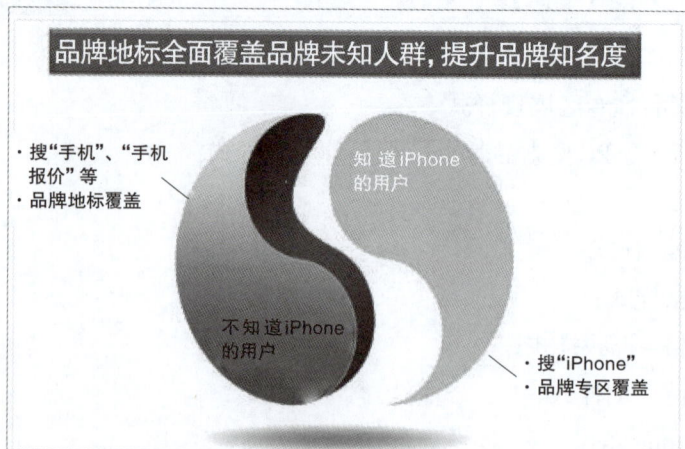

图 4-26 品牌地标

品牌地标有助于吸引用户的注意,进而提高品牌知名度,用户在进行搜索时,一般会认为带有品牌LOGO、品牌名、"官网"字样等的信息是更为可靠有效的信息,因此,通过品牌地标的展示,也进一步地加深用户对其品牌的认知度,另外,如在搜索结果中进行长期地展现,可以在用户心中建立起品牌和需求间的联系,使得用户在产生需求时联想到品牌。

(2)百度品牌地标展现样式

品牌地标目前有两类样式:普通样式和新样式。

普通样式,也称为多链接样式,如图4-27所示,包含LOGO、标题、描述、官网URL、文字链及表格按钮等。

该形式主要以文字链接形式对推广信息进行展示,适用于活动或推广信息较多的企业主。

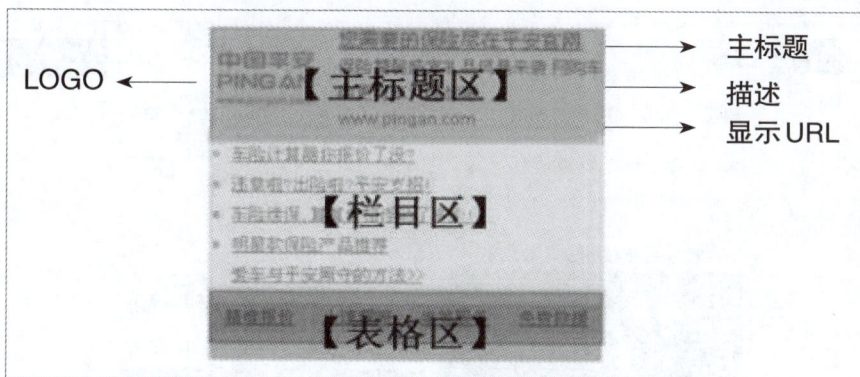

图 4-27 普通样式

新样式有三种:

● 大图 + 多 Tab 样式,如图 4-28 所示。

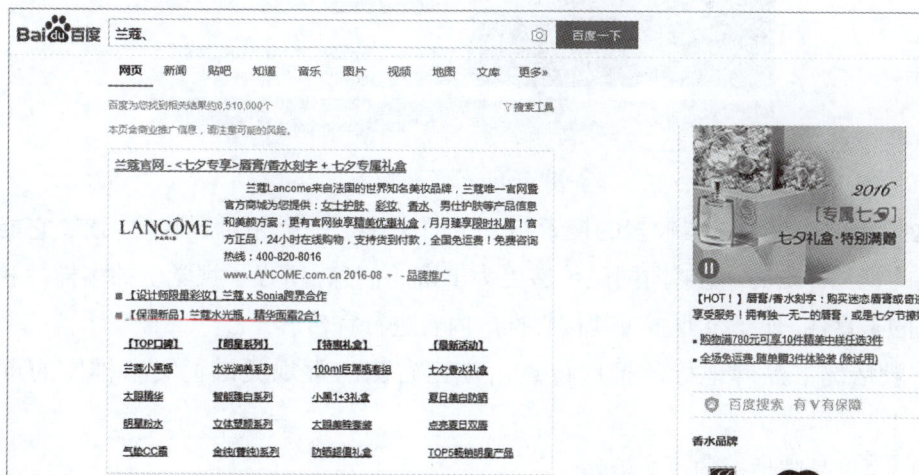

图 4-28 大图 + 多 Tab 样式

● 大图+浮层形式，如图4-29所示。

图 4-29 大图+浮层形式

● 视频形式，如图4-30所示。

图 4-30 视频形式

这些新样式对于文本较多的搜索结果页面来说是一个相对显眼的元素，它能够带来更强的视觉冲击力，能够向网民传递更为丰富的信息，增强了视觉上的多样性和推广信息上的丰富性，便于企业主对其核心推广内容进行宣传。

一般情况下品牌地标的推广位点击率比右侧的常规关键词文字推广的点击率高出至少一倍。

（3）百度品牌地标的投放流程

品牌地标的投放流程如图4-31所示，签订品牌地标合同，排期，规定消费金额上限;开通百度锦囊账号,一般是通过邮件申请;在锦囊系统中提交物料,每个推广计划只能对应一套物料,中标后不能修改推广计划,只能改物料;参与竞价,需要提交一个高于底价的出价,价高者得标,每周竞价一次;广告上线,每周四公布得标结果,下周全周广告上线。

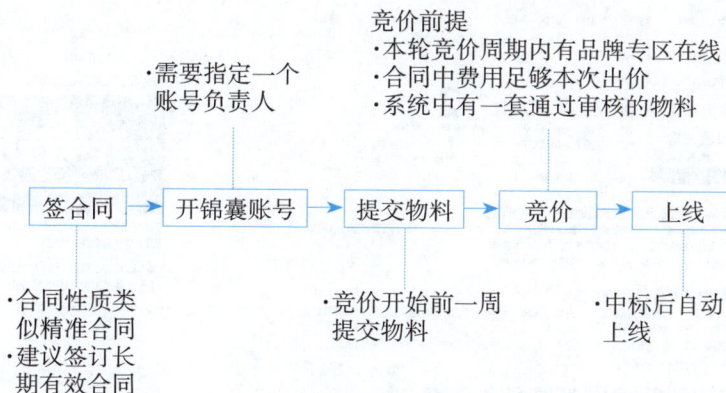

图 4-31 百度地标投放流程

（4）百度品牌地标优势

百度品牌地标相对于普通的搜索文字链广告,有许多自己的独特优势,最突出的优势就是品牌地标有助于帮助客户的品牌塑造,在用户的信息收集阶段展示品牌力量,从而有效影响到用户的购买行为。

另外,相对于普通文字链广告,品牌地标能够吸引更多用户的注意,从相关的数据里面可以得到印证,在普通的搜索结果页面上,用户的浏览顺序往往如图4-32所示。

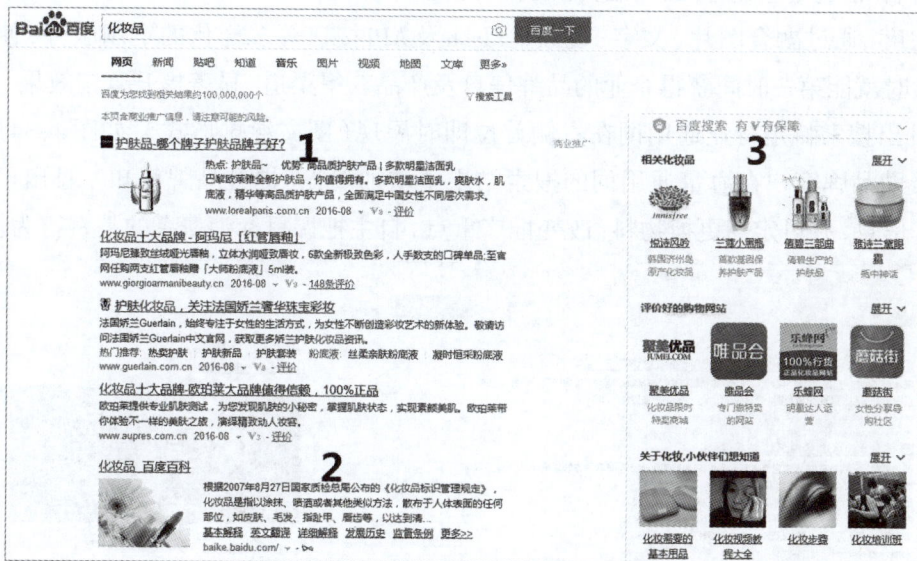

图 4-32 用户浏览顺序图（普通搜索页面）

当出现品牌地标广告之后,用户的浏览会被地标广告所吸引,从而产生下面这种模式的浏览顺序,如图4-33所示。

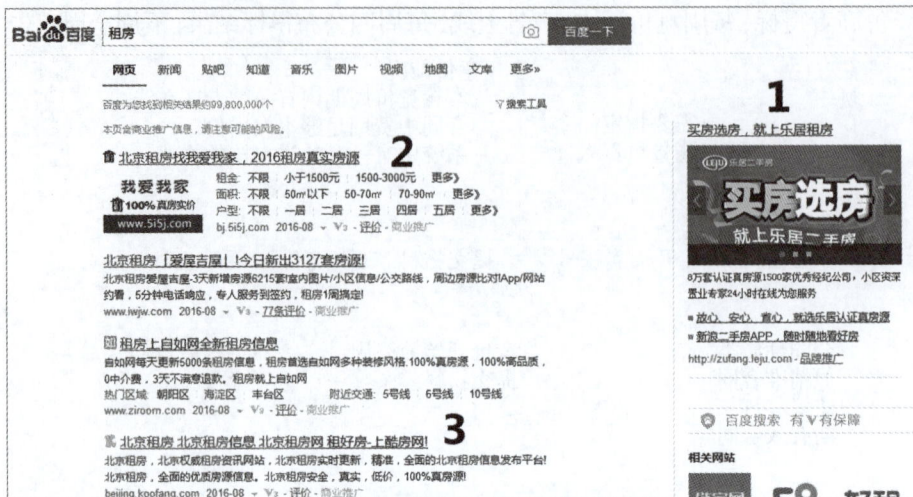

图 4-33 用户浏览顺序图(出现品牌地标)

品牌地标能够有效吸引用户的注意力,并且提升用户对广告主品牌的关注,提升品牌信任度和回搜率,是比较不错的广告新品。

4.1.5　360 搜索品牌日出

360搜索品牌日出是基于360搜索平台的海量展现资源,在网民搜索结果页的最上方为企业量身定制的精准品牌展示推广形式。360搜索品牌日出位于搜索结果页的首屏顶部右侧的黄金位置,图文混排的创意展现样式能极大地提升网民用户对企业信息的关注度,通过融合图片、文字、视频、Flash及API接口等多样化的定制服务,使网民在搜索时就能第一时间获得企业的品牌信息及产品获得渠道,显著提升营销效果。

日出搜索特定行业通用词在右侧首位即时展现(图文混排形式),如图4-34所示。日出帮助品牌客户在海量通用词的搜索结果中增加曝光、提升品牌认知。日出可自定义推广信息,并可定期更换物料,改变推广重点,自主把握目标消费者的消费行为。

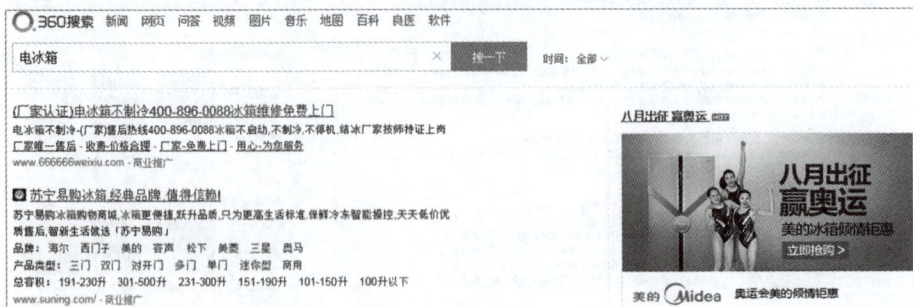

图 4-34 通用词展现

4.1.6 搜狗品牌地标

（1）搜狗品牌地标介绍

搜狗品牌地标作为品牌专区产品的重要补充,主要针对客户品牌和产品推广,将行业通用词"占为己有"。在网页搜索结果页右侧以图文视频等高吸引力样式,将公司和产品信息独享展示,有效提升品牌知名度,促进产品销售。搜狗品牌地标具有以下优势:

- 提升品牌知名度;
- 搜索页面首屏;
- 右侧首位独享;
- 提升品牌热度;
- 大图轮播展现。

（2）搜狗品牌展现样式

搜狗品牌样式有明星样式（强化品牌关联展示）、倒计时样式（深度品牌展示及活动提醒）以及视频样式（展现品牌的电视广告影片）,如图4-35所示是倒计时样式。

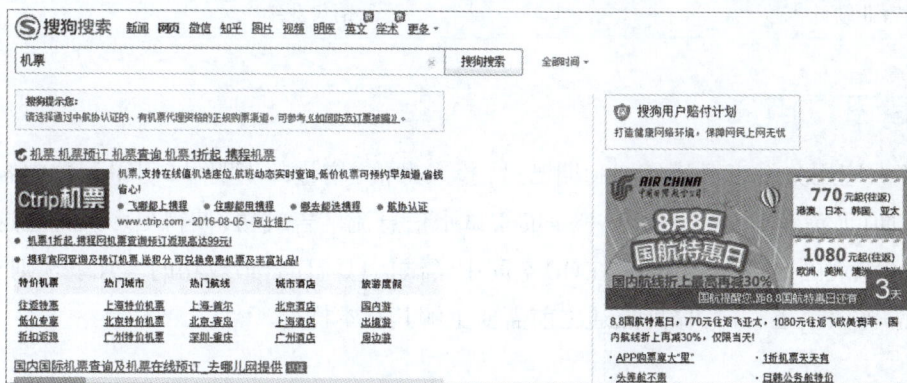

图 4-35 搜狗品牌倒计时展现样式

（3）搜狗品牌业务规则和流程

搜狗品牌地标采取竞标方式对各词包进行资源配置,客户在预定系统中针对目标词包进行出价,价高者得。

- 竞价周期（图4-36）

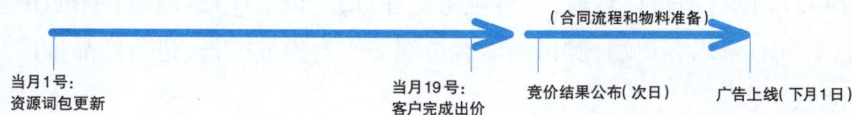

图 4-36 竞价周期图

- 完整流程

代理商申请开通搜狗品牌地标投放系统账号；

代理商为旗下客户开通地标购买价格；

代理商代管客户进入预定系统，在竞标截止时间（一般为每月19日18：00，遇节假日顺延）前完成出价；

系统自动完成竞标分析并在线上公布竞标结果；

中标客户走线下合同/执行流程。

表4-2是品牌地标的售卖政策介绍。

表 4-2　售卖政策

售卖政策	品牌地标
报价方式	根据词包底价客户自主竞价
合同时间与付费	根据词包资源，包段一月或一季度
售卖范围	KA（重要客户）与中小客户
销售业绩计入	计入销售业绩

4.2 腾讯广点通

各大应用分发市场流量红利期已过，投入翻倍，增量却不明显，引得无数内容提供商折腰而问：流量都去哪儿了？Facebook试水信息流广告成功，使得更多人关注这一广告形式，纵观国内，广点通算是在QQ空间中尝试信息流广告最成功的。凡事预则立，不预则废，做渠道也一样，做广点通之前需要了解其基本概况。

4.2.1 广点通简介

（1）定义

广点通是腾讯开放平台为第三方应用开发商提供的广点通投放系统，通过广点通，用户可以在平台多个广告位上进行应用以及应用活动相关的精准推广。

它可以提供给广告商多种广告投放平台，利用专业数据处理算法实现成本可控、效益可观、精准定位的效果，是基于腾讯大社交网络体系的效果广告平台。

如图4-37所示，通过广点通，广告主可以在QQ空间、QQ客户端、手机QQ空间、手机QQ、微信、QQ音乐客户端、腾讯新闻客户端等平台投放广告，进行产品推广。

（2）流量来源

流量来源有QQ、手机QQ、微信、QQ空间、手机QQ空间、QQ音乐客户端、腾讯新闻客户端等腾讯内部来源以及部分外部流量来源。流量来源决定了流量质量（如用户属性、购买力等）。

（3）系统覆盖

广点通覆盖了Android系统和iOS系统。

图 4-37 广点通

（4）广告形式

广告形式包括Banner广告、插屏广告、开屏广告、应用墙、信息流广告等诸多种类。重点说明一下信息流广告，信息流广告就是以不打扰用户体验为前提，在用户查看好友动态时插播的推广信息，属于原生广告之一。其优势就在于广告形式自然、更易于用户接受，广告转化率也就更高。

（5）收费形式

广点通的收费形式包括按效果收费（CPC）和每千人成本收费（CPM）。为了更好地提高广告的转化效果，便于广告主控制广告的转化成本，也为了体现广点通的数据优势和技术实力，广点通支持全面的计价模式，既包括传统的CPM/CPC，也提供每行动成本（CPA）的广告模式和竞价能力。广告的展现由广告出价、质量得分共同决定，依靠腾讯社交广告平台后台专业的数据处理算法，为广告科学合理地安排展现。CPC按0.1元起价（PC端、WAP端），CPM按1.5元起价。

广告单次点击扣费=下一名出价+0.01元，具体扣费金额取决于为广告设定的出价、广告的质量度，广告实际扣费不会超过出价。

APP扣费模式:实际扣费=应扣额×星级折扣;点击均价=应扣额÷点击数;安装均价=应扣额÷安装量。

4.2.2 广点通平台优势

（1）优质广告资源

广点通拥有亿万活跃用户的潜在投放量，提供多方位立体广告展现平台，支持多平台的广告投放。其平台已经开放每天20亿以上最优质的售卖浏览量,多种形式和场景灵活选择。

（2）精准聚焦目标用户

广点通通过细粒度挖掘用户属性,精选出适合客户推广的目标用户群,传播的效果更加精准。

（3）高效传播提升高效效益

广点通拥有智能的广告竞价机制,通过实际带来的推广效果付费,大幅度节约广告成本,高效提升广告效益。

4.2.3 用户定向方法

依据网民媒体行为,多维度定向广告拦截,提高广告成本质量及效果的投资回报率。

如图4-38所示,可根据不同角度进行用户定向。

（1）基本人群定向

- 年龄段定向;
- 性别定向;
- 地域定向。

（2）学历、场景定向

- 学历定向;
- 上网场景定向;
- 时间段定向。

（3）效果更精准定向

- 再营销定向。

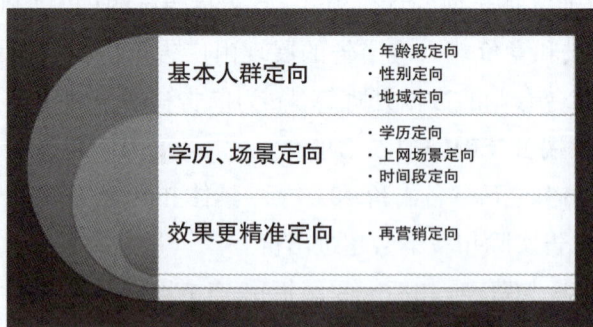

图4-38 用户定向

每一分钟,网站上都有大量的客户流失,流失的原因多种多样:"短期现金不够""突然有事关掉网页""还在犹豫"等。但这批流失的客户中有相当一部分已经具有强烈的购买意向,如果能够重新定位到他们,并针对性地吸引他们再次购买企业网站的商品,那么所带来的广告回报将远远大于一般普通广告。

　　根据测试客户的投放效果,合理设置的再营销广告的投资回报率是一般普通广告的4倍以上,如图4-39所示为再营销广告与一般普通广告的对比。

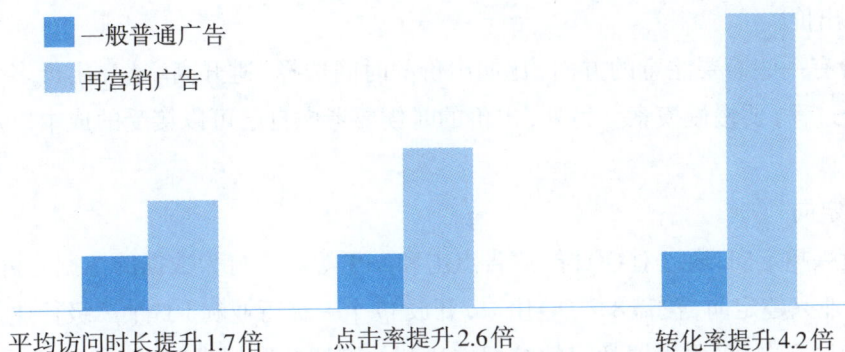

一般普通广告
再营销广告

平均访问时长提升1.7倍　　点击率提升2.6倍　　转化率提升4.2倍

图 4-39　再营销定向 ROI 对比图

　　准确筛选高价值客户,精准投放:通过到访客户访问的网址URL,精确区分高价值客户和无价值客户,只向高回报价值客户展现广告,使营销投资回报最大化,如图4-40所示为客户筛选,可根据客户访问内容的不同进行分类。

到达过购物
车,但还未
结算的客户

访问过女装,
但没有访问过
男装的客户

访问过女包
并且注册过
的用户

图 4-40　筛选客户

　　留住老客户,提升客户品牌忠诚度:留住老客户的成本是开发一个新客户的好几倍,因为老客户已经建立了商业信任。而通过再营销定向可以将商家各项新产品上市信息和促销活动信息精准投放给老客户,如图4-41所示,向老客户推送节日活动,吸引他们再次来消费,并提升品牌忠诚度。

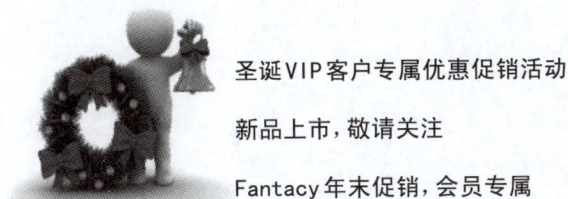

圣诞VIP客户专属优惠促销活动

新品上市,敬请关注

Fantacy年末促销,会员专属

图 4-41　老用户促销活动

4.2.4 广点通的优化要素

影响效果的因素主要有三个：出价、定向和素材。出价影响流量，定向和素材都会影响点击率和转化率。广点通的优化也基本上围绕这三点进行。

（1）出价

出价有一些需要注意的方面，比如出价的时间选择，避开高峰期，出价多少等。这需要一个过程，要慢慢摸索。另外，出价的时候要考虑自己可以接受的成本以及对应的目标值。

（2）定向

商业兴趣定向：通过对QQ群、广告点击和APP等用户行为数据的挖掘分析，广点通实现了商业兴趣定向，覆盖8亿QQ用户，开放17个一级行业和103个二级行业。

关键词定向：采用机器学习的挖掘方法和关键词抽取技术，实现了关键词定向，满足广告主更细粒度的定向需求。

APP行为定向：APP行为定向是指在指定时间内，根据人群在某个APP或某类APP的行为（付费和活跃）来定向目标人群的一种定向技术。

（3）素材

素材影响质量度，影响素材的因素包括文案、创意、尺寸、颜色等，需要不断尝试，根据数据效果来优化。

第5章
搜索引擎营销工具

视频讲解

为了更好地帮助企业管理推广项目,实现营销目标,各媒体渠道针对性地推出了一系列相关的辅助工具,如果可以熟练使用这些工具,那无疑会极大地提高工作效率,提升推广效果,因此需了解掌握推广中的常用工具以及工具的操作方法和用途。

5.1 网站分析工具

搜索引擎营销其实就是数字营销,网民的一系列动作都会伴随着网站的运转和数据交互,数据可以了解营销情况和解决网站问题,但是很多人并不清楚如何才能得到并运用这些数据,从而在竞争中丧失了先机,特别是对于SEM而言,如果没有数据的支持,就像无头苍蝇,找不到方向,无法明确账户问题和优化方向,最终投放效率低下。本节介绍两种常见的网站分析工具:百度统计和流量统计网站CNZZ。

5.1.1 百度统计

百度统计是百度推出的一款专业网站流量分析工具,能够得知访客是如何找到并浏览你的网站,以及如何改善访客在你网站上的使用体验,可以让更多的访客成为客户,不断提升网站的投资回报率。百度统计提供了几十种图形化报告,全程跟踪访客的行为路径,并且帮助监控各种网络媒介推广效果,可以及时了解哪些关键词、哪些创意的效果最好。同时,百度统计集成百度推广数据,及时了解百度推广效果并优化推广方案。

5.1.1.1 开通安装

目前百度统计免费提供给百度推广和百度联盟用户使用,经过以下简单的两个步骤,便可以马上查看丰富的流量数据报告。

(1)免费开通

百度推广用户可以在登录百度推广后台后,找到“百度统计”按钮并且点击进入,如图5-1所示,然后点击“立即免费使用”按钮进入开通流程;输入监控网站主域名并且确认协议。

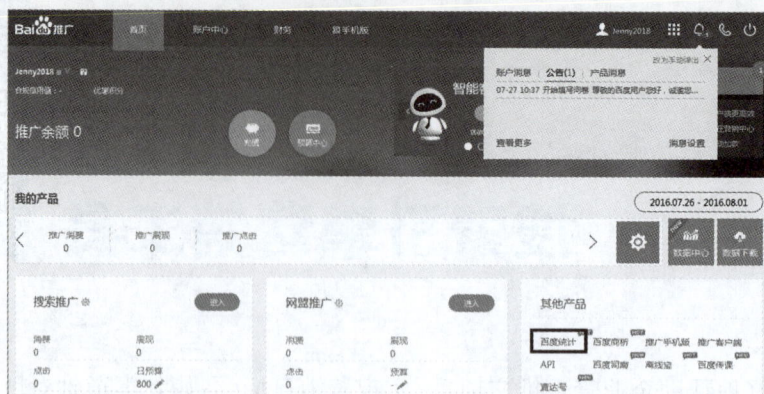

图 5-1 百度推广页面

（2）代码安装

获取安装代码，如图5-2所示，然后按照安装说明在网站分析代码中添加统计代码，如图5-3所示。

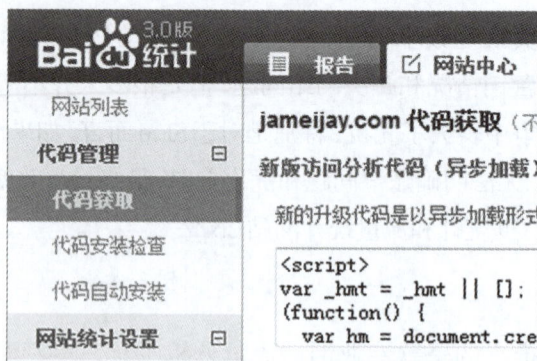

图 5-2 获取安装代码

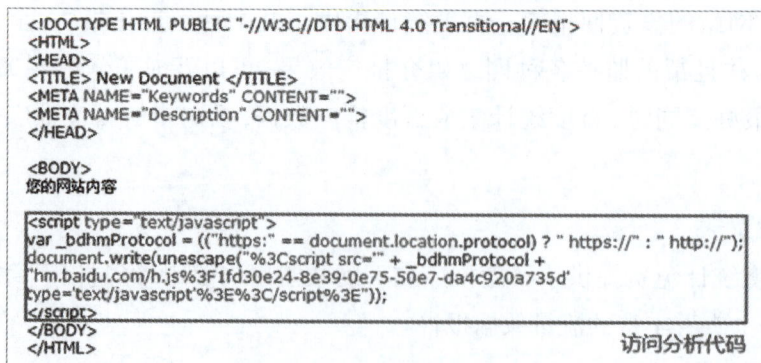

图 5-3 访问分析代码

只有代码安装正确，百度统计才能获取准确的流量数据。可以通过以下两种方式检查百度统计代码是否已经安装正确。

● 使用百度统计中的代码自动检查工具

在设置页面的"网站中心"栏点击"代码安装检查",如图5-4所示;在代码安装检查页面,选择检查范围并点击"开始检查"按钮。

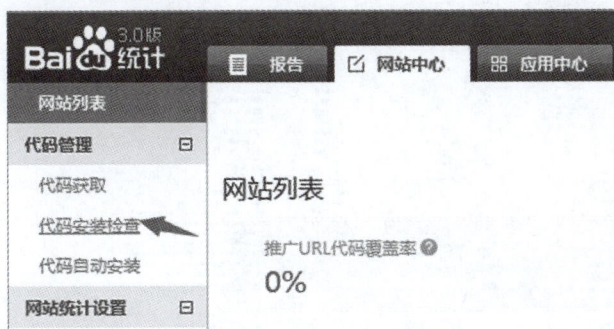

图 5-4 代码安装检查

● 查看源文件/源代码方式

受网络环境影响,百度统计的代码检查工具可能无法成功检查全部页面,这种情况下,建议通过查看页面源文件/源代码方式进行检查。

只有在正确地添加了百度统计代码后,才能获取尽可能准确的流量数据,添加过程中需要注意以下几点:代码的安装位置要正确,为不影响页面加载速度,需将代码添加到全部页面的</head>标签前;代码不要重复安装,重复安装相同代码会导致数据重复统计,应删除多余的安装代码;不要对代码有任何编辑操作,随意编辑代码会导致代码无法成功执行,且可能影响到网站页面的显示;在所有推广目标URL页面添加代码,为准确跟踪百度推广点击,必须在所有参与百度推广的目标URL页面安装代码。

5.1.1.2 百度统计功能介绍

当网站代码安装好之后,百度统计就会生成各种报告,例如访问者如何进入网站,进来以后对哪些内容感兴趣,如何离开网站等。

百度统计共分为八大模块,分别为:网站概况、百度推广、趋势分析、来源分析、页面分析、访客分析、定制分析、优化分析。

(1)网站概况

百度提供的数据是"目标网站运营状况的整体情况,包括各个时间维度相关指标的趋势、访客来源、关注热点、访客属性等宏观数据,可以帮助了解网站的概括性数据"。如图5-5所示,这里可以选择最多30天的数据,在右上角有下载按钮可以下载数据分析。

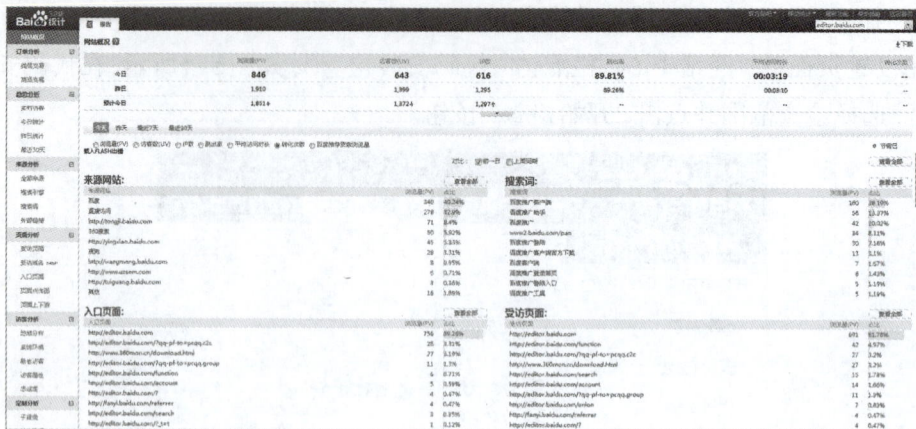

图 5-5 网站数据概况

（2）百度推广

百度推广分为：推广概况、推广方式、搜索推广、网盟推广、推广URL速度。

● 推广概况。概况内容提供搜索推广过程中的全程分析，包括从关键词的展现、点击到网站的浏览和转化过程，帮助分析指标不理想的原因，评估其数据指标在行业中的表现水平并指明改进方向。

● 推广方式。其模块内容提供百度搜索推广中各种推广方式给网站带来的流量情况，帮助了解各种百度推广方式的效果，并且有依据地优化推广方案，从而不断提升百度推广的整体投资回报率。

● 搜索推广。其模块内容提供百度搜索推广中的所有关键词给网站带来的流量情况，可以通过此报告了解搜索推广中所有关键词的效果，并且有依据地优化各个关键词，从而不断提升百度搜索推广的投资回报率。

● 网盟推广。以60万家百度联盟网站为推广平台，通过多种定向方式帮助锁定目标人群，有效提升销售额和品牌知名度，可以通过此报告了解网盟推广的转化效果，并且进行网站优化，从而不断提升百度网盟推广的投资回报率。

● 推广URL速度。其模块内容提供推广URL平均打开速度，即总打开时长/总打开次数。帮助了解网民访问推广页面的实际打开速度，优化打开速度可以提升推广效果。

（3）趋势分析

趋势分析分为四个功能模块：实时访客、今日统计、昨天统计、最近30天。

● 实时访客。该模块提供最近半小时新访客的来源、访问轨迹、地域、客户端等详细信息。帮助了解当前的访客行为，及时根据访客特征优化网站。

● 今日统计。该模块可以了解今天以小时为单位，百度搜索推广给网站带来的流量变化趋势，同时支持维度筛选和数据对比分析，帮助了解搜索推广中不同时间投放的效果，并且有依据地优化投放时段。

- 昨天统计。该模块可以显示昨天完整的数据展现情况。
- 最近30天。该模块可以通过各维度指标的筛选,了解最近30天内流量变化的趋势。

（4）来源分析

来源分析分为四个功能模块:全部来源、搜索引擎、搜索词、外部链接。

- 全部来源。网站上流量的来源分布情况,主要包括直接访问、搜索引擎和外部链接,通过分析数据可以帮助了解哪些来源给网站带来了更多的有效访客,从而合理规划网络推广渠道。

- 搜索引擎。该模块提供各类搜索引擎给网站带来的流量情况,帮助了解各个搜索引擎给网站带来访客的情况,为合理优化搜索推广渠道提供数据支持。

- 搜索词。通过该模块了解网民在各类搜索引擎上通过哪些搜索词找到并访问了其网站,帮助及时了解网民的关注点,以及哪些搜索词给网站带来了更多有效访客,从而优化搜索推广提词方案。

- 外部链接。通过该模块了解各类非搜索引擎网站给自身网站带来的流量情况,帮助了解哪些非搜索引擎类网站带来了更多有效访客,可依此页面转化目标数据进行外部推广渠道的选择优化。

（5）页面分析

页面分析分为五个功能模块:受访页面、受访域名、入口页面、页面点击图、页面上下游。

- 受访页面。该模块提供访客对网站各个页面的访问情况,重点从页面价值、入口页和退出页进行分析。页面价值分析:重点考量页面浏览量、贡献下游浏览量和平均停留时长;入口页分析:重点考量入口页面浏览量和入口页次数;退出页分析:重点考量退出页面浏览量、退出页次数和退出率。

- 受访域名。该模块提供访客对网站的各个域名的访问情况,系统自动将具有相关规则的URL聚合在一起,对这一类页面的情况进行分析。

- 入口页面。它是访客访问网站的第一个入口,即每次访问的第一个受访页面。重点从流量、新访客、吸引力和转化四个维度进行分析。其中流量分析:重点考量浏览量、访客数和IP数;新访客分析:重点考量新访客数和比率;吸引力分析:重点考量浏览量、跳出率、平均访问时长和平均访问页数;转化分析:重点考量转化次数和转化率。

- 页面点击图。该模块统计访客在页面的鼠标点击情况,并通过不同颜色的区域展现出来,帮助了解访客在网站上的关注点,并根据点击热度进行优化网页设计（只支持HTTP和HTTPS协议的URL,暂不支持框架页面的监控）。

- 页面上下游。该模块监控在系统中设置的特定页面的流量来源及去向情况,帮助分析特定页面的流量来源及去向,从而优化网站页面路径以提升网站吸引力。

（6）访客分析

访客分析分为五个功能模块：地域分布、系统环境、新老访客、访客属性、忠诚度。

- 地域分布。该模块监控各个地域给网站带来的访客数及流量情况，帮助了解网站访问的地域分布，对于特定地域用户偏好可进行针对性的运营和推广。

- 系统环境。该模块提供访客所使用的系统环境配置情况，帮助了解访客的系统环境情况，可作为网站设计的参考，从而有效提升访客的网站交互体验。

- 新老访客。一天的独立访客中，第一次访问网站的访客记为新访客；今日之前有过访问，且今日再次访问的访客，记为老访客。该模块帮助了解网站的访客构成以及不同渠道带来的访客情况，新老访客关注的差异对比等。

- 访客属性。通过对网站页面的监测，分析访客的行为，刻画出网站的访客属性，帮助了解新访客的性别、年龄、职业和学历的分布情况，寻找网站的核心用户群体。

- 忠诚度。通过该模块了解访客对网站的访问深度、回访以及访问频次情况，帮助了解访客对网站的黏度，尤其在对网站内容改进后，可以通过此报告了解网站吸引力是否有所提升。

（7）定制分析

定制分析分为五个功能模块：子目录、转化路径、指定广告跟踪、事件跟踪、自定义变量。

- 子目录。可将一系列有相同特征的页面设置为子目录，帮助了解网站各个子目录的综合地位以及每个子目录的详细数据信息，从而科学分配资源。

- 转化路径。该模块提供访客在已设定的各个转化路径上的访问情况，帮助了解转化路径中哪个页面的访客流失率最大，从而有针对性地改善转化路径页面以提升网站转化率。

- 指定广告跟踪。该模块提供已在系统中设置的需跟踪的广告给网站带来的流量情况，帮助了解网站在各种网络媒介上的推广链接的效果。

- 事件跟踪。该模块提供网站访客的点击情况，通过多维度的分析报告，帮助了解网站访客对于网站不同内容的点击情况，了解访客的点击习惯，更好地优化网站。

- 自定义变量。该模块提供自定义的访客群体的网站访问状况，包括这个群体的网站访问次数、平均访问页数、跳出率等指标，帮助了解这个访客群体在网站的访问情况。

（8）优化分析

网站分析的两个核心，一是分析网站流量来源；二是优化网站内容。优化分析的这个功能，会提供一些适用的优化建议为网站诊断及优化提供帮助。优化分析分为五个功能模块：SEO建议、搜索词排名、百度索引量查询、网站速度诊断、升降榜。

- SEO建议。SEO是提高网站在搜索引擎排名，获取免费流量的有效手段。同时，百度为了优化用户体验，也会给出一些关于SEO的建议，帮助大家改善网站质量，比如URL和页面内容设置是否合理等。百度对网站或子目录的百度搜索引擎友好程度评分,并提出优化的官方建议,帮助了解网站的SEO状况,根据建议合理优化。

- 搜索词排名。该模块提供在系统中所设置的需跟踪的搜索词的排名和指数情况,帮助了解网站指定搜索词的百度搜索排名和百度指数。

- 百度索引量查询。此模块提供较准确的百度索引量数据,安装统计代码产生流量数据后,即可查看。

- 网站速度诊断。该模块就网站访问速度打分,并提出优化建议,帮助了解各运营商的情况,根据得分情况有针对性地优化。

- 升降榜。该模块用于优化任意两天之间流量变化,从来源类型、搜索引擎、搜索词、外部链接等各个维度分析导致网站流量变化的主要因素,评估网站推广效果或查找变化原因。

5.1.2　CNZZ 站长统计

5.1.2.1　CNZZ站长统计简介

CNZZ是中国互联网目前较有影响力的流量统计网站,专注于为互联网各类站点提供专业、权威、独立的第三方数据统计分析。

作为CNZZ老字号产品,站长统计是一款永久免费、安全、可靠、公正的第三方网站流量统计分析系统,它帮助实时了解网站被访问情况、进行网站运营分析,已成为目前国内使用最多的网站流量统计工具。通过站长统计,可以随时知道自己网站的被访问情况,每天多少人看了哪些网页、访客来源是哪里、网站用户分布在什么地区等非常有价值的数据信息。根据CNZZ站长统计,如图5-6所示,可以一目了然、及时知道自己网站的访问情况,及时调整自己的页面内容、推广方式,以及针对自己网站的调整进行客观公正的评测。

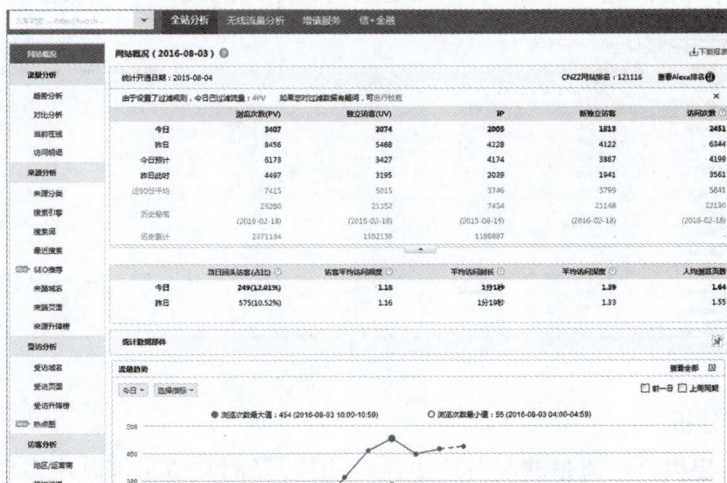

图 5-6　CNZZ 站长统计界面

5.1.2.2 CNZZ站长统计使用方法（图5-7）

（1）注册CNZZ账户，并登录站长统计；

（2）根据页面提示添加站点，录入站点信息；

（3）获取代码，并将代码部署至要统计的网站页面中；

（4）安装完毕，运行代码，查看数据报表。

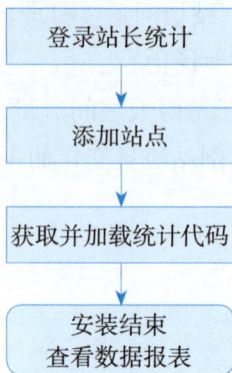

图 5-7 CNZZ 站长统计使用方法

5.1.2.3 CNZZ站长统计功能介绍

（1）网站概况

网站概况能够帮助整体了解网站情况，提供重点指标及趋势图，并从来源、受访、访客等分析维度提供统计数据，可以通过"管理页面部件"选择最有分析价值的数据项进行默认显示。

页面顶部区域是该网站今、昨两日的概况报表，包括访问量（PV）、独立访客（UV）、独立IP、访问次数等基本指标，如图5-8所示。通过点击该报表下方的扩展箭头，可以查看本站点"近90日平均""历史最高"及"历史累计"各项指标。

图 5-8 网站概况

（2）流量分析

流量分析提供全站流量状况及历史比较功能，及时从流量涨跌中发现问题，另外提供当前在线实时流量，监控最新网站流量详情。流量分析可以从以下维度细化分类：

● 趋势分析。如图5-9所示,根据选定的时间段,提供网站流量数据,通过流量的趋势变化形态,帮助分析出网站访客的访问规律、网站发展状况等。

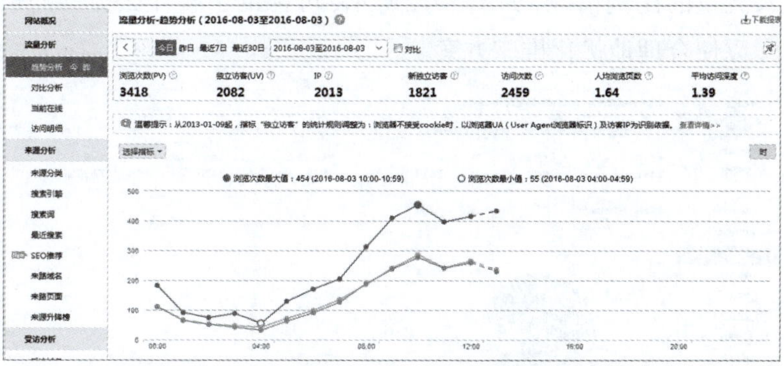

图 5-9 趋势分析

● 对比分析。如图5-10所示,根据选定的两个时间段,提供网站流量在时间上的纵向对比报表,可帮助分析出网站发展状况、发展规律、流量变化率等。

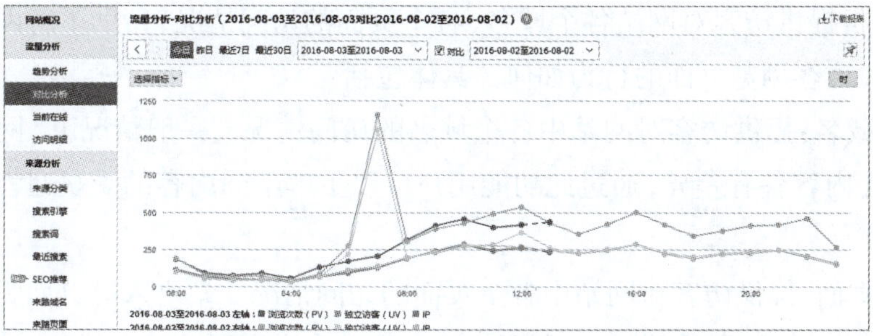

图 5-10 对比分析

● 访问明细。如图5-11所示,访问明细提供最近7日的访客访问记录,可按每个PV或每次访问行为(访客的每次会话)显示,并可按照来源、搜索词等条件进行筛选。通过访问明细,用户可以详细了解网站流量的累计过程,从而为用户快速找出流量变动原因提供最原始、最准确的依据。

图 5-11 访问明细

（3）来源分析

来源分析提供不同来源形式（直接输入、搜索引擎、其他外部链接、站内来源）、不同来源项引入流量的比例情况，如图5-12所示，可帮助了解什么类型的来路产生的流量多、效果好，以便合理地优化推广方案。

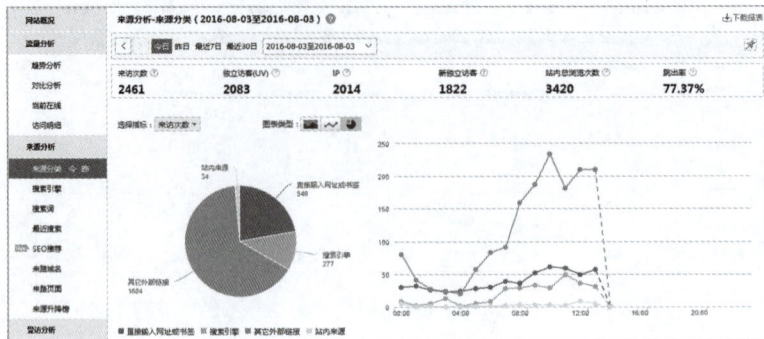

图 5-12 来源分析

（4）受访分析

受访分析提供访客对网站各个域名、各个页面的访问情况，帮助了解网站哪些内容受访客欢迎、访客浏览页面的行为如何。具体包括：

● 受访域名：提供访客对网站中各个域名的访问情况。一般情况下，网站不同域名提供的产品、内容各有差异，通过此功能用户可以了解不同内容的受欢迎程度以及网站运营成效。

● 受访页面：提供访客对网站中各个页面的访问情况。站内入口页面为访客进入网站时浏览的第一个页面，如果入口页面的跳出率较高则需要关注并优化；站内出口页面为访客访问网站的最后一个页面，对于离开率较高的页面需要关注并优化。

● 受访升降榜：提供开通统计后任意两日的排名前10000受访页面的浏览情况对比，并按照变化的剧烈程度提供排行榜。可通过此功能验证经过改版的页面是否有流量提升或哪些页面有巨大流量波动，从而及时排查相应问题。

● 热点图：记录访客在页面上的鼠标点击行为，通过颜色区分不同区域的点击热度；支持将一组页面设置为"关注范围"，并可按来路细分点击热度。通过访客在页面上的点击量统计，可以了解页面设计是否合理、广告位的安排能否获取更多佣金等。

● 用户视点：提供受访页面对页面上链接的其他站内页面的输出流量，并通过输出流量的高低绘制热度图，与热点图不同的是，所有记录都是实际打开了下一页面产生了浏览次数（PV）的数据，而不仅仅是拥有鼠标点击行为。

● 访问轨迹：提供观察焦点页面的上下游页面，了解访客从哪些途径进入页面，又流向了哪里。通过上游页面列表比较出不同流量引入渠道的效果；通过下游页面列表了解用户的浏览习惯，哪些页面元素、内容更吸引访客点击。

（5）访客分析

访客分析提供访客终端特征和访客行为特征，揭示不同类型访客的浏览行为差异，为开展针对不同访客类型的网站深度优化提供丰富的数据依据。访客分析可以从以下维度细化分类：

● 地区/运营商。该功能提供各地区访客、各网络运营商访客的访问情况分布，如图5-13、图5-14所示，地方网站、下载站等与地域性、网络链路等结合较为紧密的网站可以参考此功能数据，合理优化推广运营方案。

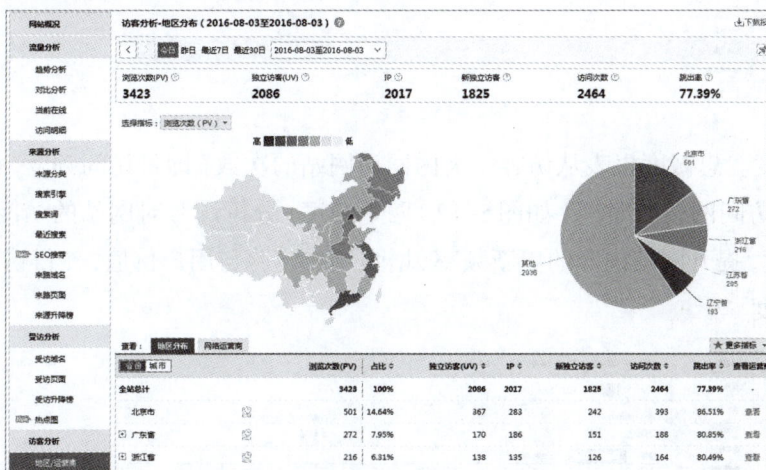

图 5-13 地区分布

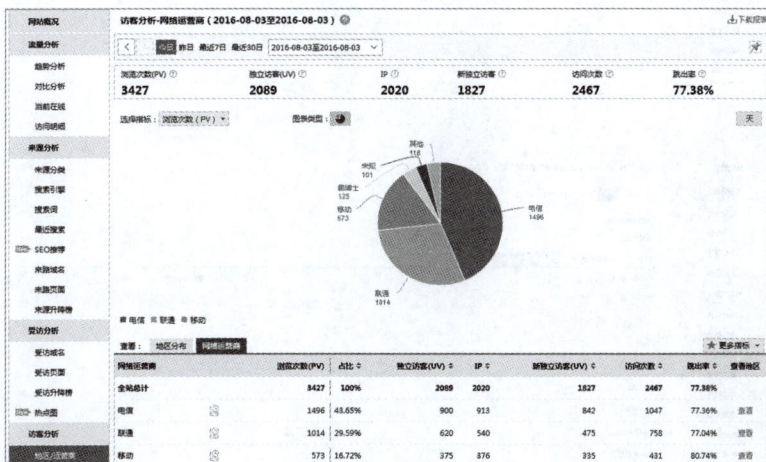

图 5-14 网络运营商分布

● 新老访客。新访客与老访客进入网站的途径和浏览行为往往存在差异，如图5-15所示。该功能可以辅助分析不同访客的行为习惯，针对不同访客优化网站，例如为制作新手导航提供数据支持等。

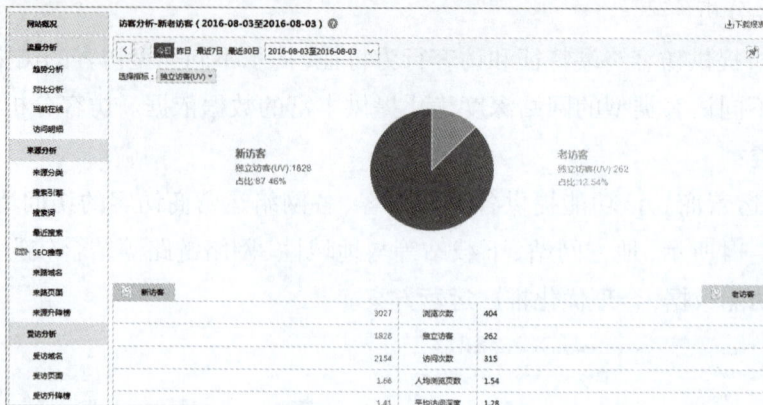

图 5-15　新老访客对比

- 忠诚度。忠诚度报表从访客一天内回访网站的次数（即日访问频度，如图5-16），与访客上次访问网站的时间（如图5-17）两个角度，分析访客对网站的访问黏性、忠诚度、关注程度，提升网站内容的更新频率、增强用户体验与用户价值，使得访客对网站有更高的忠诚度。

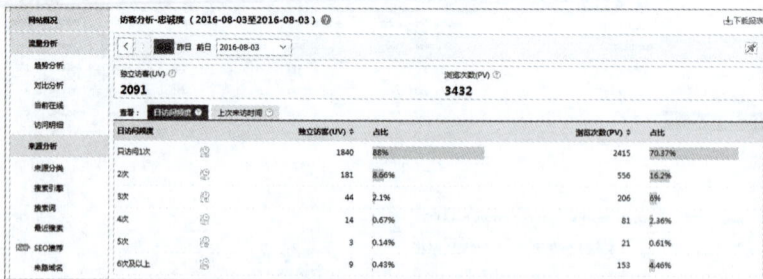

图 5-16　忠诚度（日访问频度）

图 5-17　忠诚度（上次来访时间）

- 活跃度。从访客单次访问浏览网站的时间与网页数（即访问深度）两个角度，分析访客在网站上的活跃程度，如图5-18和图5-19所示。由于提升网站内容的质量与数量可以获得更高的活跃度，因此该功能是网站内容分析的关键指标之一。

202 SEM篇　第5章　搜索引擎营销工具

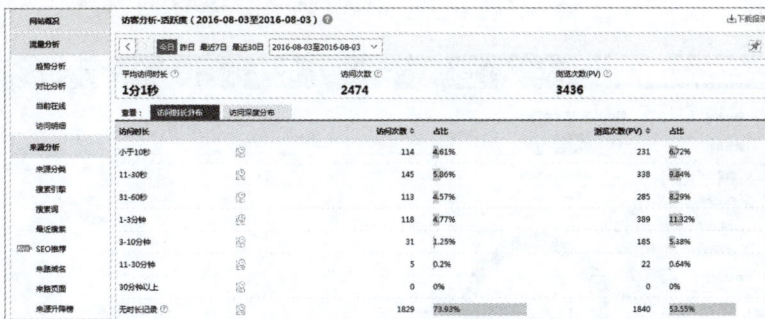
图 5-18 活跃度（访问时长分布）

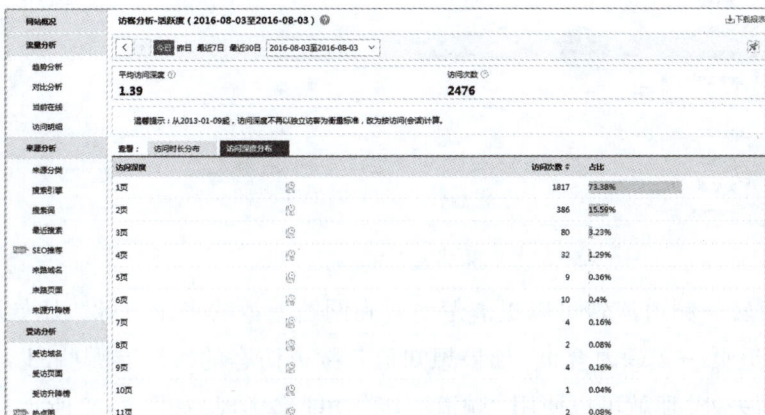
图 5-19 活跃度（访问深度分布）

（6）价值透视

人群价值功能是通过多种描述角度（如兴趣、性别、年龄），使得更形象化地了解访客所属人群，如图5-20所示。可以通过这份报告，分析网站内容、投放的广告应该如何更贴近访客兴趣，提升流量，获得更多广告收入。

图 5-20 人群价值描述角度

● 流量地图。如图5-21所示，可以简便地查看网站各个频道的流量情况，知道网站总体流量的大小，可以更清晰地看到流量的分布。合理分布资源，了解各频道流量情况，让网站流量创造更多价值。使用图表形式，能更方便地掌控整个网站中各个频道的流量分布情况。

图 5-21 流量地图

● 频道流转。频道流转可以更清楚地看到网站流量的来龙去脉。比如网站的结构是：首页→频道页→文章内容页，如果想知道各频道访客的来源有哪些，以及这些访客的下一步访问去处，那就可以使用"频道流转"功能来实现，如图5-22所示。

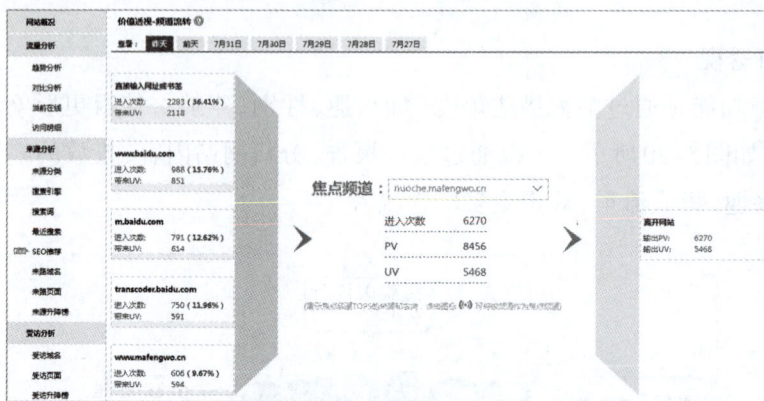

图 5-22 频道流转

5.2 账户操作工具——推广助手

关于账户操作工具，本节将介绍百度推广客户端、品众360点睛营销助手和搜狗推广管家，以及这三种账户操作工具的安装、功能和基本的操作方法。

5.2.1 百度推广客户端

5.2.1.1 百度推广客户端功能简介

在百度推广的账户管理过程中，经常会碰上这些问题：

我是新户，如何快速新建账户？

账户里物料很多，怎样才能快速找到关键物料，快速了解优化的方法？

想要将一批关键词价格统一上调10%，怎么批量操作呢？

我是网盟用户，常常要替换物料，费时费力，有没有什么快捷的办法？

……

这些问题，都可以利用百度推广客户端解决。

百度推广客户端包括搜索推广、网盟推广、问答营销和闪投推广四大系统。安装后，百度推广用户可使用推广账户的用户名与密码进行登录。独有的关键词和创意批量编辑、推广物料快速定位、离线操作、自由备份、账户和物料快速切换等功能，能够帮助账户操作人员高效安全地管理百度推广账户，提高工作效率，节约时间与人力成本，尤其适用于需要对账户推广物料进行大规模添加、更改等操作。账户管理人员可以利用百度推广客户端进行五项主要工作，以满足日常推广操作中的常见需求。

（1）批量操作：可以对大量物料进行批量新增、编辑、删除、复制和粘贴，大幅提高推广效率。

（2）关键词推荐：可以核心词为词根，大量拓展关键词，提升流量。

（3）快速定位：可以通过筛选、物料定位系统等功能，快速定位关键物料。

（4）智能分析：可以直观了解账户数据表现和效果，多角度了解账户现状。

（5）账户优化：可以直接获取优化建议，便捷地批量修改待优化的问题物料。

5.2.1.2 百度推广客户端安装指南

以在线安装为例，详细安装步骤如下：

（1）在百度推广客户端主页下载安装包，如图5-23所示。

在线安装 V5.7 (0.4M)

下载完整安装包 (7.6M) | .net framework 3.5 (231M 适用于：Windows 7)
.net framework 4.0 (48M 适用于：Windows 8)
Windows XP等其他用户请根据您的情况选择安装。

图 5-23 在线安装包下载

（2）选择提示语言，中文或者其他语言，如图5-24所示。

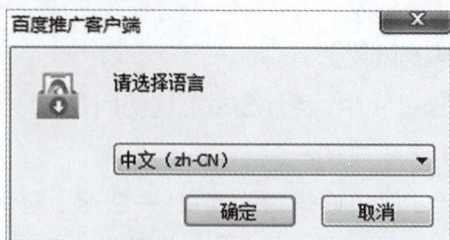

图 5-24 选择语言

（3）确认《许可协议》，点击"我接受"，如图5-25所示。

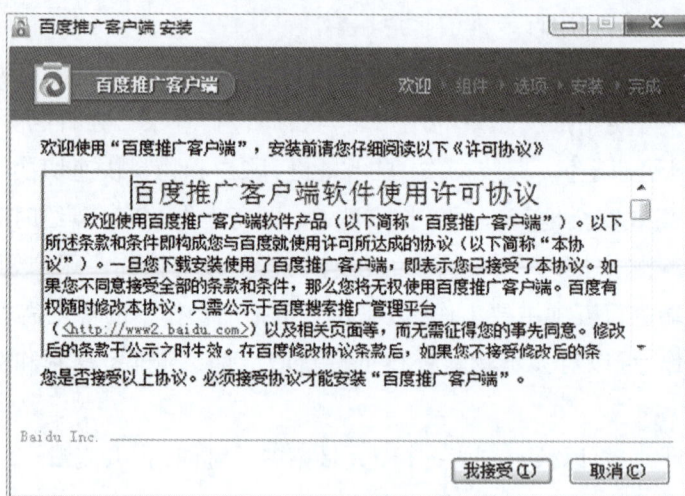

图 5-25 确认许可协议

（4）选择要安装的组件，如图5-26所示。

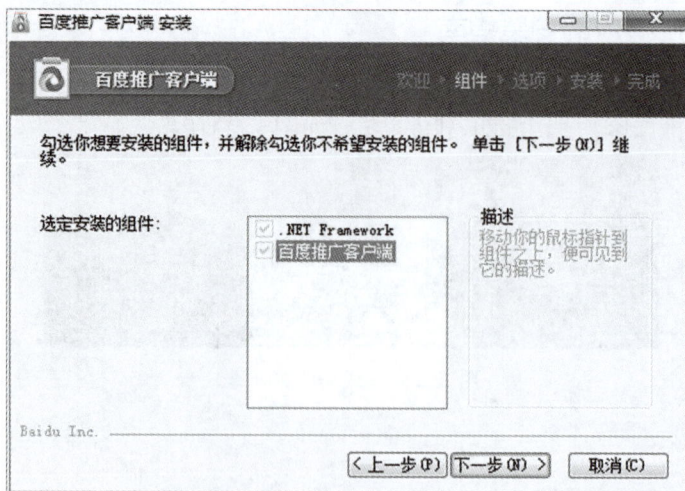

图 5-26 选择安装的组件

（5）选择安装路径，即选择安装在哪个存储区，可以自由选择，如图5-27所示。

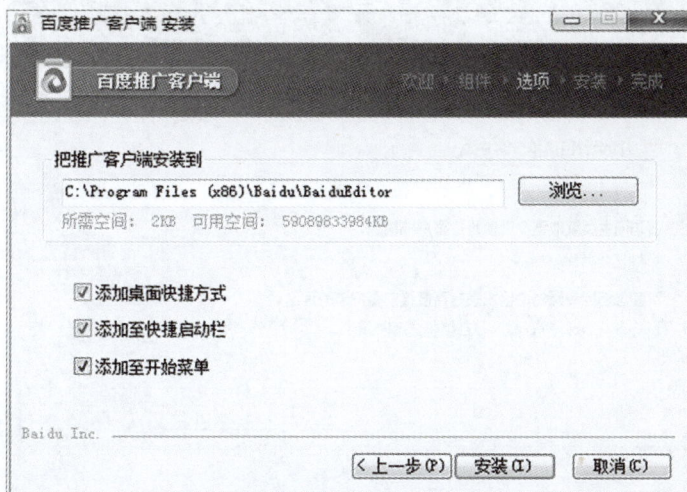

图 5-27 选择安装路径

（6）安装百度推广客户端，如图5-28所示。

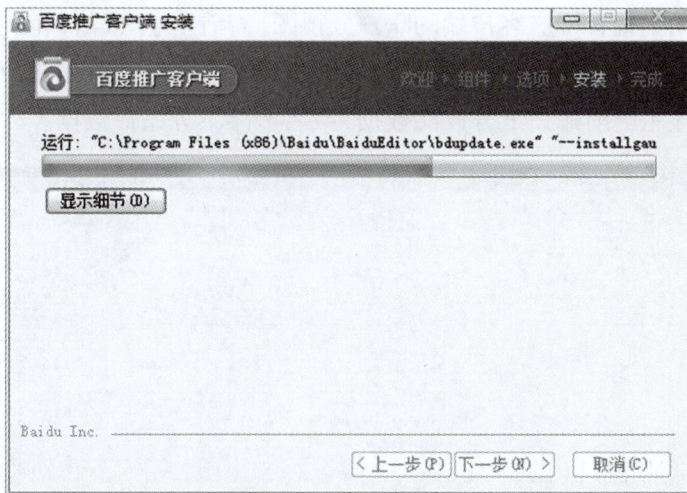

图 5-28 安装

（7）安装完成，如图5-29所示。建议选择"立即运行百度推广客户端"，即可马上开始使用百度推广客户端。

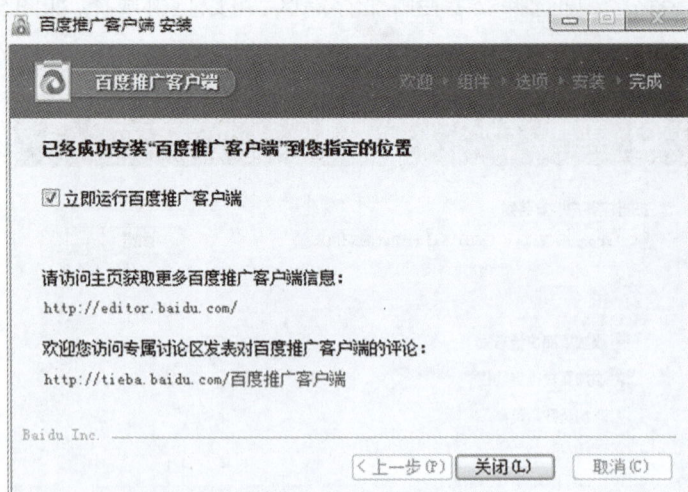

图 5-29　安装完成

5.2.1.3 百度推广客户端界面介绍

（1）账户中心窗口（图5-30）

头部区域：用于查看推广客户端的账户分视图，查看消息和软件相关设置。

中部区域：用户可选择账户或者选择产品，进行搜索账户和管理账户等操作。

下方区域：显示当前账户下分产品数据，或者产品下分账户数据。

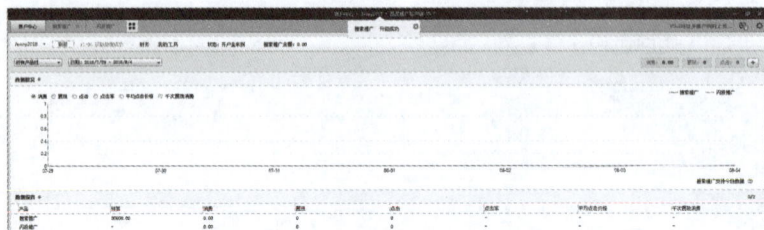

图 5-30　账户中心窗口

（2）各推广产品窗口（图5-31）

头部区域：用于对推广客户端进行设置，以及物料的上传、下载、问题反馈等宏观操作。

左侧区域：用于显示所在账户的目录结构。用户可通过点击左侧账户目录进入相对应的推广计划或推广组。搜索推广客户端中也可点击筛选模板，查询推广客户端中符合定位条件的物料内容。

主操作区：用于对推广客户端中的物料进行具体操作。可在此区域中调整出价，批量编辑、添加或删除关键词及创意等。

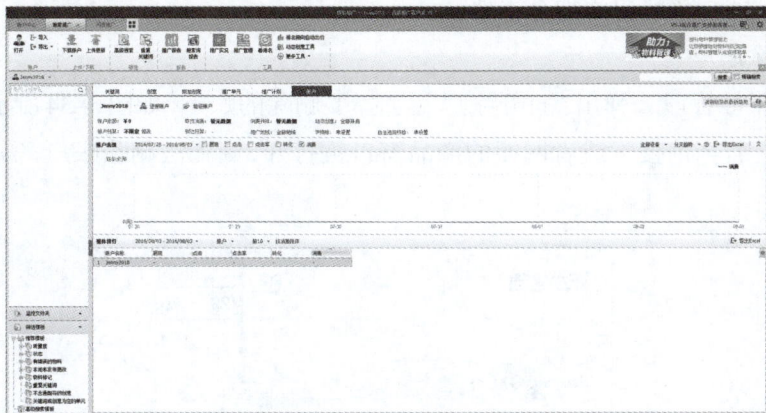

图 5-31 各推广产品窗口

5.2.1.4 百度推广客户端使用指南

有关账户中心的基础操作，主要有以下几个方面：

（1）添加账户

点击账户名称右侧的小三角。点击添加账户，如图5-32所示。

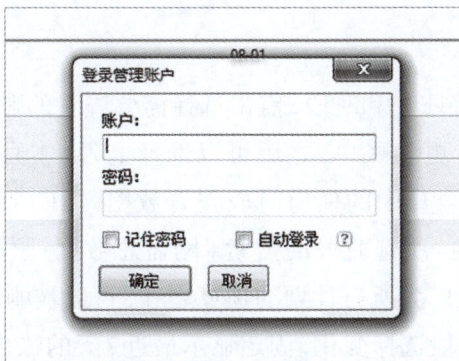

图 5-32 添加账户

弹出验证框，填写用户名和密码，如图5-33所示。

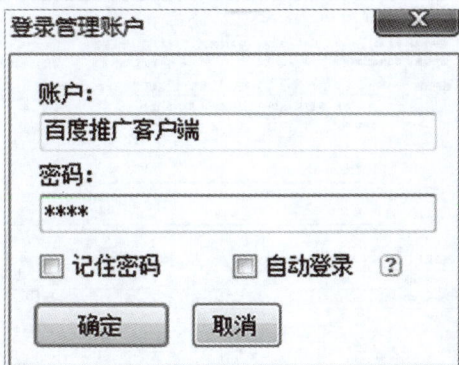

图 5-33 填写用户名和密码

验证通过后,该账户添加至本地。

（2）删除账户

点击"账号管理",弹出"打开账户",选择要删除的账户,如图5-34所示,点击右侧"×"按钮。若当前搜索或者网盟的产品窗口被打开,则无法删除账户,需要全部关闭后再删除。

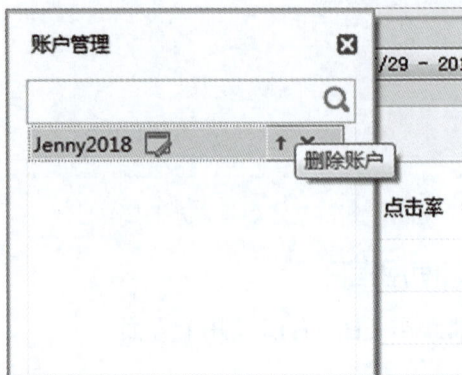

图 5-34 选择要删除的账户

（3）查看数据

● 按账户查看

如图5-35所示,选择账户和时段,点击选择需要查看的账户,多于4个账户时会出现搜索图标,点击可查看更多账户,之后可以选择上月、本月、上周、过去30天、过去14天、最近7天、昨日和今日中的任何时段查看数据;推广余额:当前余额,可以被刷新;消费、展现、点击概览:所选时段的搜索+网盟总数据;预算:搜索推广为当前账户设置的预算情况,网盟推广为所有计划的预算之和,可以被刷新。

七日曲线图:不随时段选择变化,固定显示最近7天的账户下搜索推广和网盟推广的情况。

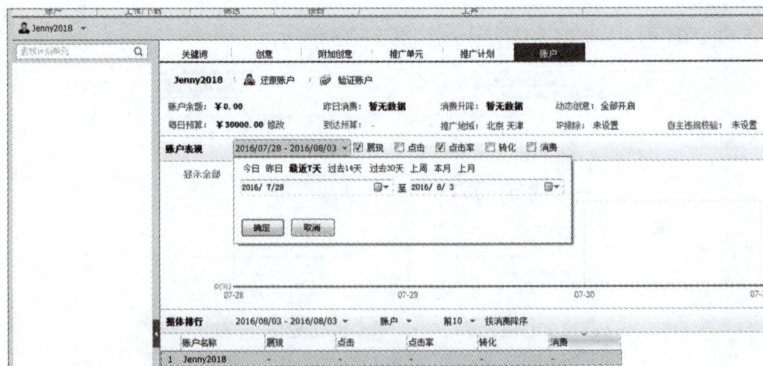

图 5-35 查看数据（按账户查看）

●按产品查看

如图5-36所示，选择产品和时段。点击选择需要查看的产品（搜索推广、网盟推广）。

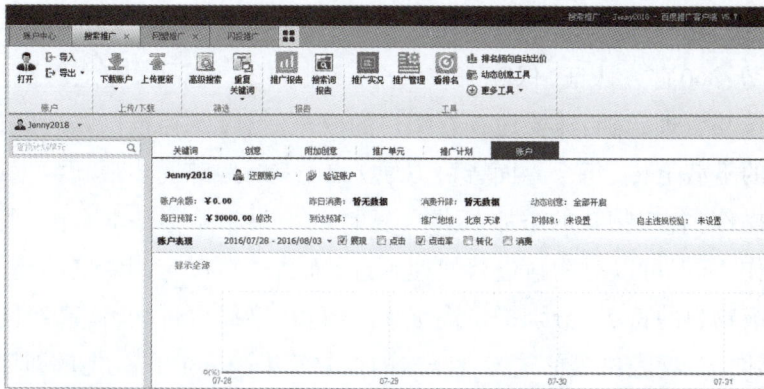

图5-36 查看数据（按产品查看）

之后选择上月、本月、上周、最近7天等时段查看，如图5-37所示。

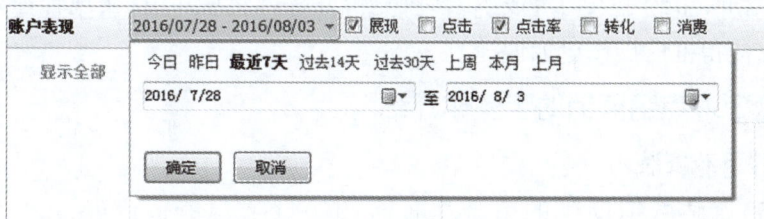

图5-37 选择时段

查看数据时，区域中余额、消费、展现为蓝色字，点击即可排序。

如图5-38所示，点击排序；消费、展现、点击细化：所选时段的搜索数据或者网盟数据；查找定位账户：上方搜索按钮用于查找目标账户。

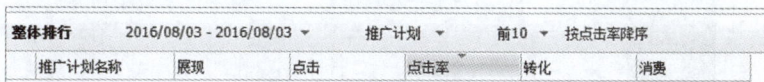

图5-38 点击蓝色字排序

（4）进入账户

进入账户方式有两种：一是按账户查看时点击产品名称进入；二是按产品查看时点击账户名称进入。

两种方式均有机会进入至该产品窗口下对应的账户中。当产品窗口被打开后，如需切换账户，需在产品窗口中完成切换。若产品窗口关闭后则可以重新使用该方式启动进入账户。

5.2.2 品众 360 点睛营销助手

5.2.2.1 品众 360 点睛营销助手简介

品众360点睛营销助手是由品众互动与360点睛营销平台共同打造的，是一款界面美观、操作流畅、用户体验较好的360推广工具，只要拥有360账户，即可免费使用。

品牌优势：360官方认证，保障账户安全；多账户统一管理，随意切换，实现多个账户的高效操作与管理；简明扼要地查看账户的概览信息，掌控推广账户的整体状况；支持账户信息的下载上传，每个界面皆可方便上传，实时跟踪同步最新数据；不仅支持跨账户的物料操作，各级物料的添加、删除、复制、剪切、粘贴等基本操作，还可以快捷地实现批量操作；不但可以对物料进行快速筛选，而且还可以定制专属的高级搜索模板；针对不同层级物料的特点，分别提供高级文本编辑、高级出价编辑、高级网址编辑等功能；报告数据以图表、表格等形式展现账户的投放效果，精确可靠，能够对账户推广情况了如指掌。

另外，其可通过系统智能调整关键词出价，精确定位、定时定点的竞价设置，可进行不间断地竞价，节约了人力等成本，多种竞价算法可交互共用，实现合理分配运算，加长推广时间，使得推广操作更加便捷。

5.2.2.2 品众 360 点睛营销助手操作介绍

（1）软件下载安装

品众360点睛营销助手的下载途径有：360点睛营销平台（e.360.cn）和360软件管家。在360软件管家中搜索应用"360点睛营销助手"，点击下载安装客户端，如图5-39所示。

图 5-39 品众互动官网下载

品众360点睛营销助手安装成功后，软件启动页面加载完毕，先进入账户管理页面，如图5-40所示，再启用软件则先进入账户概览页面，便于了解常用账户的物料概览信息。

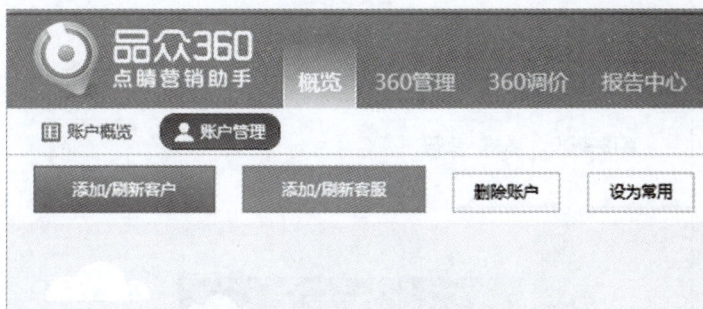

图 5-40 账户概览页面

账户管理界面包括添加新客户或客服，以及账户的删除操作。

进入账户管理页面后，如账户管理页面没有账户时，需添加账户，点击"添加客户"或"添加客服"进行客户或客服账户的添加。

点击"添加客户"，如图5-41所示，弹出客户登录框，输入360客户账号和密码，点击"登录"即可。

图 5-41 添加账户

点击"添加客服"，如图5-42所示，弹出客服登录框，输入360客服账号和密码，点击"登录"即可。

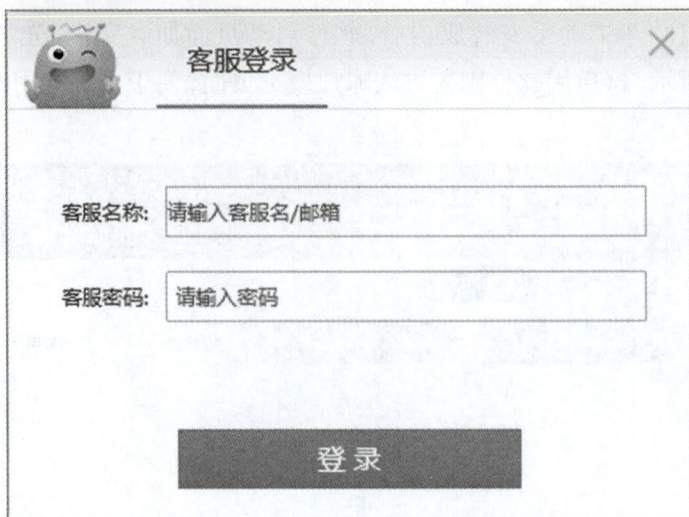

图 5-42 添加客服

在全部账户区域中选择需删除的账户,点击"删除账户",账户以及账户下的所有物料信息将被全部删除,点击"确定"即可进行删除。

(2)物料编辑

"数据同步"可将当前账户的后台服务器上的数据信息按不同物料类型下载同步到品众360点睛营销助手上,如图5-43所示。

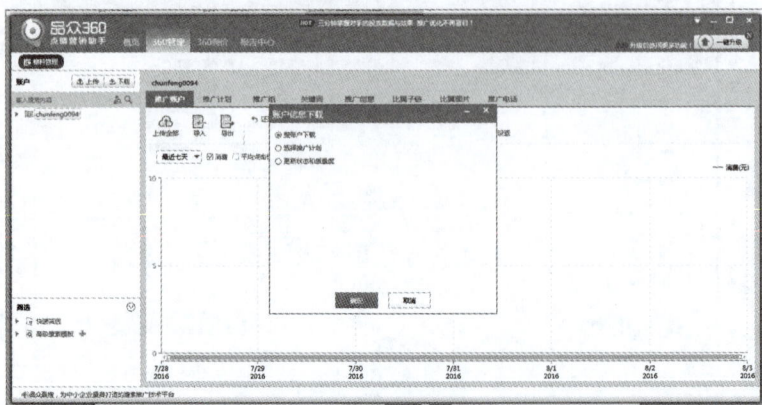

图 5-43 数据同步

● 添加推广计划,如图5-44所示。

推广计划名称:不可超过32个字符(中文每字为2个字符,英文、标点符号每字为1个字符)。

每日预算:默认为"不限定额度",反选后可填写预算数额(每日预算最少为30元)。

投放时段:点击"全部时段",页面弹出"投放时段"调控面板。投放时段管理有"全部时段投放"和"指定时段投放"可供选择。选择"指定时段投放"时,对所需投放的时间点选择后点击"确认"即为操作成功。

投放地域：点击"全部地域"，页面弹出"投放地域"选择面板，有"全部地域""指定地域"（可自定义选择投放地区）两种选择，默认为"全部地域"。

开始/结束日期：起止日期可直接输入或者通过输入框右侧按钮选择。

推广组名称/出价：可以不填写，如若填写可直接对该推广组添加关键词及创意。

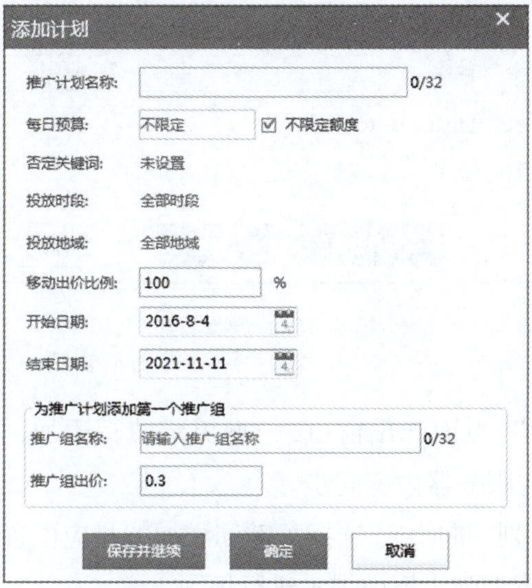

图 5-44 添加推广计划

● 添加推广组

点击"添加推广组"，页面弹出窗口，根据提示填写添加，如图5-45所示。添加后"上传更新"才可与服务器内容同步。

推广计划名称：点击下拉框选择即可。

推广组名称：必须填写，不可超过32个字符（中文每字为2个字符，英文、标点符号点击每字为1个字符）。

推广组出价：可以不填写。

否定关键词：点击"未设置"，弹出"否定关键词"输入框，可对"否定关键词"和"精确否定关键词"进行内容设置。

保存并继续：若按要求填写正确，点击后窗口由"添加推广组"变为"添加关键词"。

确定：把"添加推广组"的填写内容进行保存。

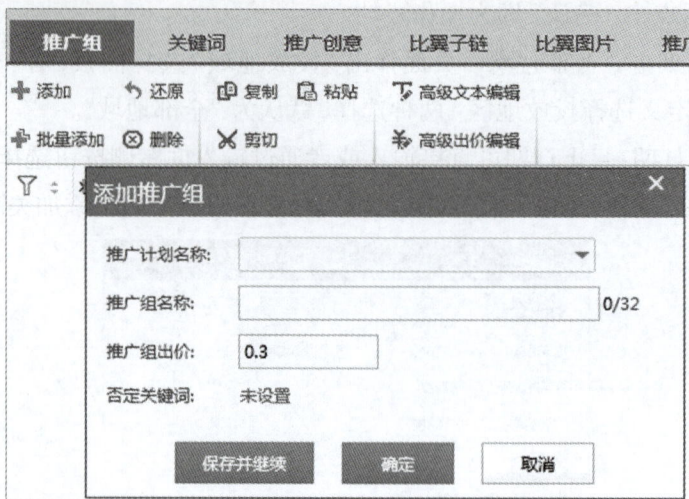

图 5-45 添加推广组

● 添加关键词

点击"添加关键词",页面弹出窗口,根据提示填写添加,如图5-46所示。添加后点击"上传更新"才可与服务器内容同步。

点击相应的推广计划、推广组,选择关键词添加的相应位置。

已输入的关键词:根据弹出框内提示进行填写。

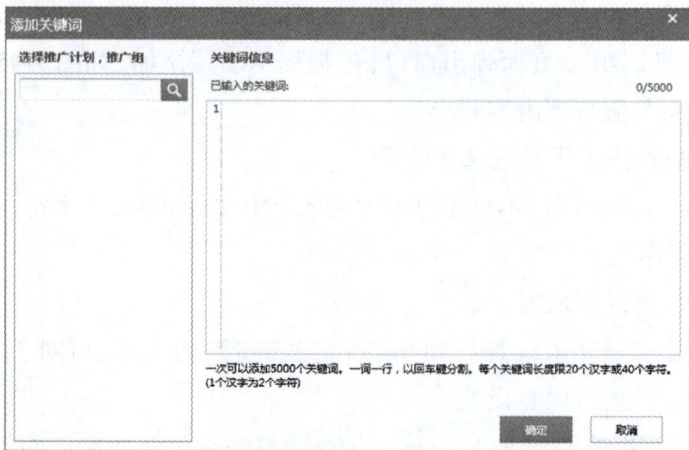

图 5-46 添加关键词

● 添加创意

点击"添加创意",页面弹出窗口,根据提示填写添加,如图5-47所示。添加后点击"上传更新"才可与服务器内容同步。

点击相应的推广计划、推广组,选择创意添加的相应位置。

创意标题:不能为空,不可超过50个字符(中文每字为2个字符,英文、标点符号每字为1个字符）。点击输入框右边的"{↓}"，即可方便地插入通配符（通配符不计入字符长度）。

创意描述1/创意描述2：若只输入创意描述1，则描述1的字符数不可超过80个字符；若创意描述1和创意描述2都输入，则描述1和描述2的字符数均不可超过40个字符。点击输入框右边的"{↓}"，即可方便地插入通配符（通配符不计入字符长度）。

访问URL：其不会显示出来，可以设置到网站内部具体的页面，跟设置的关键词相匹配即可，这样有利于降低网站的跳出率。

访问URL的字符不可超过1024个字符，点击输入框右边的URL（红色），跳出账户域名窗口，选择相应的账户域名，即可方便地将账户域名添加到访问URL。

显示URL：即在推广结果中会显示出来，显示URL的设置不会影响网民对网站的实际访问。一般情况下，建议直接使用完整的域名作为显示URL，在增强网民信任感的同时，也便于网民的记忆，加深对网站的印象。

显示URL的字符不可超过40个字符，点击输入框右边的URL（红色），跳出账户域名窗口，选择相应的账户域名。

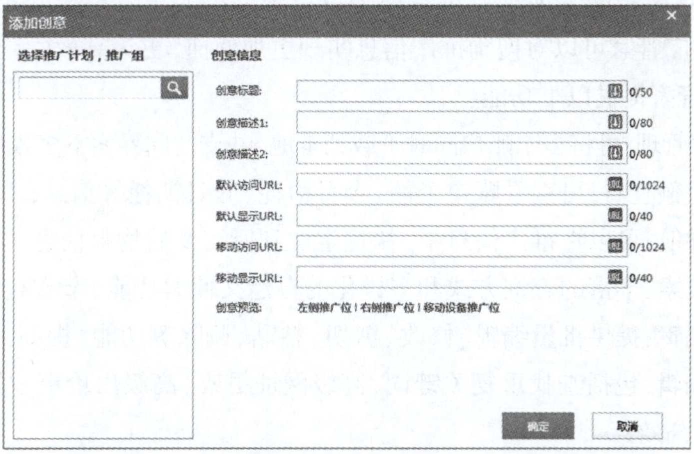

图 5-47 添加创意

● 添加子链

点击"添加子链"，页面弹出窗口，根据提示填写添加，如图5-48所示。添加后点击"上传更新"才可与服务器内容同步。

点击相应的推广计划、推广组，选择子链添加的相应位置。

文字：不能为空，最少8个字符，最多14个字符。

链接：不能为空，最多1024个字符。点击输入框右边的URL（红色），跳出账户域名窗口，选择相应的账户域名，即可方便地将账户域名添加到显示URL。点击"新增子链"或"+"来增加子链。子链预览中，显示前五条子链的预览信息。

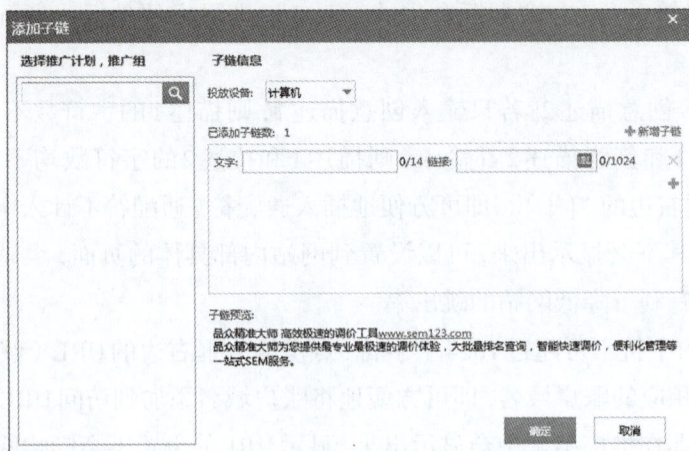

图 5-48 添加子链

5.2.3 搜狗推广管家

5.2.3.1 搜狗推广管家简介

搜狗推广管家是配合搜狗竞价管理平台系统推出的一款免费的账户离线管理软件,通过搜狗推广管家可以对搜狗推广信息实现更加便捷,更为高效的管理和优化。

搜狗推广管家提供以下功能:

(1)多账户管理:可将多个账户同时下载到本地,并支持同界面下多账户的切换管理;

(2)账户金额查看:可查看账户余额、今日消耗、昨日消耗等信息;

(3)快速导航:可以在推广信息中,快速定位到所需要的物料信息;

(4)筛选搜索:丰富的查询方式和多样化的自定义搜索功能,节省查询时间;

(5)物料编辑:提供批量编辑、修改、剪切、粘贴、删除等功能,提高工作效率;

(6)高效编辑:包括查找重复关键词、高级网址更改、高级出价更改等工具,让优化变得更加简单、高效;

(7)统计数据:可筛选任意时间范围内的统计数据,并可结合统计数据筛选账户信息,关注账户数据变化,真正做到用数据指导工作。

5.2.3.2 搜狗推广管家安装指南

(1)入口:在搜狗推广管家页面上显示"在线安装",点击后,开始安装。

(2)选择语言:当前仅提供了中文。

(3)确认许可协议,点击"我接受",进入下一步,点击"取消",窗口消失,不执行操作。

(4)选择安装路径,如图5-49所示。

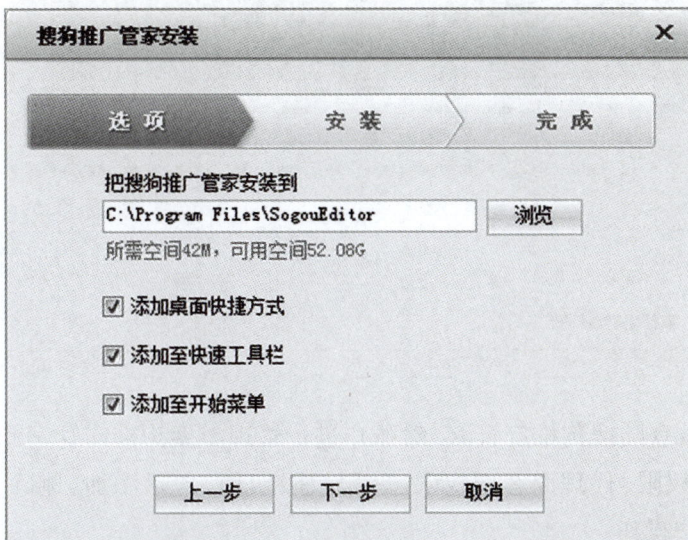

图 5-49 选择安装路径

（5）安装完成，如图5-50所示。

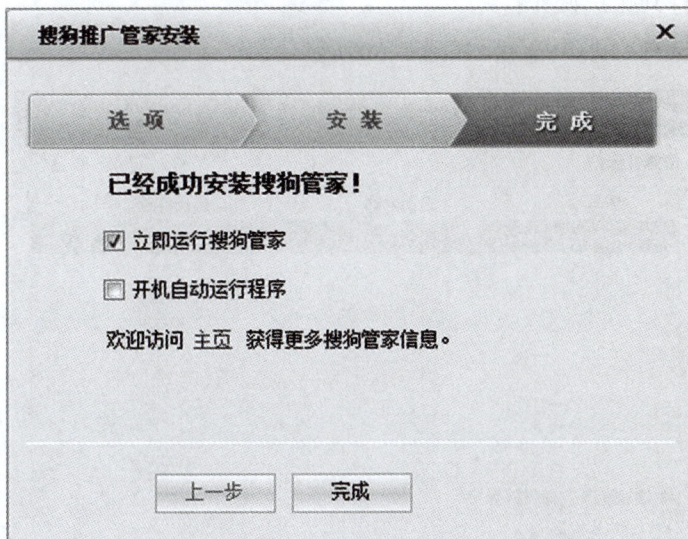

图 5-50 安装完成

5.2.3.3 搜狗推广管家账户基本操作

（1）整体界面结构

● 界面分为：菜单栏、左侧账户树（左侧树状导航、消息通知栏）、快速查询区、右侧物料编辑区（快捷按钮、各tab列表、物料编辑区）、快捷导航按钮区，如图5-51所示。

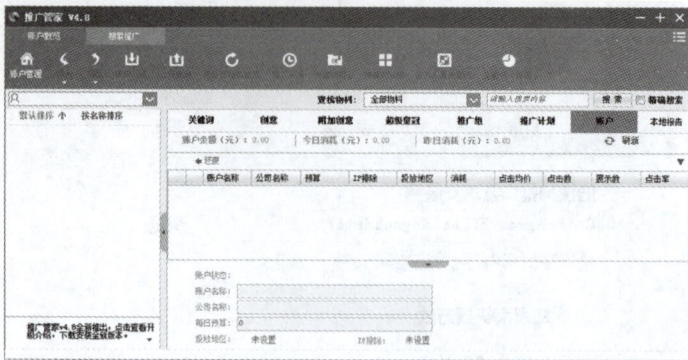

图 5-51 账户管理页面

● 功能介绍：登陆搜狗推广管家，对账户进行管理。搜狗推广管家账户权限分为客户权限、代理商权限、代理商客服权限、客服权限四种，包括添加、删除、打开、搜索功能，并实现多账户操作。

（2）操作说明

下面对搜狗推广管家的账户基本操作进行简单介绍。

添加账户、打开账户操作：

● 点击文件菜单→账户管理，如图5-52所示。

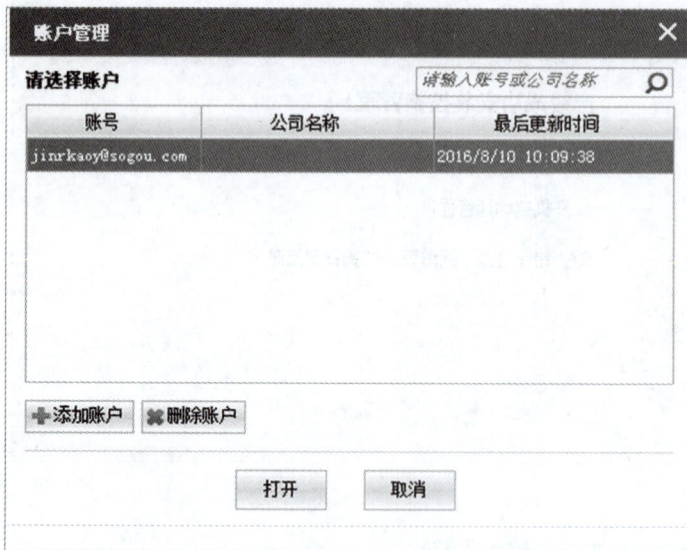

图 5-52 账户管理

● 点击添加账户，选择登录身份，填写账号、密码，点击"确定"，如图5-53所示。

● 在账户管理界面的已添加账户中选择需要打开的账户，点击"打开"，可将账户打开，如图5-54所示，支持同时选择多个账户进行打开账户操作。

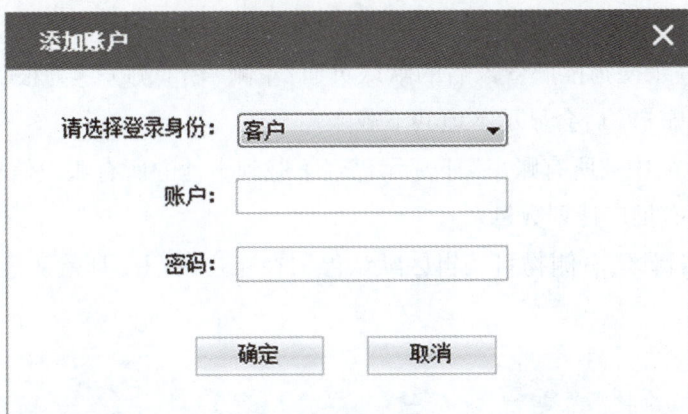

图 5-53 添加账户

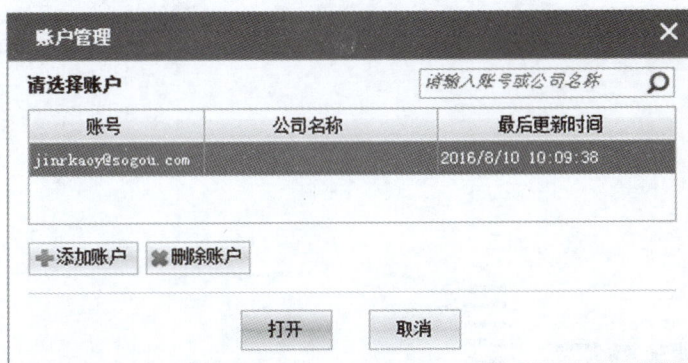

图 5-54 打开账户

删除账户：选择已添加的账户，点击"删除账户"和"确定"操作可删除选中账户，支持同时选中多个账户进行删除账户操作，如图5-55所示。

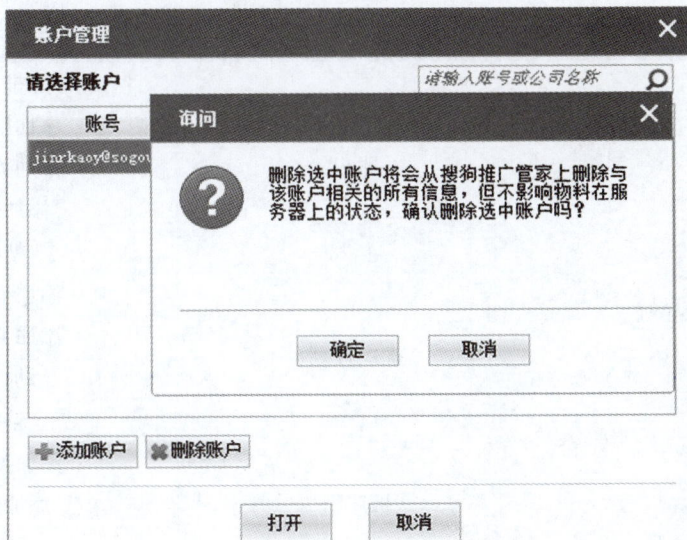

图 5-55 删除账户

（3）账户整体说明

图5-56为登录搜狗推广管家后的默认页面：左侧"所有账户"为根目录，无法进行任何操作；"所有账户"后会显示本地共下载账户个数。

左侧树状导航中："所有账户"下显示已经下载到本地的所有账户信息；账户名称后显示此账户下所有推广计划数量。

右侧物料编辑区：右侧物料编辑区默认停留在账户tab上，且默认显示左侧第一个账户的信息。

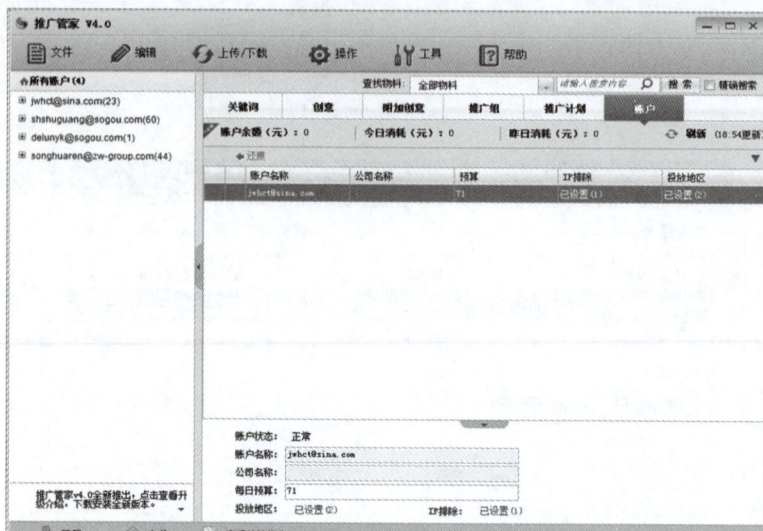

图 5-56 搜索推广管家首页（树状导航图）

- 右键编辑左侧树状导航，如表5-1所示，可进行如下操作。

表 5-1 左侧树状导航

右键编辑	层级	右键功能
左侧树状导航	账户	添加推广计划
		添加推广组
		添加关键词
		添加创意
		粘贴
	推广计划	添加推广组
		添加关键词
		添加创意
		粘贴
	推广组	添加关键词
		添加创意
		粘贴

下面简单介绍如何添加推广计划、添加推广组、添加关键词、添加创意以及添加附加创意。

添加推广计划：可以选择在不同的账户下添加推广计划；右键点击左侧树状导航中某选中的账户名称后，点击"添加推广计划"，弹出添加推广计划页面，如图5-57所示。

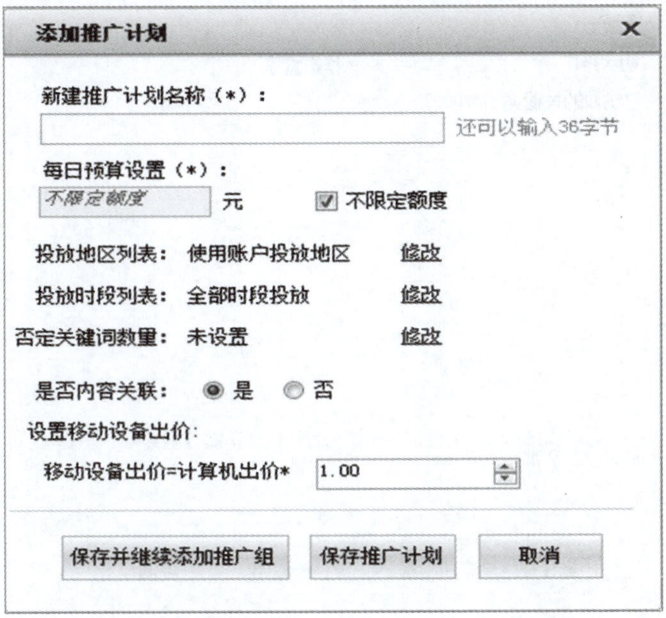

图 5-57 添加推广计划

添加推广组：可以选择在不同的账户、推广计划下添加推广组；如在账户下添加推广计划且点击"保存并继续添加推广组"按钮，将进入该推广计划的添加推广组页面，如图5-58所示。

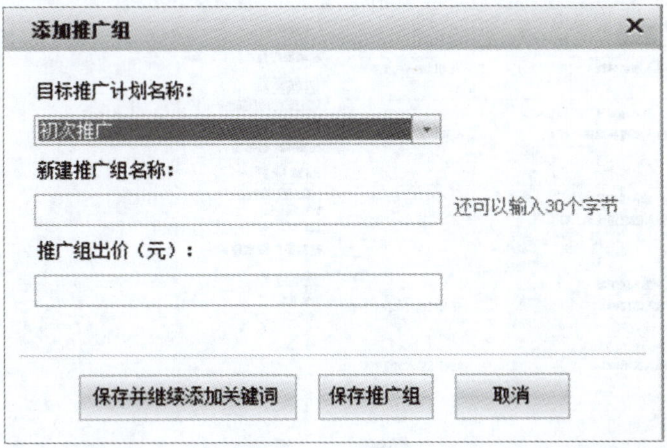

图 5-58 添加推广组

添加关键词：可以选择在不同的账户、推广计划、推广组下添加关键词；如在账户下添加推广计划且连续点击"保存并继续添加推广组"和"保存并继续添加关键词"按钮，进入该推广组的添加关键词页面，如图5-59所示。

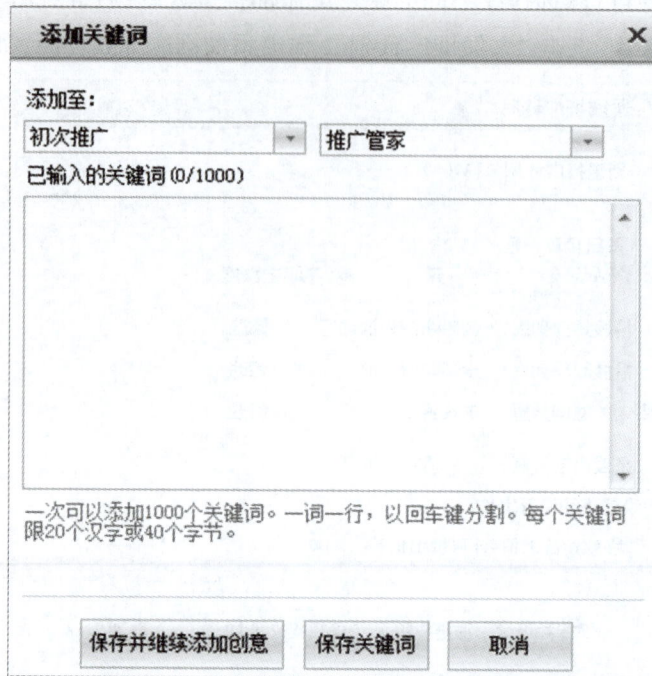

图 5-59 添加关键词

添加创意：可以选择在不同的账户、推广计划、推广组下添加创意；如在账户下添加推广计划且连续点击"保存并继续添加推广组""保存并继续添加关键词"和"保存并继续添加创意"按钮，进入该推广组的添加创意页面，如图5-60所示。

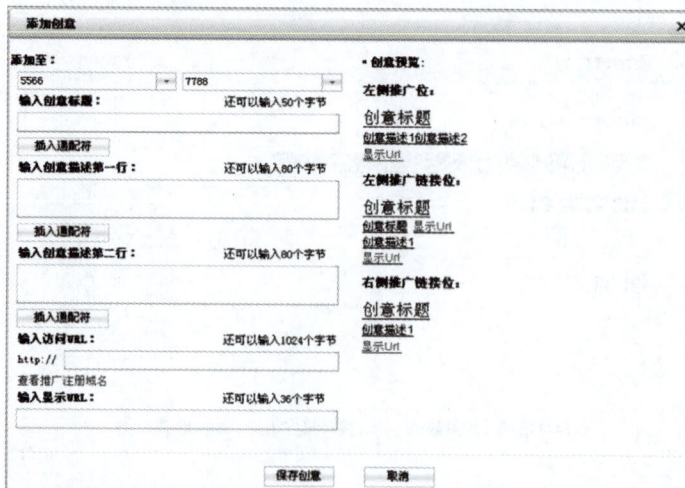

图 5-60 添加创意

添加附加创意：可以选择在不同的账户、推广计划、推广组下添加附加创意，如图

5-61所示。

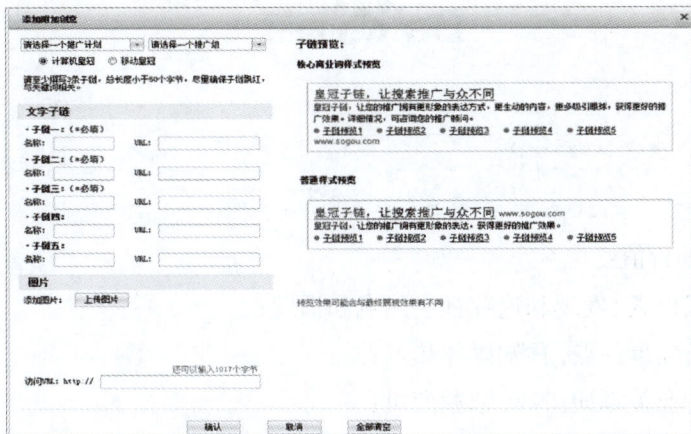

图 5-61 添加附加创意

5.3 流量查询工具

本节介绍的流量查询工具主要有:百度指数和百度搜索风云榜。

5.3.1 百度指数

- 我在网上推广了这么久,究竟对我的品牌有多大帮助?
- 我和竞争对手的品牌差距有多大?
- 想进入一个新的领域,新领域网民的需求潜力有多大?
- 哪些城市的观众更喜欢江苏卫视"非诚勿扰"?

……

上述问题均可通过百度指数找到答案。

5.3.1.1 百度指数简介

百度指数,如图5-62所示,是以百度网页搜索和百度新闻搜索为基础的免费海量数据分析服务,用以反映不同关键词在过去一段时间里的"用户关注度"和"媒体关注度"。

用户关注度是以每天超过一亿网民在百度的搜索量为数据基础,以关键词为统计对象,科学分析并计算出各个关键词在百度网页搜索中的搜索频次,并以曲线图的形式展现。媒体关注度是以百度新闻搜索中与关键词最相关的新闻数量为基础,统计关键词被新闻媒体曝光的次数,并以柱状图的形式展现。

图 5-62　百度指数页面

百度指数的价值：

（1）开放式检索、发现和追踪社会热点和话题；

（2）跟踪新闻事件点，预知媒体热点；

（3）获取行业关键词指数，掌握商机；

（4）监测网站关键词变化数据。

百度指数专业版是基于百度海量搜索数据开发的一套集行业趋势研究、市场需求挖掘、受众定位、效果监测、竞争分析和品牌诊断于一体的系统化工具，主要面向品牌广告主、广告商及市场研究人士。系统每天定时更新，能实时、客观、全面地洞察目标人群的消费意愿、行为与兴趣特征。

5.3.1.2 百度指数相关概念

（1）搜索指数

搜索指数是以网民在百度的搜索量为数据基础，以关键词为统计对象，科学分析并计算出各个关键词在百度网页搜索中搜索频次的加权和。根据使用百度搜索来源的不同，搜索指数分为PC搜索指数和移动搜索指数。

（2）媒体指数

媒体指数是以各大互联网媒体报道的新闻为数据基础，其中计算与关键词相关的，被百度新闻频道收录的，新闻标题包含关键词的数量，并以曲面图的形式展现。

（3）相关检索词

关键词A的相关检索词是指网民搜索A时，同时还搜索过的其他关键词。

（4）上升最快相关检索词

上升最快相关检索词是指在特定时间内搜索指数环比上升最快的相关检索词，并用上升箭头以及上升百分比表示相对上一时间上升的具体数值。

（5）需求图谱

需求图谱是针对特定关键词的相关检索词进行聚类分析而得的词云分布。

（6）人群画像

关键词的人群属性，是根据百度用户搜索数据，采用数据挖掘方法，对关键词的人群属性进行聚类分析，给出性别比例、年龄分布、兴趣分布等社会属性信息。

5.3.1.3 百度指数优势

百度指数专业版充分整合百度数据优势,利用切词、聚类和交叉分析等数据挖掘技术,将搜索关键词逐层进行细分聚类,挖掘出行业、细分市场、品牌和产品这四大类的搜索数据,准确、系统、客观地反映它们的发展动态及趋势。因此,专业版可以在下面5个方面提供帮助:

(1)判断行业趋势,掌握行业动态;

(2)了解具体细分市场发展状况,精确市场定位;

(3)明确最直接的竞争对手,并跟踪其动态;

(4)精准定位消费人群,把握网民偏好、搜索习惯以及常用网站;

(5)精准广告投放策略,实时追踪全媒体投放效果,判断行业趋势,掌握行业动态。

5.3.1.4 百度指数功能

(1)趋势研究——独家引入无线数据

PC趋势积累了2006年6月至今的数据,移动趋势展现了从2011年1月至今的数据。用户不仅可以查看最近7天、最近30天的单日指数,还可以自定义时间查询。

如图5-63所示,这个是指数的趋势图,两个关键词的数据变化和对比情况从图中可以一目了然。如果趋势出现大的波动可以查看最近新闻热点是否有关于行业的事件动态,及时对账户做好调整,避免因热点事件造成广告费的浪费,控制因未及时调整造成的损失。

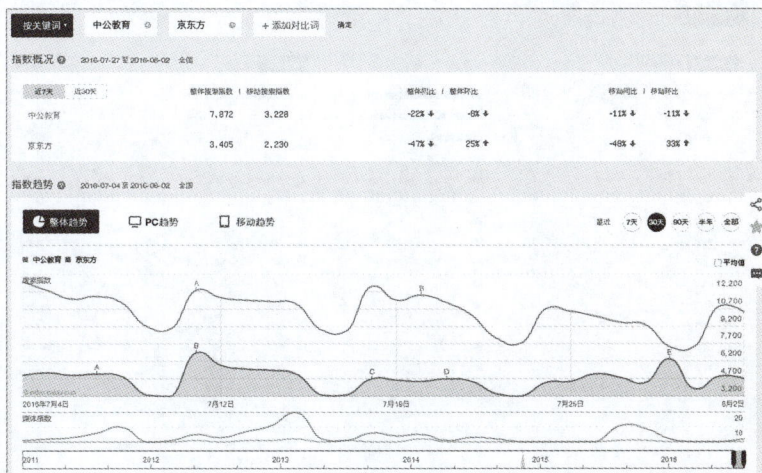

图 5-63 趋势图

(2)需求图谱——直接表达网民需求

每一个用户在百度的检索行为都是主动意愿的展示,每一次的检索行为都可能成为该消费者消费意愿的表达,百度指数的需求图谱基于语义挖掘技术,向用户呈现关键词隐藏的关注焦点、消费欲望。

如图5-64所示，通过需求图谱可以直观地发现和核心业务相关的其他业务点，对于关键词的筛选和目标人群、潜在人群的定向提供数据参考。

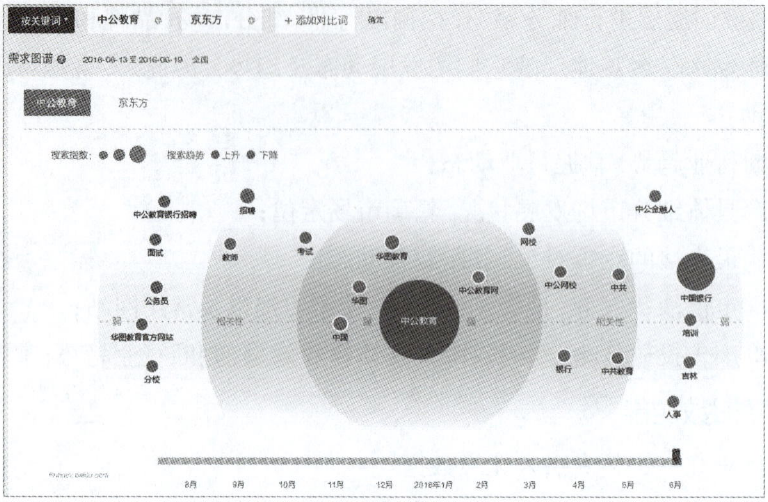

图 5-64 需求图谱

"需求图谱"中"相关词分类"如图5-65所示，一方面反映了网民的搜索习惯，另一方面体现了关键词的热门程度。从而可以结合企业的产品或服务参考潜在消费者的搜索需求，做好推广账户的关键词、账户设置的优化。

图 5-65 相关词分类

（3）舆情管家——媒体资源一网打尽

借助舆情管家，百度指数可一站式呈现任意关键词最热门的相关新闻、微博、问题和帖子，营销活动的影响力不再"看不见、摸不着"。百度指数允许收藏最多50个关键词，对于市场、产品工作人员，需要长期监控自己的品牌名以及竞争对手的舆情，不需要每次进行多次输入，转而通过一张列表呈现。

"百度指数"中的"舆情洞察"是行业热点的聚焦数据，如图5-66所示。新闻监测趋势图中直观反映了最近行业的相关新闻。新闻头条中和行业相关的信息可以结合账户的推广做关键词的调整和广告语的优化。

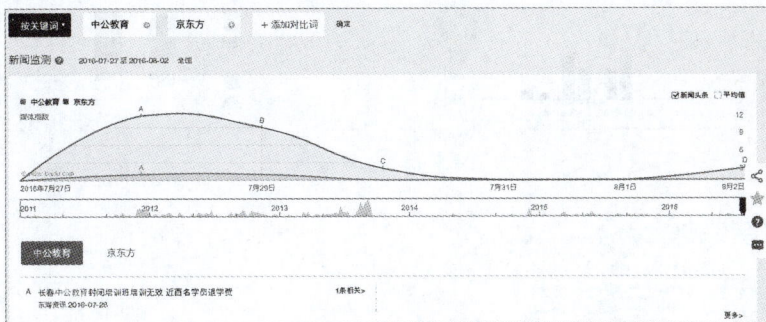

图 5-66　舆情洞察

　　"舆情洞察"中的"百度知道"是对目标客户和潜在客户需求点了解较为精准的数据源，其能分析出客户对产品或服务的关注意向（如价格、售后、品牌等），对于广告语的撰写提供精准的参考，在关键词方面可以添加一些竞品关键词，为研究目标客户的搜索行为提供一些数据。

　　（4）人群画像——立体展现

　　以往需要花费巨大精力开展的调研已不再必需，轻松输入关键词，即可获得用户年龄、性别、区域、兴趣的分布特点，并且真实客观。如图5-67所示的"人群画像"直观图，可以选择省份、区域、城市查看各地域人群对企业产品或服务的需求情况，再根据该数据来设定广告的投放地域。

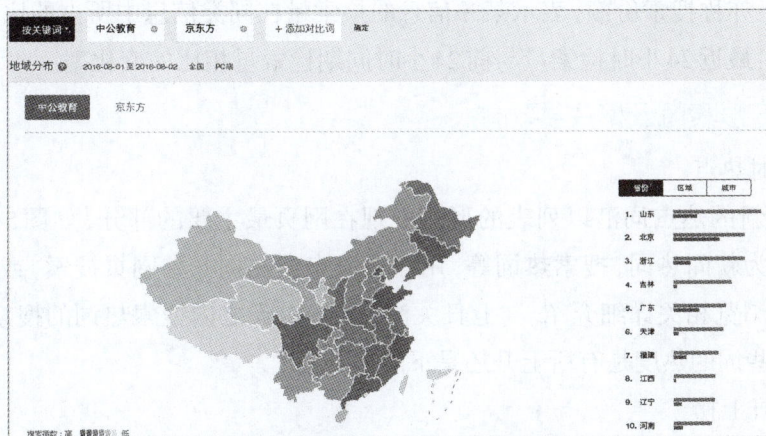

图 5-67　人群画像

　　"人群画像"中的"人群属性"，如图5-68所示，提供了目标人群和潜在人群性别、年龄层次的分布情况。该数据对搜索推广中广告语的撰写有参考价值，在网络联盟广告中的广告定向人群的性别和年龄选择上提供较精准的参考数据。

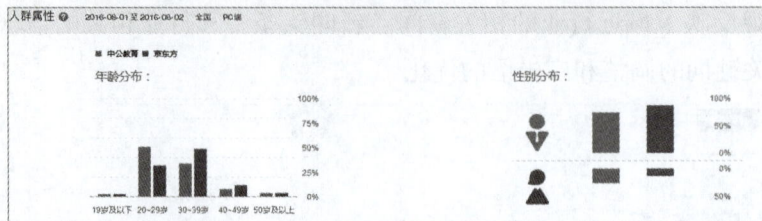

图 5-68 人群属性

5.3.2 百度搜索风云榜

5.3.2.1 百度搜索风云榜介绍

百度搜索风云榜以数亿网民的单日搜索行为作为数据基础，以关键词为统计对象建立权威全面的各类关键词排行榜，以榜单形式向用户呈现基于百度海量搜索数据的排行信息，线上覆盖十余个行业类别，一百多个榜单，发现和挖掘互联网最有价值的信息、资讯，直接、客观地反映网民的兴趣和需求，盘点中国最新最热的人、事、物信息，是极具代表性的"网络风向标"。

5.3.2.2 百度搜索风云榜相关指标解释

关键词：用户搜索所用关键词，点击可以在新窗口中打开该关键词搜索结果页。

搜索指数：以品牌或产品的一类关键词作为研究对象，通过科学的分析和计算得出该关键词在百度上的搜索频次加权和后的数据。

排名：该关键词搜索量在该分类中的当天排名。

关注度：亦称搜索份额，表示某一信息的检索量在同类信息中所占的比例。

变化率：最近24小时检索量与前24小时同期检索量相比的变化率。

5.3.2.3 百度搜索风云榜主要功能

（1）实时热点

实时更新的热点词汇以列表的形式展现在网页最主要的部分，如图5-69所示，这部分热点多为新闻热词、搜索热词等，用户可以点击热词开始网页搜索，或者在百度搜索风云榜中浏览相关详细介绍。"七日关注"展示七天之内搜索热词的搜索频率，并且可以关注这些词的热度是有所上升还是下降。

（2）今日上榜

"今日上榜"模块，如图5-70所示，是从百度搜索风云榜众多榜单中挑选热门词条，配合相关图片，以图文并茂、聚合不同榜单热词的形式呈现给用户，帮助用户轻松愉悦地快速了解最新最热的人、事、物。上榜新词模块每30秒自动翻页，用户也可点击页码手动翻页。

图 5-69 实时热点

图 5-70 今日上榜

（3）心跳图

"心跳图"将百度搜索风云榜的品牌榜单——实时热点榜单的热词以心跳图形式动感地呈现给用户，关键词的滚动随实时热点榜单变化而更新，用户点击热词可进入详情页查看热词的详情。

（4）风云时讯

"风云时讯"模块，如图5-71所示，将百度搜索风云榜的品牌榜单——实时热点榜单做关键词及新闻去重处理，以符合用户阅读习惯的瀑布流形式展现，更新时间为每小时一次，用户通过点击风云时讯页面最上方的提示栏"当前有XX条更新"，可以查看从上一次点击该页面到本次刷新累积的实时热点内容。

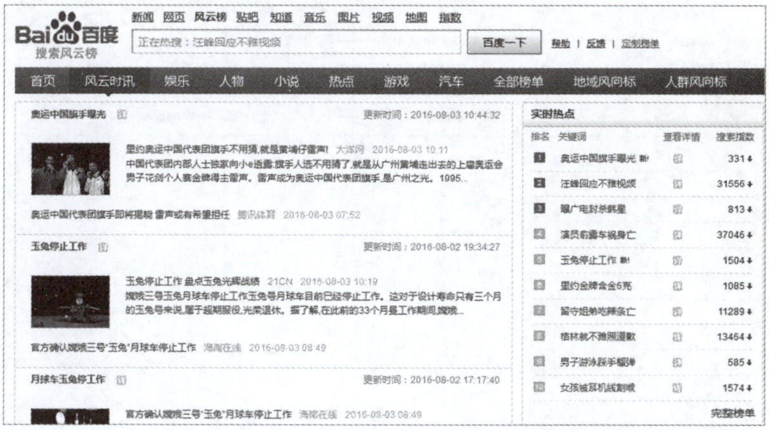

图 5-71 风云时讯

（5）人群风向标和地域风向标

人群风向标和地域风向标是根据百度用户搜索数据，采用数据挖掘方法，给出关键词在人群和地域方面的社会属性。"人群风向标"页面的榜单是男性、女性、0~9岁、10~19岁、20~29岁、30~39岁、40~49岁、50~59岁、60~69岁的细分人群关注的关键词排行，如图5-72所示。"地域风向标"页面的榜单是全国各个省份人群关注的关键词排行，如图5-73所示。"地域风向标"地图模块，是从百度搜索风云榜众多榜单中挑选热门词条，以气泡不断冒出的形式呈现给用户，用户点击词条可进入该关键词详情页，点击不同省份还可了解当地新闻。

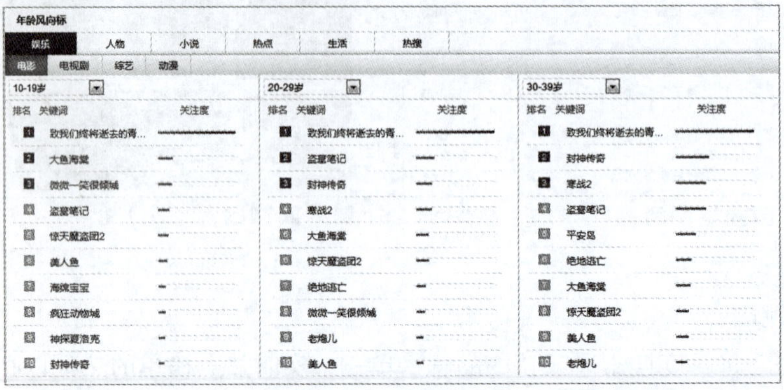

图 5-72 年龄风向标

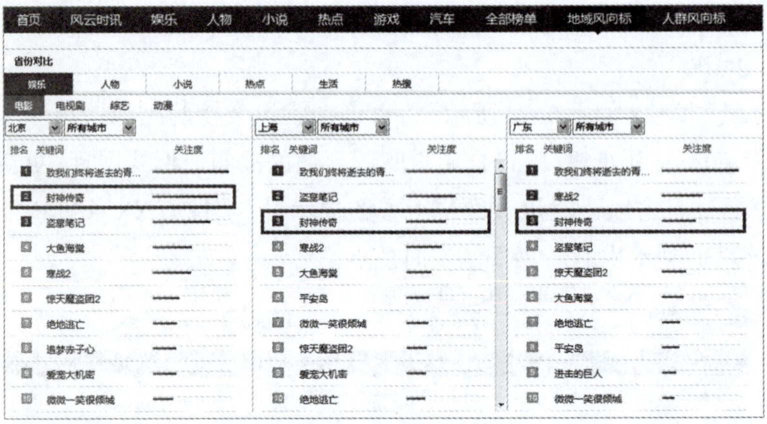

图 5-73 地域风向标

第6章
案例集锦

6.1 电商行业——关键词选取技巧

在电商客户中,拓词和优化是至关重要的两个方面,而拓词是在电商SEM时首先遇到的问题,也是电商SEM推广的根本。只有拓展足够的关键词,才能通过SEM为客户带来订单,带来销售额。那么,面对电商客户繁杂的产品线、日益激烈的关键词竞争,该怎样拓展关键词呢?本节将针对电商客户的五大类关键词,系统地说明实用的拓词方法。

众所周知,用户在搜索引擎中输入的不同关键词,代表了用户的不同阶段。例如某个用户分别搜索如下关键词:手机→iPhone手机→iPhone 6S→iPhone 6S多少钱。该用户的认知阶段则分别为:有意向→进一步定位→确定目标→准备下单。只要能够抓住用户在每个不同阶段所使用的关键词,就能让广告无处不在。

(1)品牌词

品牌词主要是指与电商客户自身的品牌相关的关键词,如京东、当当等。自有品牌关键词往往是成单率最高的一类。如搜索"京东手机""当当图书",在一定程度上,都可表明搜索此词的用户已经有了基本的选择意向,此时广告适时地出现,会加大成单概率。除了尽可能全面地囊括自有品牌词外,与品牌词相关的同义词、变体词、错拼词同样有较高的搜索概率。以当当网为例,"dangdang"就是品牌词的不同变体词。虽然有些词不是标准品牌词写法,但仍有为数不少的用户在使用。

(2)产品词

产品词,即电商网站上售卖的各类具体产品的关键词。这类关键词体现出网民明确的需求,是优质的潜在用户。产品词可细分为产品品牌词、产品类别词、产品型号词。产品品牌词,如"三星手机""海尔空调"等;产品类别词,如"手机""化妆品"等;产品型号词,如"iPhone 7""iPhone 6 plus"等。产品词构成了电商客户关键词的主要部分,约占整个电商客户推广关键词的80%,电商客户数以万计的产品及产品类别使产品词拥有广阔的拓展空间。

(3)通用词

通用词,是指没有特定产品及电商品牌指向的关键词。通用词的特征是比较短,一一般由2~3个词组成，常见的主要是名词类、专业名词类。一般来说，通用词覆盖范围广，但定位精准性略差。如搜索"公务员""雅思"等关键词的客户，有一定的意向，但没有明确的平台目标，可以成为电商平台可拓展的新客户，是提高销售额急需争取的目标。从实际经验来看，对于有一定影响力的品牌电商，这部分词转化量相对稳定，基本每天都能带来订单，转化率及销售额也比较高。总体来看，通用词的投资回报率优于产品词。

（4）活动词

活动词包括节日营销词，例如"情人节""圣诞节"活动促销类关键词，也包括电商客户自身活动词，如"京东618""天猫双十一"。一般来说，逢节假日及电商活动，消费者的购买关注度及购买欲望高涨，通过拓展活动词可在短时间内迅速吸引消费者，带来流量及销售额的短期爆发。

（5）竞品词

竞品词，就是其他电商客户的品牌词，也是销售额的一个来源。拓展竞品词的方法与品牌词类似，应先选择竞品网站，这类网站通常是大家所熟知的。另外，针对不同产品线、不同地域，也可以选择某些特定的不为大众所知的电商网站。从产品线竞品来讲，可以选择专项产品线的相关电商网站，如销售鞋子的网站"好乐买"，销售化妆品的网站"聚美优品"等。

本节主要致力于提供拓展关键词的思路及切入点，希望通过本节内容的学习，可以让大家对电商SEM关键词构成有基本了解。通过对电商客户自身特点的挖掘，对市场情况的及时把握，深层次、全方面地拓展关键词。

6.2 医疗美容整形行业——网络营销投放方案

6.2.1 案例背景

公司：北京xx医院。

行业：医疗美容整形。

主营业务：瘦脸、瘦腿、隆鼻、双眼皮、丰胸等。

推广目标：提升企业品牌知名度和线下转化。

6.2.2 投放方案

6.2.2.1 投放目标分析

（1）熟悉产品

瘦脸、瘦腿、隆鼻、双眼皮、丰胸等。

（2）社会大环境分析

随着社会的发展，人们的物质生活水平和文化素质普遍提高，我国的美容整形市场迅速发展，越来越多的人开始接受美容整形，他们不断追求高层次的心理需求，通过美容整形来改变自我，提高自信心。

2014年我国美容整形市场规模达到了122.8亿元，同比2013年的100.7亿元增长了21.95%，2007—2014年我国美容整形市场规模如图6-1所示。

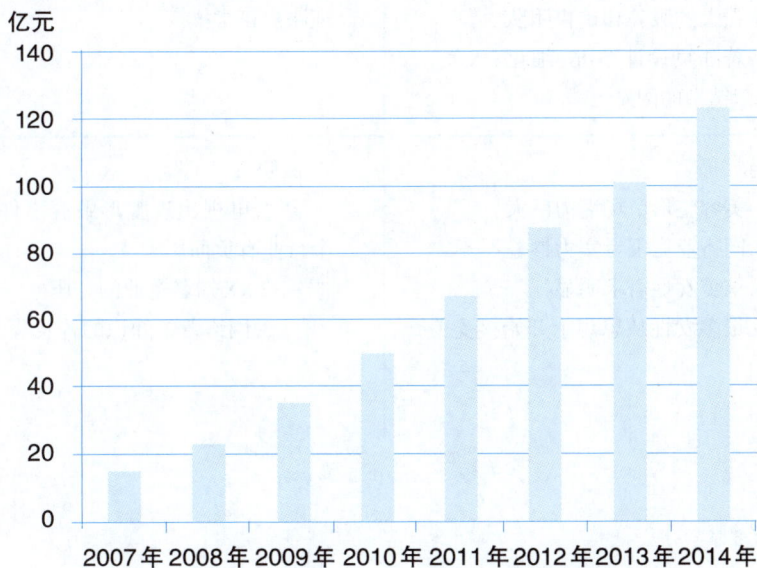

图6-1　2007-2014年我国美容整形行业市场规模情况

（3）受众人群分析

性别：多数为女性。

年龄：18岁以上（做美容整形之前，要签合同，必须是成年人）。

地域：不限（北京及北京周边发达省市最佳）。

消费层次：中高端。

目标客户：明星及公众人物、艺术类院校女生、白领、先天性身体缺陷的人、主播等。

（4）竞争对手分析（表6-1）

表6-1　竞争对手排名

公司名称	百度首页排名
A 医院	左侧第 1
B 医院	左侧第 3
C 医院	左侧第 4

（5）SWOT矩阵分析（图6-2）

S-优势	W-劣势
1.推广资金充足 2.竞价人员经验丰富 3.企业在行业内知名度高 4.医生和专家知名度高 5.行业内价格便宜 6.强大的服务和销售团队 7.着陆页设计精准、细化、大气，是一个营销型的网站	1.医院位置不在市中心 2.聘请外国专家成本大 3.产品单一，只有进口，没有国产，无法满足中低端用户 4.竞价人员不分早晚班，无法保证账户正常推广
O-机会	**T-威胁**
1.美容整形市场潜力巨大 2.同行业竞争者实力参差不齐 3.求美女性需求明显 4.很多女性从思想上开始接受美容整形	1.电视出现整形毁容事件，对整个行业有负面影响 2.XX知名企业的打压 3.网络营销知识的普及

图 6-2 SWOT 矩阵分析

6.2.2.2选词分析

（1）寻找核心关键词（如“瘦小腿”）

（2）拓展关键词（图6-3）

关键词规划师

搜索添加 瘦小腿 搜索

添加 全部下载

关键词	整体日均搜索量	移动日均搜索量
怎么瘦小腿上的肌肉	60	60
怎样快速瘦小腿	300	250
瘦小腿	310	260
瘦小腿肌肉的办法	100	100
瘦大腿的快速办法	210	210
怎样瘦小腿上的肌肉	310	300
瘦小腿的有效方法	<5	<5
怎么瘦小腿	1,200	890
怎样才能瘦小腿肌肉	<5	<5
怎么才能瘦小腿肌肉	<5	<5

图 6-3 拓展关键词

（3）筛选关键词

● 把没有商业价值的词删掉。

● 把与公司业务相悖的词删掉。如："瘦小腿贴吧""瘦小腿瑜伽""瘦小腿运动""吃什么能瘦小腿"等这样的词删除。

（4）分类关键词——按照用户的关注度划分单元

● 瘦小腿价格、瘦小腿多少钱；

● 瘦小腿费用、瘦小腿一针多少钱；

● 瘦小腿效果怎么样、瘦小腿效果好吗；

……

6.2.2.3 创意表现

创意的撰写一定要符合以下标准：

（1）着陆页地址设置要精准。

（2）创意内容要注重用户体验。

（3）关键词、创意、着陆页三项内容要紧密相关。

（4）创意要体现公司优势、产品优势、技术优势。

（5）标题和描述1、描述2都要加通配符（用单元里最长的词作为通配符）。

如图6-4所示，"瘦小腿一针多少钱，价格优惠，来电有惊喜"体现了该创意撰写的标题具有针对性和吸引力，"无风险，不反弹，只需一针"体现了瘦小腿产品的产品优势以及价格优势。

瘦小腿价格 瘦小腿多少钱 瘦小腿费用 瘦小腿一针多少钱 瘦小腿贵吗	标题：{瘦小腿一针多少钱}价格优惠，来电有惊喜 描述1：韩国专家亲临坐诊，塑造极致完美好身材，术后无需瘦身，第二天正常上班，点击咨询{瘦小腿一针多少钱} 描述2：{瘦小腿一针多少钱}？价格公正，全国统一标准，无风险，不反弹，只需一针，呈现性感迷人美腿，咨询电话：400-×××-×××

图 6-4 创意表现

6.2.2.4 账户设置

（1）投放地域：推广前期，北京为重点，还有北京周边省市，如河北、天津，其他城市待定。

（2）每日预算：前期推广暂定为3万，后期根据推广效果，适当调整预算。

（3）推广时段：前期暂定为9:00-22:00，后期跟进推广效果和预算，适当调整时段。

（4）IP排除：公司内部的所有IP需要排除，竞争对手的IP也要排除（包括恶意点击）。

（5）否定/精确否定关键词：后期跟进搜索词报告，添加否定词或者精确否定词。

（6）出价：根据行业竞争情况，可以暂定15元，然后小幅度地往上调整价格。

（7）创意展现方式：优选。

（8）关键词匹配方式：暂时都设置短语，后期根据推广效果，再做适当调整。

方案执行需要细化，根据数据不断进行优化调整，撰写下一步优化方案。

6.3 教育行业——网络营销管理体系

6.3.1 案例背景

所属行业：某教育培训机构。

业务范围：涵盖早教、学前、小学、中学、四六级、考研、出国考试、留学咨询等。

覆盖人群：从学前到成人，为学员提供一站式终身教育服务。

投放背景：其推广产品多样化，不同的产品业务线属性不同，营销活动及推广周期均不一致。教育行业网络营销一半以上费用均投放在搜索引擎，基于投资回报率投放，依赖性较强，并随着竞争环境的变化以及媒体政策变动，营销成本不断增加。因此该机构不断追求精细化的投放管理方式，同时通过不断分析不同媒体的用户行为数据调整其市场策略，帮助网络整合营销提供方法和依据，因此需要建立一套健全的网络营销管理机制，通过不同维度的数据支撑前端投放，同时带动整个网络营销系统的发展。

6.3.2 SEM 项目管理投放策略

如图6-5所示，正常广告投放涉及的投放流程分为三步：确定投放目标及投放预算、确定投放内容与账户搭建、投放优化及投放经验总结。从开始到结束逐一通过数据支撑分析每个流程的建立思路。

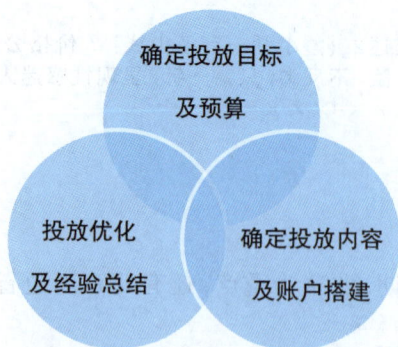

图 6-5 项目管理投放流程

（1）设定KPI及预算模型的建立

任何广告投放都离不开目标的制定和对目标的拆分和计划，需要依据对投放渠道及产品品类的侧重,制定相应的目标和预算,并合理分配到各阶段。同时,要考虑节日和季节的因素,调整投放预算,例如教育行业主要营收在寒暑假,旺季承担高指标来平衡全年。

（2）确定投放内容及账户搭建

该机构涉及的品类众多,产品上万,所以其推广账户数量很多,关键词数量有几十万。每个项目开设有独立账户,每个项目账户再对应相关的产品。图6-6为集团各账户的结构搭建概况,在搭建账户结构之前,要整合优势资源,支撑整体业务。

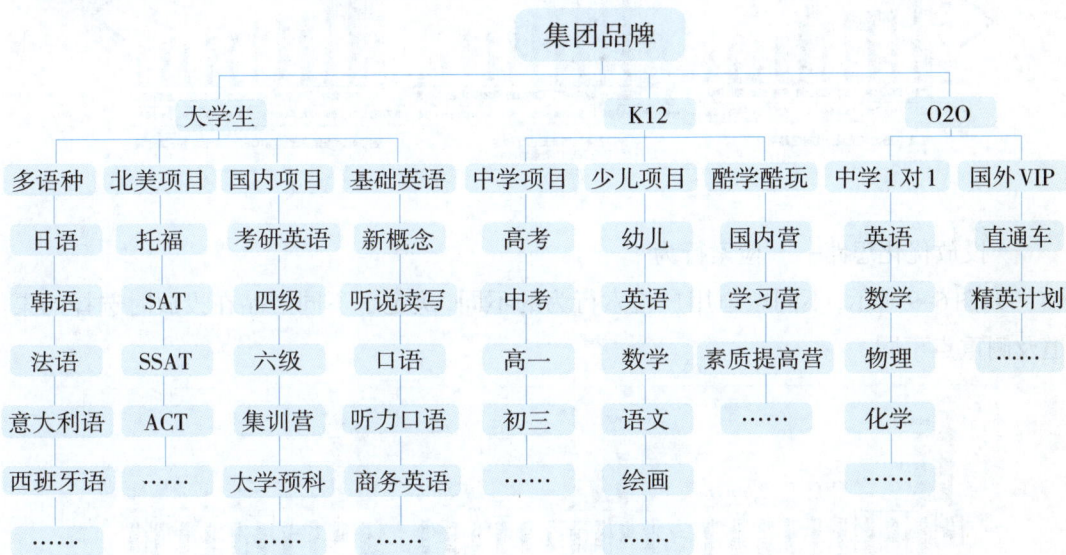

图 6-6 集团账户结构搭建

（3）投放优化思路

优化思路:需要对媒体、地域、时段、关键词检索需求、创意关注点等方面进行优化。

跨渠道优化心得:市场份额差异化决定未来渠道提升空间的大小。如图6-7所示,百度的市场份额远远高于360和搜狗的市场份额;而在竞价收入上,百度更是以较高的收入领先360和搜狗。

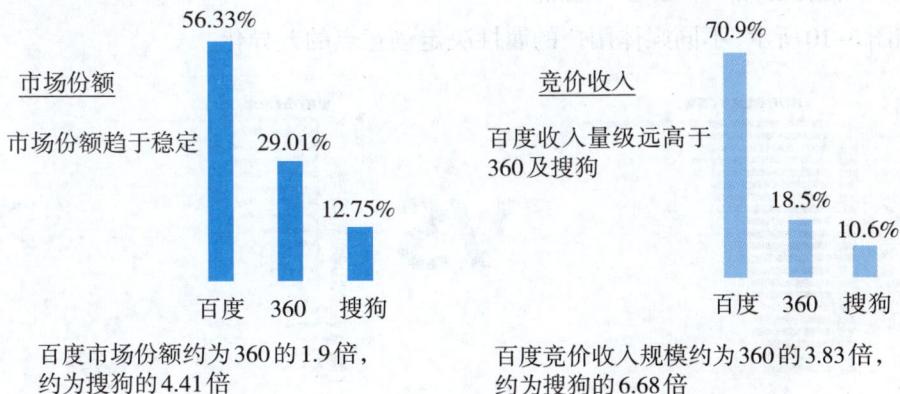

图 6-7 市场份额和竞价收入

● 投放优化思路——地域特性

如图6-8所示，不同渠道自身流量分布不同，决定了学校投放时选择的渠道侧重点不同。

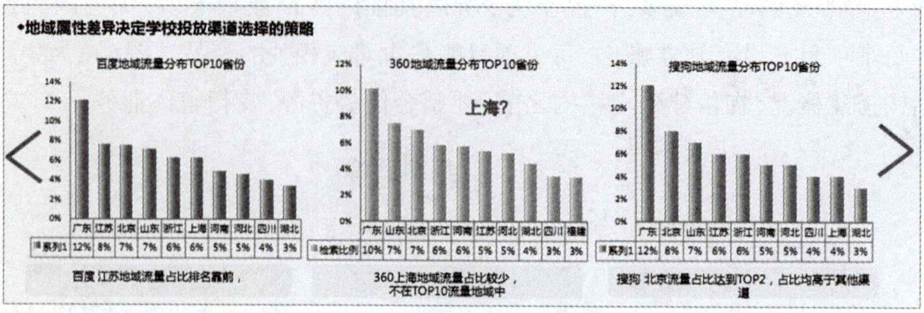

图 6-8 地域属性差异对比

● 投放优化思路——检索行为

如图6-9所示，不同渠道用户检索行为的不同，决定了不同产品在投放时选择的渠道及侧重点不同。

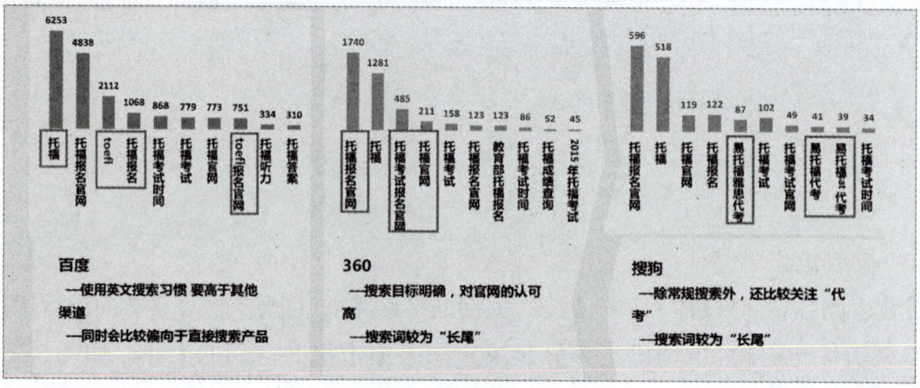

图 6-9 检索行为对比图

● 投放优化思路——创意关注点

如图6-10所示，不同媒体用户的属性决定创意点的差异化。

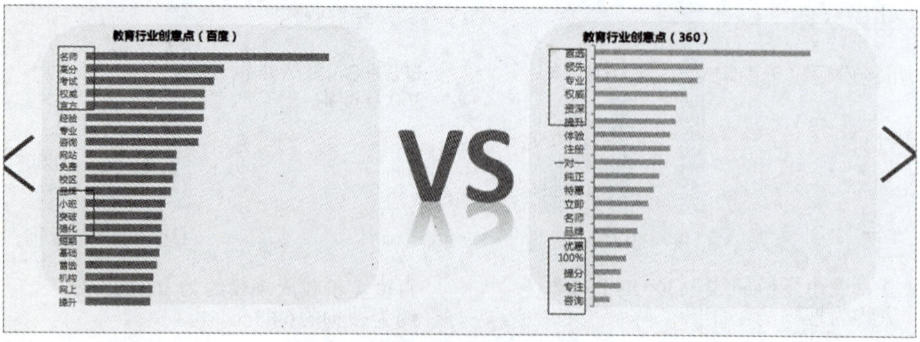

图 6-10 百度和 360 创意点对比

● 投放优化思路——时间段分布

如图6-11所示,不同时间段,流量渠道、流量大小及后端转化效果不同。

凌晨1点到早7点基本属于流量未转化阶段,预算有限的情况下,可以排除此部分;8点流量逐步上涨,百度、360略有转化;9点~12点,迎来第一个流量及转化的高峰;13点~15点,流量基本平衡,百度略有转化;15点~18点,迎来第二个流量及转化的高峰,其中搜狗渠道此段时间转化较少;19点~20点处于平稳期,转化较少;21点~22点,迎来第三个转化高峰,同时流量有明显下降。

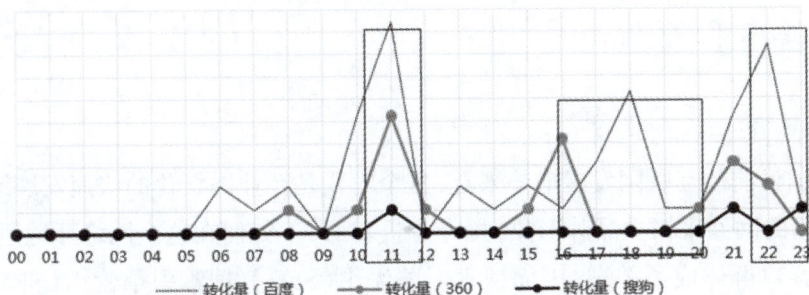

图 6-11 24 小时不同渠道转化分布情况分析

差异性:百度每天的转化周期长,优于其他渠道,上午5点就会有小部分转化;360的下午及晚上的转化高峰,会比百度提前一个小时;搜狗的转化时段比较集中,持续时间较短。

(4)投放优化思路总结

● 百度:保持PC端,深化提升无线端,加大江苏地域的投放量,投放创意上主要以官方名师为主,即网民更偏向直接搜索的产品,可以重点关注产品词投放效果。在产品转化上以托福、雅思、考研、高中为主,时间段上从上午5点即可开始推广。

● 360:市场份额不断提升,提升空间较大,加大对地域词及长尾词的挖掘,一般用户比较明确,对官网的认可度高,创意上主要体现首选、领先,突出信息主要集中在优惠及号召力上。上海地区在360上占比较少,转化产品主要集中在托福、雅思、高中课程,下午及晚上是高峰期。

● 搜狗:流量转化价值最高,关键词除了长尾词表现好以外,还比较关注代考类的词,品牌词和产品词点击率明显高于其他渠道,转化产品主要集中在托福和雅思上,搜狗转化时间比较集中。

第7章
SEM 职业发展与规划

视频讲解

7.1 SEM 行业前景

7.1.1 网络营销发展前景

从中国目前的互联网发展形势来看,这个时代是企业网络化的快速发展期,企业势必要有自己的网站来树立品牌形象,抢夺流量。那么,如何在这个网络环境里发展并挖掘自己的客户群体成了关键,因而搜索引擎优化(SEO)、搜索引擎营销(SEM)等各种推广应运而生。

随着互联网的深化和普及,用户互联网化的程度和水平逐渐提高,越来越多的行业会通过互联网去获取客户,SEM通过关键词定向,效果成本各方面在各类网络营销渠道中较好,将来会有越来越多的公司配备SEM职位。只要有搜索引擎存在,它的价值就会无限提高。在欧美等发达国家,SEM已经是一个非常流行的企业对外营销手段。他们习惯在互联网络的分级市场中,建立品牌认同,加强品牌信任度,并进一步让消费者参与活动并购买自己的产品。在中国,2016年搜索引擎网站广告市场规模为790亿元,同比增长12%。百度作为中国最大搜索引擎运营商,其财务状态也被认为是SEM市场的晴雨表。值得注意的是,谷歌、搜狗、360等,均呈现出强劲的发展势头。

受搜索市场整体利好环境的影响,通常在中小企业中,SEM职位的主要工作是销售产品;对于大型企业来讲,SEM的工作需要在各个方面都有所体现,比如在企业的品牌网络营销方面,企业的销售方面,企业的人才招聘方面等。所以就目前来说,SEM会向更加专业的方向发展,前途还是一片光明的。

学习SEM具有以下优势:

(1)中国的中小型企业众多,对SEM人才的需求市场量大;

(2)SEM尚未作为一门课程被安排在任何一个大学专业里,社会上的人才大多没有经过正规系统的学习;

(3)SEM技术的使用范围广泛,涵盖了社会当中任何一家企业;

(4)大型的门户网站都需要建立自己的SEM团队。

7.1.2 SEM行业薪酬大揭秘

目前，互联网用户习惯于在各大搜索引擎中进行搜索，只要搜索引擎作为互联网的入口这个格局不变，那么SEM的职业前景还是被很多人看好的。

2016年年底，某机构从微信、贴吧、QQ、微博等多种渠道，共收回了600多份2016年SEM行业现状调查问卷，剔除无效数据后整理成报告发布。

7.1.2.1 调查样本概况

本次调研回收到的有效问卷为605份，其中男性占61%，女性占39%；21~25岁和26~29岁年龄群体占主导地位，分别占比为49%和40%，另外30岁以上群体占9%，18~20岁群体占比为2%。

从地域分布上，北京、广东、上海、福建、江苏、四川、陕西、河南、湖南、浙江排名前十，占总体样本人数的80%，其中北京、广东两地占比各19%。

行业分布上，医疗行业人员占比为43%居首位，教育(12%)、电商(11%)、金融(7%)行业人数相对较多，另有27%为其他各行各业。

此次调研中，一线专员居多，占总体的68%，另有主管占比为21%，经理占比为7%，总监占比为4%。甲方人员(即广告主企业账户优化人员)居多，占总体的72%，乙方人员(广告代理商、搜索引擎平台人员)占比为28%。

7.1.2.2 薪酬分布现状

根据样本数据得出，SEM从业者从业1年以内平均薪资是4500元，1~2年平均薪资是6000元，2~3年平均薪资为7000元，3年以上平均薪资为8800元。每个阶段较前一阶段薪酬的涨幅分别为33%、17%、26%。可见，SEM行业需要足够的时间去沉淀，才越发有价值。

从一线人员薪资的地域分布来看，在北京、上海、广州、浙江这几个地方，SEM人员薪资的起点大多在4000元以上，其中北上广三地薪酬水平以4500~6000元居多，并出现了部分8000元以上的一线人员；而对比鲜明的是河北、安徽、辽宁等地，薪资普遍在4500元以下；而其他分布较均衡的地区中，江苏、福建、四川、重庆等地薪资待遇要优于陕西、河南、湖北、山东、江西等地。然而值得关注的是湖南省，3500~6000元的薪资水平居多，还出现了个别"万元大户"。

从经理级的薪资上看，北京地区经理样本人数最多，而薪资分布情况参差不齐，最低为6000~8000元的水平，但多数高于8000元，并且有接近一半的经理薪资在万元以上；广东地区两极分化较严重，分别分布于5000~8000元和万元以上两个级别，万元以上级别的人数偏多；江苏、浙江两地薪资总体相对较高，经理基本都高于8000元，江苏部分为万元以上；湖南薪资偏低，总体都在8000元以下，且多数为5000~6000元的级别；而河南省经理薪资分布的差距较大,最低为4000元,最高则有8000元。

各行业中,收入低于5000元的人员比例最大的是医疗行业和乙方,可猜测原因在于医疗和乙方行业人员规模较大,入职门槛偏低,因此起薪相对较低。而金融行业薪酬低于5000元的人员仅10%,原因在于其行业本身盈利情况良好以及偏高的入职门槛。其他行业收入低于4500元的比例由高到低为招商加盟、婚纱摄影、游戏、建材家装、电商、教育、其他,其中游戏、建材家装、电商、教育和其他行业低薪酬占比小于30%。

在收入高于6000元的行业中,前三恰好与收入低于5000元行业的末位相对应,分别是金融、电商、教育行业,而这几大行业的共同特点是:对SEM推广方式较依赖、利润较高、入职门槛较高。排名垫底的行业依次是招商加盟、婚纱摄影、医疗、游戏、乙方,这五个行业收入高于6000元的比例小于30%。

7.1.2.3 甲乙方概况对比

在参与调研的434位甲方成员中,有75.58%未参与百度SEM认证,由此看来大多数甲方企业暂不重视SEM能力认证;乙方未认证人员同样占比高达56.73%,可猜测乙方人员里,百度、360、搜狗、神马等搜索引擎平台人员鲜少参与百度认证,多数是参加平台内部认证。

从薪资上来看,甲方平均薪资(6000元)略高于乙方(5000元),然而甲方的压力较乙方也会更大,也许这也是导致甲方想跳槽的人员占比(47.70%)高于乙方(39.18%)的原因。另外,甲方人员对SEO的熟悉了解程度显著高于乙方,原因在于部分企业对于SEM岗位和SEO岗位并未做明确区分,需要人员兼备SEM与SEO的能力。

7.1.2.4 各行业投入情况

从团队人数来看,各大行业的SEM团队普遍在2人以上,可见SEM的工作不仅仅是调价,其效果直接关系到公司业绩,老板们都不会轻视。其中乙方(5人)、医疗(4人)、建材家装(4人)行业团队规模最大,平均人数高于4人;游戏行业团队规模相对最小,仅2.05人,毕竟对于多数游戏公司来说,SEM并不是唯一或最重要的广告渠道。

从各行业预算投入来看,游戏、金融与医疗三大行业领先。游戏行业一半以上账户日预算在万元以上;金融行业将近50%账户预算高于一万,而1000~5000元和5000~10000元预算的账户占比分别接近25%、20%,千元量级以下账户仅有不到10%;医疗行业85%账户日预算在千元以上,三分之一左右账户日预算在万元以上。另外,电商行业账户预算分布较均衡,其他行业中,1000~5000元的日均预算占主导地位。

从账户个数情况来看,此次调研列举出的12个行业账户平均个数都不小于3,其中医疗(4.9个)、婚纱摄影(4.5个)、游戏(4.4个)、教育(4.2个)、金融(4个)位列账户数量前五,平均账户数量大于4。

7.1.2.5 互联网广告投放情况

从SEM平台选择结果来看，虽然百度的风光大不如前，但目前百度平台的投放占比依然接近满分(96.36%)，而其他平台的势头也不容小觑，360(78.18%)与搜狗(70.91%)相差不多，而神马(49.75%)作为移动端平台，占比稍低，但是其潜力巨大。

除了SEM渠道外，微信公众号(78.02%)也是非常受青睐的推广方式，值得关注的是需求方平台(37.85%)的数量快要赶上微博(48.93%)，移动互联网时代的到来推动了互联网广告的多样化。

7.2 SEM 职业规划

7.2.1 SEM 求职方向

在SEM领域，SEM岗位主要有三个输出方向：甲方、乙方（代理商）、媒体。所谓甲方就是为自己的产品服务，发展企业自身产品和品牌知名度的企业；而乙方是指为甲方提供产品推广策略或服务的企业；媒体主要指广告媒体，包括百度、360、搜狗等。下面主要介绍甲方、乙方和第三方的求职方向。

（1）甲方 – SEM专员，如图7-1所示。

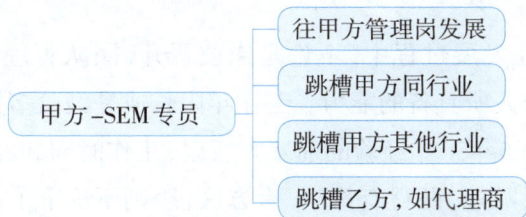

甲方 – SEM专员
- 往甲方管理岗发展
- 跳槽甲方同行业
- 跳槽甲方其他行业
- 跳槽乙方，如代理商

图7-1 SEM专员求职方向

（2）乙方 – 客户顾问，如图7-2所示。

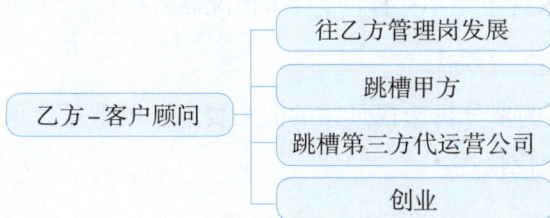

乙方 – 客户顾问
- 往乙方管理岗发展
- 跳槽甲方
- 跳槽第三方代运营公司
- 创业

图7-2 客户顾问求职方向

（3）乙方 – 销售顾问，如图7-3所示。

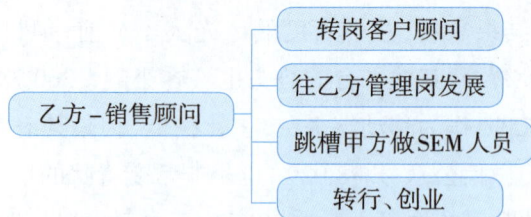

```
                              ┌─────────────────┐
                              │  转岗客户顾问      │
                              └─────────────────┘
                              ┌─────────────────┐
                              │ 往乙方管理岗发展   │
        ┌──────────────┐      └─────────────────┘
        │ 乙方 – 销售顾问 │──────┤
        └──────────────┘      ┌─────────────────┐
                              │ 跳槽甲方做SEM人员  │
                              └─────────────────┘
                              ┌─────────────────┐
                              │   转行、创业       │
                              └─────────────────┘
```

图 7-3 销售顾问求职方向

（4）第三方SEM人员，如图7-4所示。

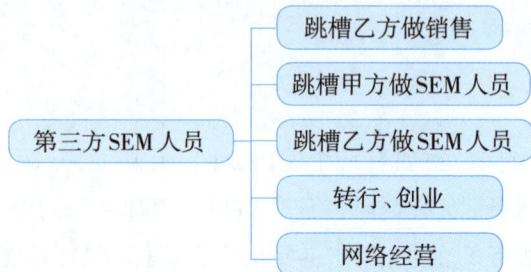

```
                              ┌─────────────────┐
                              │ 跳槽乙方做销售     │
                              └─────────────────┘
                              ┌─────────────────┐
                              │ 跳槽甲方做SEM人员  │
                              └─────────────────┘
        ┌──────────────┐      ┌─────────────────┐
        │ 第三方SEM人员  │──────┤ 跳槽乙方做SEM人员  │
        └──────────────┘      └─────────────────┘
                              ┌─────────────────┐
                              │   转行、创业       │
                              └─────────────────┘
                              ┌─────────────────┐
                              │   网络经营        │
                              └─────────────────┘
```

图 7-4 第三方 SEM 人员求职方向

7.2.2 实战型 SEM 人员必备素质

众所周知，在职业发展过程中，不论是岗位晋升、团队管理、招聘、培训或跳槽转职，最关键的因素是个人所具备的能力。工作年限长或是经验多并不代表能力就强，有些人工作3年就赶上有5年工作经验的前辈。所以，工作时间和经验并不能代表一个人的职业能力，除了看天赋外，还得有策略、有方法，否则不论干了多少年，在市场上还是没有核心竞争力。如何透视岗位的职业能力，快速提升能力，助力职业发展呢？之前提到过职业方向有甲方、乙方和第三方SEM岗位，不同行业、不同公司、不同岗位等级、同岗位的晋升，能力要求肯定是不一样的，具体情况需要根据自己的岗位具体分析。

7.2.2.1 查看岗位职责说明书

下面通过具体实例来分析透视具体的能力要求。以下是北京某家公司在招聘网站上对"SEM专员"的岗位描述。

（1）岗位职责

●分析、评估、建议网站的关键词，管理百度账户，日常优化管理投放工作，能够根据网站阶段性投放策略及时调整投放计划；

●熟悉百度推广和搜狗、360、神马后台运作情况，有相关账户管理经验；

●阶段性总结和报告，以扩大SEM效果；

●积极收集、总结、分析产品营销过程中的市场信息，提供建设性意见；

- 分析、评估搜索引擎付费关键词的相关性、合理性并改进投放效果；
- 创建相关的、精准的关键词列表、展示位置列表，并进行关键词分组；
- 优化广告创意文案，在保证相关性的前提下，提高点击率；
- 数据录入，账户消费分析，推广计划与效果报告撰写，网站SEM优化日常管理工作。

（2）任职要求
- 大专以上学历，广告传播、市场营销、电子商务等相关专业背景为佳；
- 半年及1年以上SEM/SEO相关工作经验，熟悉百度、搜狗、360竞价管理后台操作（1年以上经验），有大型网站或电子商务网站工作经验者优先；
- 精通搜索引擎推广经验，有良好的阅读及文案写作能力；
- 逻辑思维能力强，具有敏锐的数据分析能力，并能借助数据对广告进行优化；
- 具备良好的沟通能力、强烈的责任心、创新意识和学习能力，具有团队合作精神；
- 熟练运用Office软件，包括Excel、Word、PPT。

这是一份再普通不过的招聘信息，在各大人才招聘网或是公司内部的岗位说明书里都能看到，在还未进入岗位或是到岗后还未完全了解岗位具体能力要求的情况下，从中可以分析出岗位的能力要求。

7.2.2.2 透视岗位职责和要求

（1）仔细阅读上述的岗位职责和要求，并找出与能力要求相关的词语
- 岗位职责：分析、评估、建议、管理百度账户、日常优化、投放策略，百度搜索推广和搜狗、360、神马后台账户管理经验，总结和报告、寻找、收集、总结、评审、主题分组、数据录入、效果报告撰写。
- 任职要求：大专学历，广告传播、市场营销、电子商务等相关专业，SEM/SEO相关工作经验，百度、搜狗、360竞价管理后台操作经验、大型网站或电子商务网站工作经验、良好的阅读及文案写作能力、逻辑思维能力强、敏锐的数据分析能力、良好的沟通能力、强烈的责任心、创新意识和学习能力、团队合作精神、Office软件（包括Excel、Word、PPT）。

（2）将找到的能力词语按名词、动词、形容词进行分类
- 名词：大专学历、专业知识（广告传播、市场营销、电子商务）、营销投放策略知识和经验、SEM/SEO工作经验、各大SEM平台知识及操作经验（百度、搜狗、360、神马）、大型网站或电子商务网站知识和经验、Office软件（包括Excel、Word、PPT）。
- 动词：分析（网站、账户、关键词等）、评估、账户搭建、管理账户、优化账户、撰写总结和报告、寻找整合资源、收集、审核、数据收集、数据录入、数据分析和评估、阅读、文案撰写、沟通、创新和学习。

- 形容词:负责任的、良好的、敏锐的、强烈的。

（3）综合分析SEM人员岗位能力的三个核心方面

知识:懂得的知识;技能:能操作或是完成的事情;品质、才干:个性、品质、内在特性。

所以SEM岗位所需的能力如下:

知识:大专学历、专业知识（广告传播、市场营销、电子商务）;营销投放策略知识和经验;SEM/SEO工作经验、各大SEM平台知识及操作经验（百度、搜狗、360、神马）;大型网站或电子商务网站知识和经验;Office软件（包括Excel、Word、PPT）。

技能:分析（网站、账户、关键词等）能力、账户搭建、管理账户、优化账户;撰写总结和报告、寻找整合资源能力、审核评估、数据收集、数据录入;数据分析和评估、阅读能力、文案撰写能力;沟通能力、创新和学习能力。

品质才干:负责任的、团结的。

7.2.2.3　提升策略

关于三大职场能力,需要深刻理解它们之间的差异并加以应用,找到定制版的能力提升策略,进而助力职场的发展。

（1）知识

知识指的是懂得的东西,一般通过学习即能获得,有以下三个特点:

- 最基础,获取成本最低,学习渠道多

在当今时代,想要获取知识类的信息,基本上可以从各个渠道（网络、学习圈子、公司新员工培训等）免费获得并学会,当然不是完全免费,因为学习是有时间成本的。比如,你是一个SEM行业的小白,想成为竞价行业的SEM人员,可以通过几种平台获取学习资源:百度营销中心、百度营销大学;去百度分公司或是各代理商工作,这是最快也是最高效的学习渠道,新员工入职后,会有体系全面的百度竞价知识培训,只有通过考核才能上岗,上岗后会有最真实的账户可以"实战";腾讯课堂和微信公众号。

- 竞争力低,但又是不可或缺的"门票"

SEM岗位能力知识方面:大专学历、专业知识（广告传播、市场营销、电子商务）;营销投放策略知识和经验;SEM/SEO工作经验、各大SEM平台知识及操作经验（百度、搜狗、360、神马）;大型网站或电子商务网站知识和经验;Office软件（包括Excel、Word、PPT）。

上述几个点都是SEM领域的准入门槛,但并不代表必须所有都具备才能进入SEM领域。比如,一个刚毕业想要进入竞价领域的新人,他是市场营销或广告学专业,学习了专业知识并获得了学历证书,可以说他拥有一张准入门票;同样,一个非营销专业毕业的新人,他进入SEM竞价行业,有可能是他在业余时间自主学习了SEM方面的知识,比如获得百度认证的初级SEM资格证书，他同样拥有了一张门票。所以，知识方面一般都是以各种证书来呈现的，如学历证书、资格证书等，但千万不要把知识方面的能力当作职场核心竞争力，你可以学到的专业知识，别人也可以学习，还有可能比你学得更好。

- 可迁移性差

知识的可迁移性较差，假设我学习的是财务专业，毕业后不想从事财务方面的工作，想要从事SEM的工作，那么我之前学习到的财务专业知识就派不上用场了；如果未来的某一天我要从竞价行业转行，那我多年的竞价行业知识可能就不起作用了。因为每个行业、每个领域所需的专业知识是不一样的，千万不要把知识当成核心竞争力，决定性的关键能力是技能和才干。

（2）技能

技能指的是能操作或是完成的事情，运用知识和经验，通过练习而形成的趋于完善化、自动化的复杂系统。技能在职场发展中起着关键决定作用。

- 需要持续地刻意练习

技能和知识不一样，技能的学习需要花费更多的时间与精力，这不像学习理论知识那样知晓就可以了。技能学习的目标是要通过不断的刻意练习，把知识最终变成能顺利完成特定工作的能力。SEM岗位技能要求中的账户搭建能力，就是一项典型的技能。在学习SEM专业知识的时候，学习关于账户结构、搭建方法等理论知识，这只能说知道、懂得账户结构是什么样的，可以按哪些方法划分搭建而已，想要顺利完成账户搭建这项工作，必须进行大量的刻意练习。一来能更深刻理解知识，二来会越来越熟练。技能的修炼只有刻意练习这条路，没有捷径可走。

- 核心竞争力的体现

技能是职场能力核心竞争力的体现，因为技能的呈现形式很多是明确、具体可量化的。比如账户搭建技能，可能会以单位时间来评估，如果我搭建一个新账户需要两小时，你只要一小时，质量一样的情况下，那么你的账户搭建能力就比我有竞争力；再比如数据分析能力，同样一份数据，我可能只能分析出三个有价值的结果及优化策略，你能分析出五个有价值的结果及优化策略，那你在分析能力上的竞争力就比我强。

其他技能也是如此，技能一般都能找到可衡量的指标，并通过具体的数据呈现出来，所以，任何岗位的核心竞争力将在技能这个战场上进行比拼。

- 可迁移性好

之前说知识在转行转职时的可迁移性差，但技能在转行转职时大部分可迁移。比如，我在从事SEM职业过程中，学习并掌握了数据分析、报告撰写、沟通、表达等技能，在新的行业、新的职业中，依然需要这些技能，只是工作的内容不一样而已，其他技能也是如此。所以，技能才是职业发展中的核心竞争力，我们要关注的是技能的提升和升级。

没有一项技能是天生就会的，要掌握某一项技能，需要找对方法，实战实践，刻意练习。

（3）才干

才干是一个人的品质和内在特性，是自发形成并贯穿生活的思维或行为模式，是能力的最高级，同时也是最难习得的。

一般每个人的品质才干，是经过大量的实践、长期观察、自我归纳及应用整合而得。比如SEM岗位要求从业人员有负责任的品质，这个负责任的品质，不像知识一样能现学现懂，现学现会。它和每个人的成长环境、生活、工作环境等有很大的关系，当然，才干也是有方法和策略进行锻炼的。比如，负责任的品质，除了平时的认知学习外，一定要明确工作各环节、各指标，在做工作计划时，设置一个最后期限（Deadline），通过长期实践，慢慢地就会习得负责任的品质才干。品质才干的可迁移性最好，生活中的很多品质才干是会迁移到工作上的。

不管是SEM专员、管理者、招聘部门还是培训部门，如果能准确地透视岗位的职场能力，就可以找到岗位能力差距，从而有针对性地提升，打造核心竞争力。表7-1列举了一个关于岗位能力自我评估及提升表，自我评估有助于找到提升方向及学习策略。

表7-1　岗位能力自我评估及提升

岗位能力自我评估及提升表					
能力要素	具体能力要求	重要程度（1-10）	自我评估（1-10）	提升点	学习策略
知识	广告学专业	6	8（学位证书、各科成绩优秀）	学习营销学知识	网上找专业知识学习，请教专业人士
	SEM知识、经验	10	8（百度认证中级证书、可独立操作账户）	账户优化策略	加入SEM学习社群，参加线上、线下交流分享会
	Office办公	6	8（办公自动化证书、能熟练操作）	Excel数据公式	学习Excel教程，请教达人
技能	账户搭建	9	8（2个小时内可搭建基础账户）	提升效率、完善账户	每周找一个新产品练习搭建账户，保证完整性
	数据分析	10	7（常规的数据整理分析）	多维度交叉分析技能	除常规数据分析外，每周多分析一份多维度交叉数据
品质、才干	负责任的	10	7（完成基本工作）	规定时限内完成	每项工作提前计划并设置Deadline
	团结的	10	8（团队协作意识强）	更加积极主动	积极主动协助团队

关于SEM人员职场能力修炼的具体方法，需要结合自身的实际情况进行分析，找到适合自己的方法。

7.2.3 从小白到数字营销总监的晋级之路

图7-5所示为SEM人员的职场晋升之路分析,从初入SEM行业到晋升为营销副总裁大致需要10年以上的工作时间。

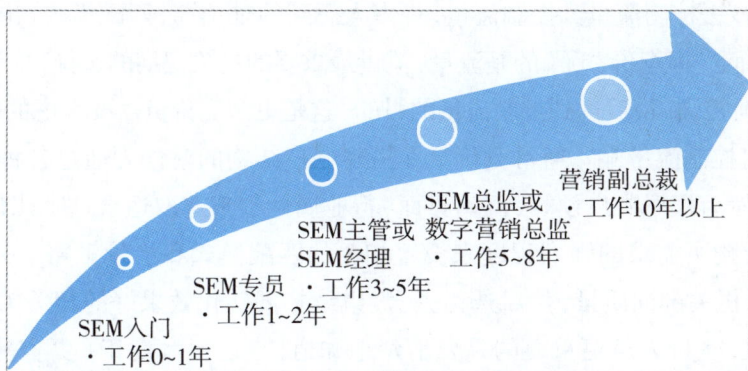

营销副总裁 ·工作10年以上

SEM总监或 数字营销总监 ·工作5~8年

SEM主管或 SEM经理 ·工作3~5年

SEM专员 ·工作1~2年

SEM入门 ·工作0~1年

图 7-5 从小白到数字营销总监的晋级之路

7.2.3.1 初级竞价员

作为一名想要进入SEM这一行业的人员,除了要会简单的账户操作外,还需要掌握以下方面的知识和技能。

（1）对行业的认知

SEM是网络营销的细分,其某些职能符合传统市场营销的理论。选择关键词、写创意、展示广告的设计、落地页的优化,都涉及营销理论的实践。所以,SEM人员对自己所处行业有很深的认知,对消费者心理有一定程度的把握,是必不可少的。这些认知都是新手SEM人员从事SEM的加分项以及进阶的必备项。

（2）数据分析能力

发现账户的问题,一定是基于数据的分析。优化策略、方向的制定,也一定是基于数据的分析。如果不能够敏锐地洞察数据的真相,那么是无法成为一个优秀的SEM主管或者经理的。数据分析能力,不是进入SEM的门槛,而是进阶的必备项。没有数据分析能力,只能做基础的策略执行者。

（3）统计软件的熟练运用

在广告投放过程中,必须用统计软件统计转化效果,常用的统计软件有两个:百度统计和Google Analytics。要学会分析基本的网站分析指标:PV、UV、跳出率、平均访问时长,进而进行进一步的页面上下游分析、转化路径分析、转化目标的设定等。

（4）熟练使用工具

熟练使用工具能够极大地提高工作效率,常用的工具有:Excel、百度推广助手和Google Editor。Excel在数据处理、账户结构划分、关键词划分方面是必不可少的。

7.2.3.2 资深SEM人员

如果说竞价的核心是流量，那么，作为一名资深的SEM人员每天思考的内容除了一些常规性的账户操作外，更多的还要考量买来的流量值不值。这时候可通过逆向思维思考，是不是应该去控制流量。控制流量，更多人想到的是预算、匹配模式、出价这三方面或者是后两方面。但竞价"玩"的是流量，流量最重要的是关键词的选择，应该如何选词，如何布词，如何控词，最后达到控制流量的目的，这是更多竞价员需要考虑的问题。

那么如何控制流量呢？通常竞价员在搭建账户结构的时候先通过各种手段找到大量的关键词，然后根据账户预算、网站页面、行业属性等来选取适合这个账户的关键词，再根据消费者购买需求的强烈程度来设置相关的匹配模式和出价策略。另外，根据营销效果报告分析关键词质量，然后选优去劣，继续拓展转化效果好的相关关键词。在控制流量的阶段，竞价人员更重要的是要清楚地知道，自己更倾向于（更容易）转化哪部分流量，以及如何找出更多转化更好的关键词。

7.2.3.3 SEM主管

SEM主管需要会控制流量，更重要的是会控制数据。首先，SEM主管需要给下属的竞价员定任务，这时候就需要SEM主管根据上个月或者前几个月的营销效果数据，预测下个月的投资回报率，甚至要给竞价员制定在预算不变的情况下，转化成本必须控制在XX元内，或者平均点击价格控制在XX元等。

例如，SEM主管给的任务是本月的预算不变，需要将转化成本控制在XX元内，那么分解这个任务，降低转化成本，需要：

提高转化率，具体转化率达到多少能完成目标？

降低平均点击价格，具体降到多少能完成目标？

这样思路就会较为清晰，提高转化率，首先需要清楚地知道哪个计划、哪个单元、哪个关键词的转化率高，然后进行相应的优化来提高转化率。平均点击价格过高的原因，无非是出价策略不合理导致更多无转化词消费，那么就应该清楚知道哪些无转化词导致平均点击价格过高，然后进行相应的调整来降低均价。

7.2.3.4 数字营销总监

技术类工作者的核心竞争力就是技术水平，这种实力的评估是可以被量化的。但对于营销类工作者，往往依靠公司的背景和支持，自身到底能创造多大的价值很难明确衡量。一个优秀的技术类工作者，其存在往往是不可替代的，但似乎营销类工作者很容易被替代，所以思维是极其重要的。作为一名合格的数字营销总监，需要具备以下思维：

（1）流量思维

流量始终是互联网企业的核心竞争力之一，只有形成自身流量资产的良性循环，互联网企业才能不断地发展和壮大。

做流量之前，需要搞清楚用户是谁，用户获取信息的行为，渠道的流量走向。以金融为例，如果产品门槛比较低，标准化，面向小白用户，那么用大众媒体就能触及更多的用户。如果用户偏白领，那么微信大号和APP商店就能触及更多。对于单个渠道，流量的分布很重要，比如搜索的流量基本都在前两位，而广点通的资源很多，有手机QQ、空间、新闻等，不同的地方流量价值不同。

（2）用户思维

用户进入产品页面后，会产生各种行为，这种行为不在于产品对用户的引导，而在于用户本身的需求。

用户思维包含两个方面，第一个是用户是谁，第二个是用户想干什么，前者有助于提高市场传播的精准度，后者有助于提高运营的效率。通过分析用户的各种行为，划分用户等级，制定用户成长体系，帮助并引导用户跨越新手阶段。

运营的核心手段之一是做活动，做活动的目的很多，比如促销、拉销售额。如果只是为了活动而做活动，就很容易舍本逐末。百度糯米曾经推出"满额即送电影票"，但是送的电影票根本不能用，这样的活动非常伤害用户体验。所以做活动也需要深入分析用户行为，送券也好，送礼品卡也好，需要考虑用户的实际需求。

（3）品牌思维

互联网企业往往是小市场架构，好一点的，集中精力做流量；差一点的，自嗨式广告，发新闻稿，做微信公众号。结果就是公司做了好几年，用户也不少，但是品牌毫无起色。

数字广告对品牌的塑造比较微弱，一方面数字广告过分强调点击与互动，忽略曝光度与深度，导致在用户心中没有留下明确印象，缺少知名度；另一方面，缺少明确的营销定位、顶级媒体背书、多元化文化建设，导致品牌在用户心中没有占据明确地位。

产品到了一定阶段，比的不再是体验，而是品牌。对于互联网企业而言，如何利用权威媒体塑造公信力，如何借势知名品牌提升企业影响力，如何通过跨品牌运动赋予年轻化形象，是值得进一步思考的问题。

（4）竞争思维

互联网行业竞争非常激烈，很多时候，一个月就决定了成败。作为顶级的互联网营销人才，一定要审时度势，有强烈的竞争思维。

例如2015年以来，互联网金融行业纷纷启动央视及各类传统媒体广告，表示这个行业发展非常迅速，部分市场已经趋于成熟，各大平台为了快速收割用户，唯有拿金钱换时间。这个时候，作为优秀的互联网营销人才，应该拿出自己的魄力，决定是否出击。

（5）营收思维

作为营销人，营收思维必不可少。获取一个用户的成本，留住一个用户的成本，单个用户生命周期贡献值,营销的人力成本,品牌的塑造成本等,都是需要了解的,对成本越敏感,在执行上就越深入。

7.3 百度营销认证

百度认证是中国互联网营销领域首个认证品牌,是百度公司推出的一套具有完整体系的培训计划和认证计划,由百度营销研究院设立并运营。目前百度认证分为三大体系:个人认证、企业认证和讲师认证。

百度个人认证是百度公司推出的个人从业资格认证,分为基础级、初级、中级、高级四个级别,如图7-6所示。基础级为线上考试;初、中级需在普尔文考试中心进行考试;高级考核方式为论文答辩。

图 7-6 百度营销认证级别

7.3.1 百度基础认证

基础级认证:营销专员,如图7-7所示。

图 7-7 百度营销专员认证

认证对象：社会的个人或在校学生。

认证范围：申请认证者须掌握搜索引擎营销的基本概念和知识，了解搜索推广的账户操作和管理，有初步的账户操作经验。

考试方式：线上封闭考试，考试时间60分钟。

考试费用：300元/人。

7.3.2 百度初级认证

初级认证：营销顾问，如图7-8所示。

图 7-8　百度营销顾问认证

认证对象：面向从事（或有志于从事）搜索引擎营销行业的人员。

认证范围：申请认证者须掌握互联网营销基础，熟悉市场营销、广告学基础知识，掌握搜索营销和网盟进阶，可自主执行搜索引擎账户管理及数据分析，同时熟悉移动营销基础知识。

科目设置：初级认证包含一个科目（搜索引擎营销），通过此科目即通过百度初级认证。考试为百分制，题型为选择题（单、多选），共50题，考试时间60分钟，70分及以上即通过考试。

报名条件：无。

考试地点：考生可以在全国各大中城市，选择就近的普尔文考试中心参加考试。

考试费用：500元/人。

7.3.3 百度中级认证

中级认证：资深营销顾问，如图7-9所示。

图 7-9 百度资深营销顾问认证

认证对象：面向整合营销行业资深从业人员。

认证范围：申请认证者须具备互联网营销项目管理、案例分析能力，熟悉百度全平台商业产品解析与营销规划，掌握品牌整合营销、网站分析与优化、SEO、移动互联网营销、大数据营销等知识。

报名条件：持有有效的百度初级认证证书。

考试地点：考生可以在北京、上海、广州、深圳四个城市，选择就近的普尔文考试中心参加考试。

考试费用：800元/科，需通过两科。

7.3.4 百度高级认证

高级认证：营销专家，如图7-10所示。

图 7-10 百度营销专家认证

认证对象：互联网营销战略制定及实施专业人才。

认证范围：申请认证者须拥有营销前沿核心技能、整合营销战略能力、品牌营销管理及移动互联网营销管理综合能力。

认证方式：提交限定领域主题的研究论文（不少于5000字），且通过百度认证专家委员会现场认证答辩后，可获得"百度认证营销专家（BCMM）"称号和证书。

认证流程：报名并选题；论文写作及征集；由高级认证专家团对论文进行盲审（即隐藏作者姓名等个人信息后进行评审）；根据专家团评分及点评意见，决定答辩名单；现场答辩并由高级认证答辩委员会评分及点评；根据论文盲审结果及答辩结果对选手得分进行汇总。答辩环节为2分钟个人介绍，20分钟论文PPT讲解（超时即中止），5分钟评委提问，3分钟指定评委的总结和点评。

认证周期：每年第四季度进行论文征集，每年举办一次现场答辩。

报名条件：具有5年及以上工作经验，且持有有效的百度中级认证证书。

报名费用：5000元/次。

7.4 SEM 必备网址

以下是搜索引擎营销必备的网址，可供参考。

（1）百度认证平台

网址：sem.baidu.com

说明：百度SEM社会认证平台。

（2）百度营销大学

网址：edu.baidu.com

说明：百度推广官方SEM在线视频教程，可以节省很多竞价培训费。

（3）百度学习平台

网址：yingxiao.baidu.com

说明：百度推广基础知识学习平台，各类系统化知识学习和疑难问题解答。

（4）百度指数

网址：index.baidu.com

说明：可以查看每天有多少人在百度搜索某个关键词。

（5）百度营销研究院

网址：bim.baidu.com

说明：包含媒体、行业、品牌、消费者等研究，不定期发布各类报告。

（6）百度网站联盟

网址：union.baidu.com

说明：如果需要让网站加入百度联盟媒体站，可以进入此网站联盟。

（7）百度推广客户端

网址：editor.baidu.com

说明：百度推广客户端，批量、便捷、快速管理百度推广各平台物料的软件。

（8）百度网盟中心

网址：wm123.baidu.com

说明：网盟媒体网站选择平台，覆盖80万家网站，是筛选投放媒体第一平台。

（9）百度司南

网址：sinan.baidu.com

说明：司南是大数据营销决策平台，例如百度司南户外版，可以告诉你每天某个时刻，在万达广场有多少人（他们的年龄、性别等属性）聚集在哪个方位。

（10）百度口碑

网址：koubei.baidu.com

说明：可协助管理，做好网站口碑评论，提升网站影响力。

（11）百度统计

网址：tongji.baidu.com

说明：统计网站数据和流量统计（CNZZ），腾讯分析和谷歌分析是一样的。

（12）百度网盟创意专家

网址：chuangyi.baidu.com

说明：百度网盟推广在线作图工具，该平台可以生成各类漂亮的图片和动画。

（13）百度DMP

网址：dmp.baidu.com

说明：百度DMP数据服务中心，可以对人群数据进行管理。人群可以对接百度营销平台进行针对性的广告投放。

（14）百度传课

网址：www.chuanke.com

说明：在线学习各类技能，包含很多职场能力技能。

（15）百度投诉帮助平台

网址：help.baidu.com

说明：网站出现各类问题可反馈到该平台。例如快照负面信息、地图标注错误等。当然，有做百度推广的客户，可以直接咨询客服顾问。

（16）百度百家

网址：baijia.baidu.com

说明：百度的媒体平台，很多大家，有不错的观点文章。

（17）百度信誉产品中心

网址：trust.baidu.com

说明：百度引入了第三方V认证机构，有偿认证服务。

（18）百度站长平台

网址：zhanzhang.baidu.com

说明：对于参与网络营销的人员，这个网站也需要了解一下。

（19）百度数据开放平台

网址：open.baidu.com/open

说明：以用户需求为导向，以"框计算"技术和理念为基础，通过与广大优质站点的数据开放对接合作，为用户实现"即搜即得"简单可依赖的便捷信息服务。

（20）360营销学院

网址：yingxiao.360.cn

说明：类似百度营销学院，发布360搜索营销行业案例和知识等。